William Shakespeare

Shakespeare-Anthologie,

die schönsten und bedeutsamsten Schilderungen und Weisheitssprüche aus den

Dramen des Dichters

William Shakespeare

Shakespeare-Anthologie,
die schönsten und bedeutsamsten Schilderungen und Weisheitssprüche aus den Dramen des Dichters

ISBN/EAN: 9783743630260

Hergestellt in Europa, USA, Kanada, Australien, Japan

Cover: Foto ©Thomas Meinert / pixelio.de

Weitere Bücher finden Sie auf **www.hansebooks.com**

Shakspeare-Anthologie

Die schönsten und bedeutsamsten Schilderungen
und Weisheitssprüche

aus den Dramen des Dichters.

Biographisch eingeleitet und herausgegeben

von

F. Kreyßig.

Mit 32 Illustrationen von Karl Winkler

Leipzig.
C. F. Amelang's Verlag.
(Fr. Volckmar sen.)
1864.

Gift of
Estate of W. R. Hesselbach,
1920.

Vorwort.

Die „Shakspeare-Anthologie", welche wir hiermit veröffentlichen, stellt sich eine doppelte Aufgabe. Sie möchte einmal dem Dichter in dem ihm noch ferner stehenden Theile der deutschen Lesewelt (und dieser ist, beiläufig bemerkt, viel zahlreicher, als man nach unserm bekannten Shakspeare-Enthusiasmus vermuthen sollte) durch Zusammenstellung der unmittelbar ergreifendsten und anziehendsten Stellen seiner Dramen neue Verehrer und — Leser gewinnen. Den vertrauteren Freunden Shakspeare's aber hofft sie ein brauchbares Handbuch zu werden, in welchem ihnen der innerste Gedankenkern Shakspeare'scher Dichtung zu leichter Uebersicht geordnet entgegen treten, und welches zur Orientirung in der Shakspeare'schen Auffassung menschlicher Dinge sich hülfreich erweisen soll. Daß für diesen Zweck nicht immer die scenisch wirksamsten Stücke auch die reichste Ausbeute lieferten, wie z. B. das herrliche Lustspiel „Was ihr wollt" in Bezug auf die Zahl der mitzutheilenden Stellen gegen das dornige Drama „Maaß für Maaß" zurücktreten mußte, wird keinen Kenner Shakspeare's befremden. Es kam eben darauf an, in engem Raume eine möglichst vollständige und wirksam geordnete Auswahl der Stellen zu geben, in welchen der Dichter die Ergebnisse seines, die innersten Geheimnisse der Gemüths- und Geisteswelt durchdringenden Empfindens und Denkens in besonders ergreifender Gegenständlichkeit vor uns ausbreitet, zu immer bereitem Genusse, zu Trost, Mahnung und Warnung fast in jeder denkbaren Lage des Lebens. Wie bekannt ist die

Ausbeute in dieser Richtung bei Shakspeare reicher, als bei irgend einem andern modernen Dramatiker, den ihm am nächsten stehenden Schiller nicht ausgenommen. Die dramatische Kraft und Fülle seiner Handlung, die Gründlichkeit seiner Characteristik hindern ihn nicht, sentenzreich zu sein, wie die Antike, sobald er es will: ohne daß er gleichwol überall in demselben Maaße der Neigung folgte, in dieser Weise sich selbst auszulegen. So drängen viele seiner bedeutendern Werke (u. a. Hamlet, Maaß für Maaß 2c.) in ganzen Reihen tiefsinnigster Betrachtungen die sittlichen Grundgesetze des Lebensgebietes zusammen, auf welchem sich die Handlung bewegt, während in andern Genuß und Belehrung weit weniger an einzelne, hervorragende Stellen, als an den Gesammteindruck der Handlung und Characteristik sich knüpfen. Daß für eine „Anthologie" die erstern eine reichere Ausbeute gewähren mußten, liegt auf der Hand. Uebrigens hat der Herausgeber stets Sorge getragen, die ausgezogenen Stellen nach Maaßgabe ihrer nähern oder fernern Beziehung zu dem Thema des Stückes zu gruppiren, so wie denn auch die Ueberschriften sich nicht an Aeußeres und Zufälliges halten, sondern stets in möglichst prägnanter Weise die in des Verf. „Vorlesungen über Shakspeare" ausführlich begründete Auffassung des Hauptgedankens wiedergeben. Schließlich mag noch bemerkt werden, daß die Anzahl und Ausdehnung der aus den Römerdramen und den englischen Historien gegebenen Auszüge leider noch während des Druckes aus äußeren Gründen beschränkt werden mußte: Doch hofft der Verf. bei dieser ihm aufgedrungenen Reducirung des Stoffes mit der Sorgfalt und Umsicht verfahren zu sein, welche die Würde des Gegenstandes ihm zur Pflicht machte.

Elbing, im September 1863.   F. Kreyßig.

Shakspeare's Wohnhaus in Stratford.

Des Dichters Leben.

„Eine Zeit wird einst kommen, da man nicht mehr schreiben wird: Shakspeare lebte im Jahrhundert Elisabeth's, sondern Elisabeth lebte im Zeitalter Shakspeare's." So meinte kürzlich ein Verehrer des Dichters, Angesichts der großartigen Verhältnisse, zu welchen wir schon jetzt, nachdem drei Jahrhunderte seit seiner Geburt verflossen, den Ruhm des größten Dramatikers aller Zeiten heran gewachsen sehen. Die Prophezeihung bildet einen seltsamen Gegensatz gegen das bescheidene Plätzchen, welches Shakspeare in den Ueberlieferungen seiner Zeitgenossen einnimmt und auf dem wiederum die Person des Dichters, der strebende, genießende und leidende Mensch, in dem von seinen Werken ausstrahlenden Glanze beinahe verschwindet. Was der Fleiß einer dankbar verehrenden Nachwelt an zuverlässigen Nachrichten über Shakspeare zusammen gebracht hat, läßt sich auf wenigen Seiten zusammen fassen. Es sei hier, erläutert durch einige der unerläßlichsten Mittheilungen über Leben und Kunst der Shakspeare'schen Zeit, in der Kürze berichtet.

Des Dichters Leben.

William Shakspeare ist einem in der englischen Grafschaft Warwickshire, recht in der Mitte der brittischen Insel, seit dem vierzehnten Jahrhundert ansässigen bürgerlichen Geschlechte entsprossen. Seine Vorfahren, so viele deren bekannt sind, lagen theils städtischen Gewerben ob, theils waren sie kleinere Gutsbesitzer und Pächter. Nach einer Ueberlieferung hatte ein Vorfahr des Dichters bei Bosworth im Jahr 1485 gegen Richard III. gefochten und war von Heinrich VII. dafür mit einem Wappen bedacht worden, welches Shakspeare's, des Dichters, Vater sich später erneuern ließ. Es steht damit keineswegs im Widerspruch, daß wir Shakspeare's Großvater als Pächter in Snitterfield auf den Gütern des Sir Robert Arden finden, denn bekanntlich bildete schon im 14. und 15. Jahrhundert der freie ländliche Mittelstand einen sehr angesehenen Theil, ja die eigentliche Kraft der englischen Heere. John Shakspeare, des Vorigen jüngerer Sohn, des Dichters Vater, siedelte 1551 nach der Stadt Stratford am Avon über und wird dort als Handschuhmacher, Metzger und Wollhändler genannt. Daß er dabei ein ansehnlicher Mann wurde, zeigt seine 1557 geschlossene Verbindung mit Mary Arden, der Tochter des Gutsherrn von Snitterfield, wie er denn auch Grundbesitz in Stadt und Land erwarb und die Ehrenämter eines Geschworenen, Constabler, Stadtkämmerer, Polizei-Director (High-Baillif) und ersten Alderman nach einander während einer Reihe von Jahren bekleidete.

Ihm wurde im April 1564 (wahrscheinlich am 23., als am 3. Tage vor der durch das Kirchenbuch beglaubigten Taufe) William Shakspeare, der Dichter, als ältester Sohn unter 8 Kindern (3 Mädchen und 5 Knaben) geboren. William genoß den Unterricht der seit Ende des funfzehnten Jahrhunderts dort für Bürgersöhne bestehenden lateinischen Freischule und scheint dann zunächst im elterlichen Hause geblieben zu sein, um seinem Vater in dessen verschiedenen Geschäften zur Hand zu gehen. Es lassen sich so wenigstens am besten die Ueberlieferungen erklären und vereinigen, welche ihn bald zu einem Metzger-Jungen, bald zu einem Handschuhmacher- oder Wollhändler-Lehrling machen. Ein gewisser Aubrey (lebte 1627 bis 1697) will in seinen um 1680 gesammelten Notizen wissen, William Shakspeare habe als junger Mensch seines Vaters Metzgergeschäft geübt, „aber wenn er ein Kalb tödtete, pflegte er es in hohem Style zu thun und eine Rede zu halten". Andere berufen sich auf Shakspeare's lateinische Citate und auf seine genaue Bekanntschaft mit den Formen des englischen Rechts, um ihre Vermuthungen über seine Jugendbeschäftigungen zu stützen und ihn entweder zu einem Schulmeister oder zu einem Advokatenlehrling zu machen. Ebenso gut könnte man freilich vermuthen, daß er Seemann, Jäger, Soldat, Gastwirth ꝛc. gewesen, da es bekanntlich kaum einen Stand oder Character giebt,

Des Dichters Leben.

dem seine Dramen nicht sein treues Spiegelbild vorhielten. Den in seinen Werken mehrfach hervortretenden Mangel an geographischen und historischen Schulkenntnissen hat man mit gewissen Nachrichten und Schlußfolgerungen über ein späteres Herabkommen seiner Eltern in Verbindung gebracht. Es steht nämlich fest, daß Shakspeare's Vater seit 1579 nicht mehr das Rathhaus besuchte, daß der Magistrat ihm einst eine Armensteuer von wöchentlich 4 Pence erließ und daß seine Stelle als Alderman im Jahre 1586 anderweitig besetzt wurde, weil er seit langer Zeit den Versammlungen nicht beigewohnt hatte. Auch wird er im Jahre 1592 unter den Personen genannt, welche, dem königlichen Befehle zuwider, nicht wenigstens einmal im Monat die Kirche besuchten, und zwar, wie es dabei heißt, blieb er „aus Furcht vor seinen Gläubigern" weg. Durch diese Verhältnisse nun (die sich übrigens später wieder gebessert haben) meint man, sei des jungen William Shakspeare Schulbesuch unterbrochen und jene Unbefangenheit des geschichtlichen Bewußtseins ihm erhalten worden, mit welcher er z. B. im Julius Cäsar die Thurmuhren schlagen läßt, im Coriolan die römischen Legionen mit Trommeln, in „Wie es euch gefällt" den Ardennerwald mit Löwen und Riesenschlangen ausstattet, im Wintermährchen ein Schiff an der Küste von Böhmen stranden läßt und die Hochzeit des Herzogs Theseus von Athen im Sommernachtstraum durch eine ächt englische Rüpelkomödie verherrlicht. Ohne Zweifel werden diese Bedenken gegen des größesten modernen Dichters Jugendbildung, zumal da mehrere ausdrückliche Zeugnisse der Zeitgenossen ihnen beitreten, nicht vollständig durch die Erwägung beseitigt, daß die meisten jener Verstöße in phantastischen Stücken vorkommen. Auch die zahlreichen und geschmackvollen Anspielungen auf alte Geschichte und Mythologie, ja die meisterhaften Darstellungen römischen Lebens und Characters in „Julius Cäsar", „Coriolan" und „Antonius und Kleopatra" können die klassische Gelehrsamkeit Shakspeare's nicht retten, denn es ist erwiesen, daß er jene Kenntnisse durchweg englischen Uebersetzungen klassischer Werke verdankt, deren Fehler und Ungenauigkeiten er keineswegs nach den Originalen zu verbessern pflegte. Dagegen führt des Dichters wahrhaft Staunen erregende Vertrautheit mit der schönen Literatur seiner Zeit und seine treffliche Belesenheit in der vaterländischen Geschichte allerdings den Beweis, daß die etwaigen Mängel seiner Schulbildung und die wunderbare Leichtigkeit seines Schaffens* ihn zu Nichts weniger gemacht haben, als zu einem die Hülfsmittel der Wissenschaft und der Bildung verschmähenden Naturalisten. Und dasselbe Gesetz eines durch keine Ungunst der Verhältnisse

---

* Die Schauspieler, seine Genossen, rühmten ihm nach, daß er in seinen Handschriften nie eine Zeile ausgestrichen habe.

und auch durch keine noch so verführerische Gunst der Natur aufgehaltenen, ächt menschlichen, d. h. auf bewußtem Ankämpfen gegen die rohe Natur beruhenden Fortschrittes zieht sich durch Alles hindurch, was wir theils aus seinen dichterischen Selbstbekenntnissen, theils aus den Zeugnissen der Zeitgenossen über die Entwicklung seiner sittlichen Persönlichkeit, seines Characters, entnehmen.

Es ist nämlich, so weit unsere Kenntniß reicht, nicht zu bezweifeln, daß Shakspeare, dem gewaltigsten Darsteller und weisesten und scharfsinnigsten Beurtheiler menschlicher Dinge, ebensowenig wie andern Lieblingskindern der Muse, schmerzliche Aufregungen, schwere Irrthümer und Leiden erspart worden sind, ehe er das Lob jener milden und gelassenen Hoheit und Reinheit verdiente, mit welchem die Zeugen seiner späteren Jahre ihn in begeisterter Einstimmigkeit schmücken. Nur im Vorbeigehen gedenken wir hier der bekannten, und in jedem Falle wenig bedeutenden Erzählungen von den übermüthig-wilden Streichen seiner frühesten Jahre, von seinen Wilddiebereien in Sir Thomas Lucy's Park, von seiner Gefangenschaft in des Wildhüters Hütte und von den derben Spottgedichten, durch die er sich rächte, bis endlich der gereizte Edelmann ihn zur Flucht aus der Heimath zwang.* Bedenklicher schon spricht gegen des jungen Shakspeare Solidität und Besonnenheit seine thatsächlich feststehende Verheirathung mit der 8 Jahre ältern Anna Hathaway, eines wohlhabenden Landmannes Tochter, abgeschlossen am 28. November 1582, als Shakspeare 18 Jahre alt war, und sechs Monate vor der am 26. Mai 1583 erfolgten Geburt seiner ältesten Tochter Susanne. Es war zur Trauung nach nur einmaligem Aufgebot der Dispens des Bischofs ausdrücklich nachgesucht worden, ein Umstand, der durch die neuerdings zu Gunsten Shakspeare's geltend gemachte Entdeckung, daß damals die Verlobung für die eigentliche Begründung der Ehe gegolten habe, mit nichten aus dem Wege geräumt wird. Ob Shakspeare's Auswanderung aus seiner Heimath, 4 oder 5 Jahre nach seiner Verheirathung, mit durch unangenehme Erfahrungen in einer unter so wenig günstigen Aspecten geschlossenen Ehe bedingt war, läßt sich freilich nicht mit Bestimmtheit behaupten, obwohl es feststeht, daß er wenigstens bis zum Jahre 1604 seinen beständigen Aufenthalt, getrennt von seiner Familie, in London hatte und die Seinigen nur jährlich einmal besuchte. Für eine in Gemüthsruhe und exemplarisch-regelmäßigem Wandel dahin geflossene Jugend des Dichters sprechen aber weder die über jene Jahre aufbewahrten Nachrichten und Sagen, noch, was jedenfalls mehr zu

---

* cf. des Verf. Vorlesungen über Shakspeare Bd. 1. S. 137 und die Anmerkungen zur dritten Vorlesung.

Des Dichters Leben.

bedeuten hat, die Werke seiner früheren Jahre. Glühende, sinnliche Liebe, mit ihrem ganzen Gefolge von Enttäuschungen und Elend giebt sowohl vielen seiner Sonnette als seinen erzählenden Erstlings-Gedichten, „Venus und Adonis" und „Tarquin und Lucrezia" ihre nur zu naturwahre und schwerlich bloß auf die ahnende und schaffende Einbildungskraft des Dichters zurück zu führende Färbung.

> Ich schlürfte Becher voll Sirenenthränen
> Gebraut in Kolben, voll von Höllenwust,
> Nur fürchtend hofft' ich, Angst nur war mein Sehnen,
> Was ich gewann, das war gewiß Verlust!*

So zieht der Dichter im 119. seiner Sonnette die Summe einer Liebe, welche ihn lange wider besseres Wissen und Wollen gefangen hielt, ihm die Schmerzen durch Schmach und Demüthigung schärfte und ihn in die Gefahr brachte, seinen besten Freund und, was mehr sagen will, seine Selbstachtung zu verlieren. „Nicht mit den Augen habe er sie geliebt," sagt uns das 141. Sonnett, „sie brachten mir Kunde von ihrer Fehler Menge"; Sie hören, heiße sein Ohr nicht eben im Meere des Wohllauts baden; Sie tasten, sei gemein. Auch die andern Sinne seien nicht eben im Bunde mit ihr, und dennoch habe sein Herz zügellos, freiwillig, die Schande gewählt, ihr Unterthan und Sclave zu heißen. Ja noch mehr: Selbst die offenbare, höhnende Untreue der Dame, welche seinem Freunde sich hingiebt, ist nicht im Stande, ihn zu befreien.

> Sogar mein Liebchen magst du mir entreißen!
> Hast du dann mehr gehabt, als du gehabt zuvor?
> Kann der Gewinn dann ächte Liebe heißen?
> Was mein, war dein, eh' ich's an dich verlor.

Das ist der Trost, den das vierzigste Sonnett für diese unerquickliche Lage bereit hat. Die Situation ist das traurige Gegenstück zu einer aus Shakspeare's Schauspielerleben überlieferten Anekdote, welche ihm in einem ähnlichen Handel wenigstens die Rolle des Gewinners zutheilt. Burbadge, der erste Schauspieler jener Tage und Shakspeare's Freund und Kollege, (so erzählt das Tagebuch des Rechtsgelehrten Manningham) hatte einst Richard III., eine seiner Glanzrollen, gespielt, als ein Page auf der Bühne erschien, ihn zu einem verliebten Stelldichein zu entbieten. Shakspeare erlauschte das Stichwort „Richard", vor welchem das Pförtchen sich öffnen sollte und kam dem Freunde zuvor. Schon hat seine List triumphirt, als der wirkliche Liebhaber draußen sich meldet. „Richard mag abziehen," ruft

---
* Nach Jordan's Uebersetzung.

Des Dichters Leben.

Shakspeare hinaus, „William der Eroberer ist schon in der Festung!" Ein anderes Stückchen erzählt der Shakspeare=Herausgeber Rowe nach dem Berichte des Schauspielers Batterton. Auf seinen Besuchsreisen nach Stratford pflegte nämlich Shakspeare in Oxford im Gasthause zur Krone abzusteigen, bei dem Gastwirthe Davenant, seinem Freunde, und dessen schöner und munterer Frau. Als nun Davenants kleiner Sohn, den Shakspeare einst aus der Taufe gehoben, einst aus der Schule freudig=athmlos nach Hause lief und einem nach der Ursache seiner Eile fragenden Nachbarn zurief: sein Pathe (God-Father) sei angekommen, da ermahnte Jener ihn scherzhaft, er solle doch den Namen Gottes nicht mißbrauchen. — So wenig jene poetischen Geständnisse und diese von den Zeitgenossen geglaubten Klatschgeschichten nun auch im strengen Sinne des Wortes beweisen, so geben sie dennoch genügende Veranlassung zum Nachdenken über den leidenschaftlichen Erguß des Sonnetts 129:

> Aufwand des Geist's in schmählicher Verschwendung
> Ist Lust in That, und eh' sie That geworden
> Ist Lust meineidig, treulos, voll Verblendung,
> Wild, blutig, wüst und roh, bereit zum Morden!
> Genossen kaum, wird sie verschmäht zugleich,
> Sinnlos gehaßt, dem tück'schen Köder gleich
> Der den toll machen soll, der ihn benascht.
> Toll im Begehren, im Besitz zumal,
> Ihr Gestern wüst, ihr Morgen und ihr Heute,
> Im Kosten Wonne, und gekostet, Qual,
> Im Ausgang Trug, nur in der Aussicht Freude.
> All' dies weiß alle Welt, doch Keiner meidet
> Den Himmel, der zu dieser Hölle leitet.

Es ist jedenfalls bemerkenswerth, daß gerade die frühesten Arbeiten des Dichters den weiblichen Character meist von der dunkeln Seite darstellen. Shakspeare hatte die rasende Leidenschaft der Liebesgöttinn geschildert, er hatte die dämonische Herrschsucht entarteter Weiber in Eleonore Gloster und Margaretha von Anjou, die kindisch=jähen Aufwallungen weiblicher Laune in der widerspenstigen Katharina gezeichnet, er hatte die Summe häuslich=bürgerlicher Misere in den Worten der Aebtissinn (Komödie der Irrungen) gezogen:

> Das gift'ge Schrei'n der eifersücht'gen Frau
> Wirkt tödtlicher als tollen Hundes Zahn ꝛc.

und hatte gegen weibliche Eitelkeit und Schwäche in der berüchtigten Brautwerbung Richards um Anna eine bitterböse Anklage erhoben, ehe er jene berühmten, nur ihm angehörigen Frauengestalten schuf, die wie Porcia,

Des Dichters Leben.

Imogen, Viola, Miranda uns durch einen von andern Dichtern unerreich=
ten Verein von Hoheit, Anmuth und Güte entzücken. Es mahnt uns an
die ernste Stimme eigener, theuer erkauften Erfahrung, wenn Orsino
(„Was Ihr wollt" II, 4) der verkleideten Viola den Rath giebt:

> Wählte doch das Weib
> Sich einen Aelt'ren stets. So fügt sie sich ihm an,
> So herrscht sie dauernd in des Gatten Brust.
> Denn, Knabe, wie wir uns auch preisen mögen,
> Sind uns're Neigungen doch wankelmüth'ger
> Unsich'rer, schwanken leichter her und hin
> Als die der Frau'n.

Und es ist, als drängte der Dichter das wehmüthig=ernste Nachgefühl
bewegter Jugendjahre in jenem Fluche zusammen, in welchem der Gram
Aphroditens an der Leiche ihres geliebten Adonis sich Luft macht:

> Seitdem du todt, ist Leid der Liebe Frucht,
> Jetzt und für immer — hör' es mich verkünden!
> Begleitet wird sie sein von Eifersucht,
> Wird süßen Anfang, bittres Ende finden.
> Fallend und steigend — nie auf eb'ner Höh'
> Wird all' ihr Glück nicht gleich sein ihrem Weh.
> Falsch wird sie sein, voll Unbeständigkeit,
> Wird blüh'n und welken, wie man Athem zieht,
> Ein Gift, mit Süßigkeiten überstreut,
> Durch die das wahrste, schärfste Aug' nicht sieht.
> Den Stärksten allermeist wird sie zum Schwachen,
> Den Weisen stumm, den Thoren redend machen.
> Wo gar kein Grund ist, wird sie Argwohn hegen,
> Und wo der größte, wird sie blind vertrauen,
> Wird huldvoll sein, und wird der Strenge pflegen,
> Wird, Wahrheit heuchelnd, Lug und Tücke brauen,
> Wird Arglist einen mit der Treue Schein,
> Der Kühnheit Furcht, dem Feigen Wuth verleih'n.
> Ursache wird sie sein von großen Kriegen,
> Von wüster That, von Sohn= und Vaterzwist,
> Wird dienstbar sein jedwedem Mißvergnügen,
> Wie trockner Brennstoff jedem Feuer ist.
> Nie, seit der Tod mein Lieb' mir weggedieht
> Sei froh der Liebe, wer am treusten liebt.

Des Dichters Leben.

Shakspeare, ob nun durch Sir Lucy's Zorn, oder durch häusliches Leid oder lediglich durch den Drang seines erwachenden Genius aus der Heimath fortgetrieben, verließ also Stratford im Jahre 1586 oder 1587, um in dem Literatur- und Kunstleben der Hauptstadt einen seiner Kraft entsprechenden Wirkungskreis sich zu schaffen. Es ist sehr möglich, daß überdies die Bekanntschaft mit künstlerisch ausgezeichneten und ihn vielleicht ermunternden Landsleuten nicht ohne Einfluß auf seinen Entschluß war. Der damals blühende Dramatiker Greene war in Stratford daheim, ebenso der Schauspieler Heminge, welcher später die erste Ausgabe von Shakspeare's Werken besorgt hat. Die Schauspieler Slye, Torley, Thomas Pope waren Angehörige seiner heimischen Grafschaft und Shakspeare's obenerwähnter Freund, der berühmte Schauspieler Burbadge, stammte aus der unmittelbaren Nähe von Stratford. Er leitete bereits damals das Blackfriars-Theater, bei welchem Shakspeare eintrat und schon dadurch würden die bekannten Geschichtchen unwahrscheinlich werden, welche Shakspeare als Ruferjungen oder als Beaufsichtiger der vor dem Theater von den Gentlemen zurückgelassenen Reitpferde seine Künstlerlaufbahn beginnen lassen: auch wenn er nicht bereits wenige Jahre nach seiner Ankunft in London als gefeierter Dichter und angesehener Schauspieler genannt würde. Er nahm offenbar von vorn herein einen gewaltigen Anlauf, freilich auch durch Umstände und Zeitverhältnisse begünstigt, auf die wir hier wenigstens hinweisen wollen, so schwer es auch ist, von diesen Dingen in der hier vorgeschriebenen Kürze mit einiger Deutlichkeit zu sprechen.

Shakspeare's Auftreten in der Hauptstadt fällt nämlich mit jenem allgemeinen Aufschwunge des englischen Bühnenwesens zusammen, der dasselbe fast mit einem gewaltigen Ruck aus dem Range eines ziemlich rohen und prosaischen Zeitvertreibs zu dem einer Epoche machenden Kunst erhob und die begeisterte Theilnahme sowohl der Massen als der besten Köpfe ihm zuwandte. — Schon seit dem zwölften Jahrhundert hatte England an den dramatischen Bestrebungen des Mittelalters sich lebhaft betheiligt. Frühzeitig, und mit steigender Lust hatte man sich in jenen rohen unformlichen Darstellungen der heiligen Geschichte versucht, die als Miracle-Plays in England, als Mysterien in Frankreich, als Passionsspiele in Deutschland die gläubige und schaulustige Menge ergötzten* und deren Ueberlieferung bis auf den heutigen Tag unter den Bauern Oberbaierns und Tyrols sich fortgepflanzt hat. Auch an den moralisch-allegorischen Darstellungen, den in Gesprächsform gebrachten Abhandlungen über Religion und Sittengesetz,

---

* cf. Kreyßig, Vorlesungen über Shakspeare Bd. 1. S. 24—57 und die Einleitungen zu Bd. 2 und Bd. 3.

Des Dichters Leben.

wie sie das funfzehnte Jahrhundert liebte, hatte man jenseit des Kanals sich lebhaft betheiligt, und nicht weniger hatte der derbe, englische Volkswitz bereits in diesen rohen Anfängen der christlichen Bühne sich sein Plätzchen erobert und manchen heitern Sonnenblick über das dieselbe füllende Chaos von feierlich-grotesken Gestalten dahin gleiten lassen. Ein höheres, selbstständiges Geistesleben, vor Allem aber den Sinn für Maaß und Form, hatte dann das sechszehnte Jahrhundert mit seiner Begeisterung für die Kunstmuster der Alten auch auf dem Gebiete des Drama's erweckt. Die Darstellung freigewählter erfundener oder geschichtlicher Stoffe machte die Dichter nach und nach vom Dienste der kirchlichen Ueberlieferung los, lebendige Menschen traten mehr und mehr an die Stelle der Allegorieen; der Blankvers, Vorbild unserer deutschen, dramatischen Jamben und ihnen nahe verwandt, gab der Sprache rhythmischen Wohllaut und höhern Schwung, der satirische Humor, im gesammten Geistesleben des reformatorischen Jahrhunderts so mächtig, fand in der Gestalt des Schalksnarren die ihm zusagende Maske, der Eifer der Darsteller und ihre Geschicklichkeit nahmen zu mit ihrer wachsenden Aufgabe, die früher ungeheuerliche Länge der Stücke ging allmählich auf ein dem Grundgesetz der dramatischen Einheit sich anpassendes Maaß zurück. Die Scene, nach unsern Begriffen freilich einfach und roh, gewährte dem Dichter eine unschätzbare, für unsern verwöhnten Geschmack freilich nicht mehr herzustellende Freiheit. Anfangs der innere Hof irgend eines Gasthauses, von Gallerien umgeben, dann ein nach diesem Muster eingerichtetes Gebäude, meistens mit unbedecktem Parterre, kannte die englische Bühne des sechszehnten Jahrhunderts weder Scenerie noch Verwandlungen. Schwarze Tapeten in der Tragödie, rothe im Lustspiel, eine mit Binsen bestreute Bühne, im Hintergrunde ein Altan, nach Bedürfniß als Thurm, Stadtmauer, Haus 2c. verwendbar: das war die ganze äußere Ausrüstung des Schauplatzes, auf dem die unsterblichen Gestalten der Shakspeare'schen Helden zuerst über die Bretter gingen, wo eine einfache Tafel mit Aufschrift über den jedesmaligen Ort der Handlung belehrte, wo die Aufmerksamkeit der Zuschauer, noch nicht zwischen Spiel und Decoration getheilt, mit frischer Begeisterung dem Dichter über Land und Meer, durch Himmel und Hölle zu folgen bereit war. — Zwar auch an Hindernissen ernster Art fehlte es nicht in jenen klassischen Tagen der neuern Bühnenkunst. Harte Vorurtheile, durch die zu immer schärferem Ernst sich zusammen raffende Kirche genährt, traten dem Schauspieler, ja dem Dichter, entgegen. Der Geistliche, der Rechtsgelehrte hielt sich beschimpft, wenn man ihn im Schauspielhause erblickte, und that höchstens maskirt seiner Schaulust Genüge; Bischöfe, Bürgermeister und Rathsherren trafen die Mimen, gleich Vagabunden und losem Gesindel, gelegentlich mit Strafen und strengen Verboten. Shakspeare, auf der Höhe

Des Dichters Leben.

seiner Erfolge, macht seinem Herzen mehr als einmal in bittern Klagen über diese Zustände Luft.

> „Wenn ich nach Trost für mein verachtet Loos,
> Für meines Standes Schimpf in Thränen suche,
> Zum trauten Himmel schreie hoffnungslos,
> Mich selbst betrachtend mein Geschick verfluche
> Und Anderen ihr hoffnungsreiches Leben,
> Ihr Aussehn, ihren Freundeskreis beneide,
> Dem seine Kunst, und dem sein thätig Streben,
> Mir aber meine beste Lust verleide,
> So komm ich mir beinah' verworfen vor.

Diese Gedanken des 29. Sonnetts kehren nur zu oft in seinen, des glücklichen, bevorzugten und beneideten Dichters Herzensergießungen wieder. Wie mochte es da manchen Stiefkindern der dramatischen Muse, manchem verkommenen Genie (und es gab deren gerade unter Shakspeare's Zeit- und Kunstgenossen in Menge) manchem verkannten, strebsamen Künstler bisweilen zu Muthe sein! Die auf uns gekommenen Klagen des Einen und des Andern lassen darüber keinen Zweifel. Aber mehr als die Wage hielt diesen Unbilden einer feindseligen Zeitströmung der Schutz einer glänzenden Aristokratie*, die aus dem wüsten Waffenlärm der Bürgerkriege nicht nur zum regelmäßigen Dienst des Hofes und des Staates, sondern auch zu begeisterter Theilnahme an den Arbeiten des Geistes zurückgekehrt war, und eine stets wachsende, durch kein Verbot zurück zu schreckende Gunst der Massen. Bereitwillig liehen die Großen des Hofes den Schauspielergesellschaften den Schutz ihres Namens und stellten sie dadurch gegen Verbote und Ausweisungen sicher. Graf Leicester, Elisabeth's Günstling, verschaffte schon um 1574 den Künstlern seines Gefolges ein königliches Patent und damit freie Ausübung ihrer Kunst im ganzen Reiche, mit Ausnahme der City von London. Zwischen den Jahren 1599 und 1611 bildeten sich dreizehn Schauspielerbanden unter adligem Schutz. Elisabeth besoldete deren vier, die „Knaben von St. Paul", die „Knaben von Westminster", die der Kapelle und die von Windsor. (Wobei zu bemerken, daß es Schauspielerinnen zu Shakspeare's Zeit in England noch nicht gab, sondern alle weiblichen Rollen von Knaben und Jünglingen gespielt werden mußten.** Trotz der vielfachen Klagen und Verbote gab es 1578 in London schon 8 Theater, die im Jahre 1600 auf 11 und unter Jacob I. auf 17 sich vermehrten. Dabei steigerte sich das Selbstgefühl der Schauspieler, im Bewußtsein ihrer Popularität, nicht selten bis zum Ueber-

---

* cf. Kreyßig, Vorles. üb. Shakspeare Bd. 1. S. 12—23.
** cf. Kreyßig a. a. O. S. 43 ff.

muth, und die bessern unter ihnen und unter den Dichtern hatten es in ihrer Gewalt, bei vernünftigem Leben wohlhabende, ja reiche Leute zu werden.

Zu besonderer Kraft aber erhob sich der frische Geisteshauch einer vielfach noch rauhen und unfertigen, aber schöpferischen und lebenskräftigen Zeit gerade in den Jahren, welche Shakspeare's erstes Auftreten in London begrüßten. Es war im Todesjahre Maria Stuart's, ein Jahr vor dem Untergange der spanischen Armada, als Shakspeare die Hauptstadt betrat. Elisabeth, die „jungfräuliche Königinn", strahlte im Höhepunkte des Glanzes, der Macht und der Volksgunst. Es war ihr gelungen, Adel und Volk, Parteien, Stände und Secten in dem Gedanken der Vaterlandsliebe, der Ordnung, der Gesetzestreue, des freien Gehorsams zu sammeln. Sie hatte es wagen dürfen, auf dem Block das Haupt ihrer königlichen Nebenbuhlerinn fallen zu lassen, welche der Herrscher der katholischen Welt ihrem und Englands siegreichem Gestirn entgegen stellte. Unter ihren Auspicien hatte sich das St. Georgs-Kreuz siegreich an den fernsten Küsten des Weltmeeres entfaltet, zu ihr, als der Retterinn, blickten die Streiter der Glaubensfreiheit auf in den Niederlanden und in Frankreich; unter ihren Gesetzen legte das englische Volk durch segensreiche Arbeit den Grund seiner heutigen Größe. Ihre Despotenlaunen galten den Höflingen, die sich in glänzenden Schaaren um ihren Thron drängten; ihre Weisheit und Selbstbeherrschung, ihr Respect vor Recht und Gesetz des Landes kam dem Volk zu Gute: und als dann die Entscheidungsstunde schlug, als im Jahr 1588 Philipp's Armada heranzog, um mit einem Schlage alle diese Herrlichkeit zu Boden zu werfen, da wurde Shakspeare, der damals sein 24. Jahr vollendet hatte, frohlockender Zeuge einer Erhebung und eines Siegesjubels, wie die Welt ihn selten gesehen; da mochte sich seinem Herzen das Geheimniß jener wunderbaren Klänge offenbaren, die in so unwiderstehlicher Hoheit und Gluth seinem Munde entströmen, so oft er seines gesegneten Eilandes, des „Kleinods in die Silbersee gefaßt" und seiner unbezwungenen Helden gedenkt. Eine große, hohen Zielen mit leidenschaftlicher Entschlossenheit zustrebende Zeit, ein in sich geeinigtes, seiner Kraft frohes, jedem geistigen und sinnlichen Hochgenuß ungebrochenen Sinnes sich hingebendes Volk, eine in ihren Grundformen gefestigte, ihrer Aufgabe inne gewordene, aber des schöpferischen Hauches noch harrende Kunst: das waren die Lebensbedingungen, welche Shakspeare's Vaterland und Zeit dem Genius ihres größesten Dichters entgegen brachten und zu welchen dann noch ein freundliches Geschick bald eine seiner besten Gaben hinzu fügte, den Schutz und die Liebe eines mächtigen, einflußreichen und auch geistig hochstehenden Freundes und Gönners.

Es ist nämlich hier der Ort, in der Kürze jenes Verhältnisses zu Graf Southampton zu gedenken, welches in Shakspeare's Leben und Gedichten eine

Des Dichters Leben.

so bedeutende, wenn auch leider bis jetzt erst theilweise aufgeklärte Rolle gespielt hat. Graf Southampton, geboren im Jahre 1573, also 9 Jahre jünger als Shakspeare*, war einer der glänzendsten und gediegensten Kavaliere am Hofe Elisabeth's. Eine gründliche gelehrte Bildung, verbunden mit hoher Kunstbegeisterung und einer über soliden Reichthum gebietenden Freigebigkeit machten ihn von den 90er Jahren an bis an sein Ende zum gefeiertsten Mäcen der Londoner Künstler- und Schriftstellerwelt. Sein vertrautes Verhältniß zu Shakspeare scheint früh begonnen zu haben. Am 17. April 1593 widmete der Dichter ihm „Venus und Adonis", das „erstgeborene Kind seiner Phantasie" noch mit ehrerbietig-zurückhaltender Entschuldigung. Aber schon im folgenden Jahre begleitete er die Widmung von „Tarquin und Lucrezia" mit den Worten: „Die Liebe, welche ich Eurer Lordschaft widme, ist ohne Ende." Bei mehrern wichtigen Veranlassungen hat er sich des Schutzes des Grafen erfreut; er empfing sogar einmal die Summe von 1000 Pfund von demselben, vielleicht zur Begründung seiner selbstständigen Stellung als Miteigenthümer des Blackfriar-Theaters, scheint aber, wenn unsere Deutungen der Sonnette nicht falsch gehen, den Umgang, die persönliche Einwirkung des liebenswürdigen und hochgebildeten Freundes noch höher angeschlagen zu haben, als allen diesen äußern Gewinn. Viele, höchst wahrscheinlich an den Grafen gerichtete Sonnette Shakspeare's geben über den innern Verlauf dieses ganzen Verhältnisses anziehende, wenn auch hie und da befremdende und nur geheimnißvoll andeutende Aufschlüsse. Sie sind offenbar gar nicht für die Veröffentlichung geschrieben, sondern, wie auch so manches andere Shakspeare'sche Gedicht, durch freibeuterische Buchhändlerindustrie dem Druck übergeben. Meres, der Herausgeber des Werkchens „Schatzkästlein des Witzes" erwähnt sie 1598 zuerst mit den Worten: „Wie die Seele des Euphorbus in der des Pythagoras fortlebte, so lebt die süße, witzige Seele Ovids in dem honigzüngigen Shakspeare, wie seine „Venus und Adonis" beweist, seine „Lucrezia" und „seine Zuckersonnette an seine Freunde". Im Jahre 1599 nahm der Buchhändler Jaggard einige derselben in die kleine Sammlung lyrischer Gedichte, zum Theil von Shakspeare, auf, die er 1599 unter dem Titel „the passionate pilgrim", jedenfalls ohne des Dichters Wissen und Willen herausgab, und erst 1609 folgte dann eine authentische und vollständige Sammlung der gewiß vielfach handschriftlich verbreiteten und zu sehr verschiedenen Zeiten entstandenen Sonnette. Der Freund, an welchen eine große Zahl derselben sich wendet, ist nicht mit Namen genannt. Shakspeare schildert ihn aber als einen Liebling des Glücks, ausgestattet mit Schönheit, Tugend, Geburt, Witz und Reichthum,

---

* cf. über ihn Kreyßig a. a. O. Bd. 1. S. 96—99.

als einen freigebigen, großherzigen Mäcen. In bezeichnender Weise für die Sitte der Zeit tritt unter den zärtlichsten Herzensergießungen das tiefe und schmerzliche Bewußtsein des Standesunterschieds recht oft in den Vordergrund. (cf. das oben mitgetheilte Sonnett 29). Die oben gleichfalls erwähnte Verführung der Geliebten durch den vornehmen Freund wird in Sonnett 40—42 noch im Tone halb scherzender Resignation erzählt. Aber bald folgen Klagen und Besorgnisse während einer Abwesenheit des Freundes, dann ein völliger Wechsel der Stimmung: Kummer über herannahendes Alter, Gedanken an den Tod, Ekel vor der „falschen, geschminkten Welt", Eifersucht gegen literarische Nebenbuhler, welche sich in das Vertrauen des Freundes drängen, bis zu Ausbrüchen tiefsten, leidenschaftlichsten Schmerzes gesteigert. Sonnett 87 ist sogar ein förmlicher, wehmüthiger Scheidebrief. Shakspeare klagt über harte Schläge des Schicksals, er fürchtet Verleumdung, ja Kaltherzigkeit und Falschheit des Freundes. Später aber schwinden die Mißverständnisse und die Stimmung des Dichters wird ruhiger, gefaßter, bis endlich der Jubel der wieder gewonnenen und für alle Zeit gesicherten Liebe sich aussprechen darf.

Unterdeß hatten Shakspeare's rastlose Thätigkeit für die Bühne und seine äußern Erfolge gleichen Schritt gehalten. Schon 1590 erregten seine Leistungen, damals noch meistens auf Bearbeitungen älterer Stücke beschränkt, die Eifersucht seines Landsmannes Greene, des Tragikers. „Seht," schreibt er, „seht da die mit unsern Farben geschmückte Kirche, die mit dem prahlt, was sie uns entriß. Unter der Narren- und Liebhaber-Kappe besitzt dieser Mensch das Herz eines Tigers. Er traut sich so viele tragische Kraft zu, als nur Einer der Besten unter uns besitzt, er ist ein wahres Factotum, er glaubt die Bühne aus den Angeln heben und eine neue Epoche beginnen zu können." Bald begann auch des Dichters selbstständiges Schaffen, wahrscheinlich 1589 oder 1590 und steigerte sich bald, namentlich um die Grenzscheide der beiden Jahrhunderte, zu einer wahrhaft erstaunlichen Fruchtbarkeit. Zwischen 1589 und 1613, in einem Zeitraume von 24 Jahren hat Shakspeare 36 Dramen geschaffen, von denen nur 4 Bearbeitungen älterer Gedichte genannt werden dürfen. Im ersten Jahrzehnt überwiegen zunächst erotische Stücke (Verlorne Liebesmühe 1591, Sommernachtstraum 1594 oder 1598, Zähmung der Widerspenstigen 1596, Kaufmann von Venedig 1597, Romeo und Julia 1596, Ende gut Alles gut 1598) und neben ihnen die Historien: die letztern wohl eigentlich dichterische Denkmäler des großartigen Aufschwunges, welchen der siegreiche Kampf gegen Spanien und die ersten glänzenden Erfolge der englischen Seemacht dem Volksgeiste mittheilten. Im ersten Jahrzehnt des 17. Jahrhunderts drängen sich dann die großen Trauerspiele und die ernsten Dramen zusammen; sie sind aber so bunt ge-

Des Dichters Leben.

mischt mit heitersten Lustspielen und schwungvollsten Phantasiestücken, daß sie zu Schlüssen auf die wechselnden Seelenzustände und Schicksale des hinter seine Werke in fast undurchdringliches Dunkel zurück tretenden Dichters kaum berechtigen dürften, zumal das genaue Datum der Abfassung bei den wenigsten feststeht. Auf der Bühne übernahm Shakspeare wie es scheint meist kleinere, aber bedeutsame Rollen, wie die des „Adam" in „Wie es Euch gefällt", und die des Geistes in Hamlet. Er spielte „sehr gut", wie Aubrey bezeugt, scheint aber, vielleicht wegen der mit dem Gewerbe des Schauspielers verbundenen Mißachtung, sich schon früh, wahrscheinlich um 1604, von der eigentlichen Bühne zurückgezogen und der Leicester'schen Gesellschaft, die auf dem Blackfriar- und dem Globus-Theater abwechselnd spielte, nur noch als Dichter und Miteigenthümer angehört zu haben. An Anerkennung und solidem Erfolge hat es ihm keineswegs gefehlt. Schon ein um 1592 gedrucktes Epigramm nennt die Kinder seiner Muse ein Göttergeschlecht, wie von Apollo entsprossen: „der rosenwangige Adonis mit seinen gelben Locken, die schöne, glühende Venus, die jungfräuliche Lucrezia, der stolze, lustgestachelte Tarquin, Romeo, Richard und mehrere sonst." Im gesellschaftlichen Leben der Hauptstadt behauptete er eine glänzende, seinem trefflichen Character und der beherrschenden Gewalt seines Geistes vollkommen entsprechende Stellung. Von seinem Auftreten in dem berühmten, von Raleigh gestifteten „Seejungfer"-Klub, den er seit 1599 besuchte, von seinen siegreichen Witz-Turnieren mit den Schöngeistern des Tages, namentlich mit dem durch seine großmüthige Protection empor gekommenen Ben Jonson, seinem dramatischen Nebenbuhler, haben die Zeitgenossen nicht wenig Rühmens gemacht. In seinem von Natur so feurigen Character kam es, nachdem er männlich und siegreich mit der Leidenschaft gerungen, zu einer Klärung und Läuterung, welche seine Bekannten mit Liebe und Bewunderung erfüllte. Auch seine äußern Verhältnisse gestalteten sich frühzeitig gut, ja für seine Ansprüche glänzend. Schon 1598 besaß er in seiner Vaterstadt ein schönes Haus, im besten Stadttheile, 1602—1603 kaufte er drei verschiedene Grundstücke, 1605 für 440 Pfund einen Zehnten, 1609 bezahlte er in Southwark (seinem Wohnort in London) die höchste Armensteuer des Stadtviertels. Man berechnet für seine letzten Jahre sein jährliches Einkommen auf etwa 400 Pfund, deren Werth einer heutigen Revenue von 12000 Thalern reichlich gleichkommen würde. Nach seinem Rücktritt von der Bühne, wahrscheinlich 1603 oder 1604, lebte er abwechselnd in Stratford und in London und war nur als Dichter noch thätig. Er starb zu Stratford am 23. April 1616, 52 Jahre alt, nachdem er noch am 25. März d. J. bei voller Gesundheit sein Testament unterzeichnet hatte. Ueber seine letzte Krankheit giebt auffallender Weise das erhaltene Tagebuch seines Schwiegersohnes, des in Stratford wohnhaften

Des Dichters Leben.

Arztes Dr. Hall, nicht die mindeste Auskunft. Es ist, als hätte irgend ein plötzlicher Anfall seinem Leben schnell ein Ende gemacht. Sein letzter Wille setzt diesen Dr. Hall und dessen Gemahlinn, seine ältere Tochter Susanne, zu Universalerben ein, mit Auswerfung einer Summe von 150 Pfund für die zweite Tochter Judith. Die gerade Nachkommenschaft des Dichters erlosch im J. 1670 mit seiner Enkelinn, Elisabeth Hall, die in erster Ehe mit Thomas Nash, in zweiter mit John Barnard vermählt war. Sein Grabmal befindet sich in der Kirche zu Stratford. Das prächtige Denkmal zu Westminster wurde ihm erst 1741, nach der Auferstehung seines Ruhmes und seiner Werke errichtet. Es zeigt bekanntlich die lebensgroße Bildsäule des Dichters, in der Tracht seiner Zeit, an das Bruchstück einer Säule gelehnt, die mit den Allegorieen des Trauerspiels und des Lustspiels verziert ist. Die Hand ruht auf einem Buche, dem man seltsamer Weise an dieser Stätte unsterblichen Ruhmes, die ernste Mahnung an die Vergänglichkeit menschlicher Dinge, aus dem vierten Acte des „Sturm" zur Devise gegeben hat. Hamlet's Worte, welche den Titel dieser Sammlung schmücken, wären unserer Ansicht nach besser am Platze gewesen am Denkmale des Dichters, dessen Genius inzwischen die Jahrhunderte mit seinem Glanze erfüllt und in Millionen für die Macht des Wahren und Schönen empfänglicher Gemüther sich eine nur gleichzeitig mit dem Leben der Menschheit zerstörbare Stätte bereitet hat.

Das Globe-Theater in London im Jahre 1540.

Inhalt.

Lustspiele.

Comödie der Irrungen.
Alltags-Liebe und Ehe.
	Seite
Das Recht des Hausherrn	3
Gedanken einer Frau, die auf die Heimkehr des Mannes wartet	4
Wie sie den Zurückkehrenden willkommen heißt	5
Was bei dieser ehelichen Taktik herauskommt	5

Die beiden Veroneser.
Liebes-April.
Der Hagestolz von zwanzig Jahren	7
Wie derselbe acht Tage später seinem Diener vorkommt	8
Was Er selbst dazu meint	8
Die erste Trennung	9
Wie Jugendfreundschaft vor der Liebe besteht	10
Wie eine junge Dame den ersten Liebesbrief übel nimmt	11
Recept für Freiwerber	13
Ein Gleiches	14

Sommernachts-Traum.
Die Resignirte von sechszehn Jahren	15
Die Glücks-Anwartschaft treuer Liebe	16
Die Liebe ist blind	17
Liebe im Müßiggang	17
Ein Plätzchen, wie diese Liebe es gern hat	18
Mädchenfreundschaft und Liebe	19
a) Sentimental	19
b) Heroisch	19
Ist Liebe Poesie?	20
Vom Herzen zum Herzen. — Ein Wort über Gelegenheitsreden	21

Verlorne Liebesmüh.
Lebenslust über Bücherweisheit	22
Desgleichen	23

	Seite
Weiß und Roth auf Mädchenwangen	23
Sonnen-Augen und Thränenthau	23
Frauen-Augen, des Dichters Sonne	24
Der alte „Galanthomme," oder der Gesellschafter wie er sein soll"	26
Wie ächte Liebe und guter Geschmack nicht sprechen sollen	26
Volkslied	27

Zähmung der Widerspenstigen.
Was gegen den Eigensinn hilft	29
Weiberzunge und Mannesmuth	29
Frauenpflicht, von einer Gezähmten ihren Schwestern gepredigt	30

Ende gut — Alles gut.
Ein Muttersegen	32
Hoffnungslose Liebe	32
Hilf dir selbst!	33
Ein Mann von altem Schrot und Korn	33
Als wir jung waren	35
Wer ist vornehm?	35
Zu spät!	36

Viel Lärmen um Nichts.
Des Junggesellen Kriegsmanifest	37
Wie derselbe seine Zukünftige zuerst kennen lernte	38
Wie und warum Er dann das Gewehr streckt	39
Freien, heirathen und bereuen	40
Freundschaft in der Liebe	40
Ein scharfzüngiges Dämchen	41
Die Schwermuth der Selbstsucht	41
Des alten Vaters Klage über die Schande der einzigen Tochter	43
Verkannte Unschuld rechtfertigt sich selbst	43
Was fremder Trost gegen eignen Schmerz ausrichtet	44
Tagesanbruch	45

Inhalt.

Wie es Euch gefällt.

	Seite
Aus der vornehmen Welt	46
a) Parole d'honneur	46
b) Das Gesetzbuch der Ehre	47
c) In Sachen der Mode	48
d) Wie thatlose Ueberbildung die Summe des Lebens zieht	49
e) Ein nobles, wenn auch kostspieliges Mittel, zu dieser „Lebensweisheit" und „Weltkenntniß" zu kommen	50
f) Recht und Beruf des Schalksnarren	51
Die heilende und tröstende Kraft der Natur a)	52
b) Lied	52
c) Ein Gleiches	53
Alte Treue	54
Der Schritt der Zeit	55
Der verliebte Schäfer	56
Ein Mittel gegen Verliebtheit	57
Tod aus Liebe	58

Was ihr wollt.

	Seite
Phantasie=Liebe	60
Wie sie selbst sich taxirt	61
Was der Narr dazu meint	61
Rechte Liebe	61
Ihre Sprache	62
Das ächte Lied	62
Ein zweites, aus anderer Tonart	63
Guter Rath für heirathslustige Damen — und Herren	64
Narren und Ehemänner — ein Vergleich	64
Des Schalksnarren Weisheit	64
Wer versteht Scherz?	65
Wozu Feinde gut sind	65

Troilus und Cressida.

	Seite
Ein ächter Ritter	66
Was aus ihm wird, unter dem Einfluß sinnlich=schmachtender Liebe, vom Verführer geschürt	67
Die kluge Schöne	68
Dieselbe, etwas später von einem Kenner geschildert	69
Die Probe der Rechnung	69
Blicke ins Staatsleben.	
Ordnung erhält die Welt	70
Wachsame Staatsweisheit	72
Zur Kehrseite des Bildes: Heldenpöbel und Pöbelheld, eine Scene aus dem trojanischen Kriege	72
Hat Thersites Unrecht? — oder: Wie man „große Männer" gewinnt	74
Ehre und Mannheit.	
Macht Schätzung den Werth?	74
Ehre, die Tochter des Glücks	75
Wie Ehre bewahrt wird	75
Wo ächte Kraft sich bewährt	76

Die Dramen.

Der Kaufmann von Venedig.

	Seite
Reden und Schweigen.	
Politik des Schweigens	80
Ein Schwätzer	80
Ueber das Spielen mit Worten	80
Zur Naturgeschichte des „Löwen"	80
Das Rechtsbewußtsein der Selbstsucht.	
Des Wucherers Großmuth	81
Die Logik der Rache	84
Des Wucherers Familien=Trauer	85
Liebe und Freundschaft.	
Selige Entscheidung nach langem Zweifel	86
Eine Verlobung, wie es nicht viele gab	87
Freundschaft im Tode	88
Gnade	89
Schein und Wesen	89
Leichter Rath — schwere That	90
Früher Anfang — lahmes Ende	91
Der Zauber der Töne	91
Am rechten Ort, zu rechter Zeit!	92

Maaß für Maaß.

	Seite
Autorität und Recht.	
Das eine bedarf der andern	94
Darf der Schuldige richten?	94
Macht ist die Schwester der Härte	95
Gnade	96
Der Autoritäts=Mann und Tugendheld in der Versuchung	96
Leben und Tod.	
Des Lebens Zweck — nicht Selbstbeschauung, sondern Wirken	97
Das Leben ist der Güter höchstes nicht	97

Inhalt.

	Seite
Die Schrecken des Todes	99
Größe, das Ziel der Schmähsucht	99
Des Weibes Schwachheit — der Zügel des Mannes	100

Cymbeline.

Der Liebenden Abschied	101
Imogen's Schlafgemach	102
Morgenlied	103
Des vornehmen Glückspilzes Werbung	104
Die heilende und tröstende Kraft der Natur	105
Natur über Schule	108
Verleumdung	108
Güte und Größe nicht immer beisammen	108
Die Todtenklage um Imogen	109
Lied	110
Die Macht des Gewissens	111

Der Sturm.

	Seite
Ariel's Lied	113
Ein Schwimmer	114
Die Versuchung	114
Die Majestät reiner Jugendliebe	119
Ein Hochzeitwunsch	122
Vergänglichkeit menschlicher Dinge	123
Verzeihung, die Rache des Edeln	123
Die Elfen	124
Macht der Musik	125
Rückkehr der Besinnung, in einem trefflichen Gleichnisse geschildert	125

Wintermärchen.

Frauenmuth im Kampfe für Frauenrecht	126
Paulina kündigt Hermione's (vermeintlichen) Tod an	129
Ein prophetischer Traum	131
Rechte Kunst dient der Natur	132
Muthige Liebe	132
Das Diebs-Genie. (Im Volkston)	136
Noble Schwüre	137

Die Trauerspiele.

Titus Andronicus.

Der verzweifelnde Held	141
Schmerz erweicht, wie Glück verhärtet	142
Warum Gottlose und Meineidige sich Eide schwören lassen	143

Romeo und Julia.

Die Doppelnatur leidenschaftlicher Liebe	145
Gift gegen Gift	145
Das Liebesgeständniß der Jungfrau	145
Das Hohelied der Liebe	147
Erster Trennungs-Jammer	148
Der Abschied	149
Heldenmuth der Liebe	151
Am rechten Ort, zur rechten Zeit, im rechten Maaß!	152
Der Schlaf der Jugend	154
Aus der nobeln Welt.	
Der galante Händelsucher	154
Ein naturwüchsiger Raufbold	155
Aus der Elfenwelt — Frau Mab	156

Hamlet.

Geist, Gemüth — und Wille.	
Wie Geist und Gemüth allein den Ernst des Lebens begrüßen	159
Wie man in dieser Stimmung die Welt ansteht	159
Und wie das aufrichtige Bewußtsein dann zu sich selbst spricht	159
„Gewissens-Scrupel" und überkräftige Vorsätze: die Lieblingshüllen der Schwäche	161
Helles Auge bei lahmen Füßen — hilft nicht an's Ziel	163
Welche aristokratische Moral dabei schließlich herauskommt	164
Mensch und Schicksal	165
Was der Tod aus uns macht	166
Lebensklugheit	166
Aus dem Ehren-Codex der Diplomatie	167
Ein Hofmann	169
Wo findet Schmeichelei ihren Markt?	169
Ein ächter Mann—ein ächter Freund	169
Ein Wort über Pietät und Nachruhm	170
Nach Verdienst	170

Inhalt.

	Seite
Märchenehre	171
Königs Heil — Landes Wohl	171
Maaß und Wahrheit — die Seele der darstellenden Kunst	171
Ophelia's Tod	172
Aus der Geisterwelt.	
Hamlet beschwört den Geist seines Vaters	173
Des Geistes Antwort	174

Othello.

Eifersucht.	
Ihr Fluch	175
Ihre Verblendung	176
Wie Ihr Verstand und Character erliegen	176
Desdemona's Todesahnung	179
Othello vor der That	182
Othello nach der That	182
Wie Selbstsucht dient	184
Ohnmächtige Klage verschlimmert das Unheil	185
Der Wille macht den Character	185
Zieh' den alten Kittel an! Volkslied	186
Seesturm	186

König Lear.

Eines „Narren" Meinung über die Erfolge der Wahrheit	188
Ein Beispiel dazu	188
Wie eitle Selbstüberhebung den Undank ihrer Schmeichler erträgt	190
Lear im Sturm	191
Vater und Tochter.	
Cordelia's Schmerz	192
Das Wiedersehn	193
Der Triumph des Herzens über das Schicksal	195
Das verheiß'ne Ende	196
Religion der Verzweiflung	197
Schuld und Unglück nicht des Schicksals Werk, sondern des Willens	197
Die Gerechtigkeit der Welt	198
Die Gerechtigkeit Gottes	199
Was Schmeichler werth sind	199

	Seite
Bedürfniß und Ueberfluß	199
Eine Lebensregel, die von den Narren gegeben, aber von den Klugen befolgt wird	200
Der Stein der Weisen	200
Eines Ehrenmannes Beruf	200
Das Glaubensbekenntniß der genialen Selbstsucht	201
Biedre Schurken	201
Solamen miseris socios habuisse malorum	202
Schilderung der Dover-Klippe	202

Macbeth.

Versuchung	203
Dämonische Größe entschlossener Selbstsucht	204
Wie die Moral der Phantasie und des Gemüths in der Versuchung besteht	207
Verbrecher-Wahnsinn vor der That	210
Nach der That	211
Wie die Natur im Gemüth des Verbrechers sich spiegelt	213
Ein Strafgericht des Gewissens	214
Die Wirkung	217
Verbrechergröße am Ende des Weges	218
Eine altmodische Bemerkung über Meineide und Hängen	221

Timon von Athen.

Eine Freundschaftsphantasie bei Tische	222
Randglossen dazu, von dem mißgünstigen Elend gezeichnet	223
Wie aufopfernde Freigebigkeit auf den Kredit wirkt	224
Der Gemüthsmensch auf dem Prüfstein herber Erfahrung	226
Des Lobes Werth durch den Werth des Lobers bestimmt	228
Bilder und Menschen	228
Mißtrauen, die bittere Frucht der Erfahrung	228
Die Macht des Goldes	229
Der Segen freiwilliger Entsagung	229
Versprechen und Halten	230

Die Römerdramen.

Julius Cäsar.

Wie Tyrannen entstehen	233
Wohlgesinnte und Wühler	234
Heldensinn und Herrscherwürde	234
Wie der Ehrgeiz die Freiheit liebt	236
Wie ein Mann einer Sache sich hingiebt	237

Inhalt.

	Seite
Wie solche Hingabe belohnt wird	238
Ein Mann und sein Weib — eine Geschichte aus alten Tagen	239
Der Demagog und sein Publikum	240
Zwischen Vorsatz und That	246
Liebe und Höflichkeit	246

Antonius und Kleopatra.

Wie Kleopatra den Antonius gewann	247
Wie es kleinen Leuten in hoher Sphäre bisweilen ergeht	249
Wie es der Ehrlichkeit der Schwäche, u. zwar mit Recht, zu ergehn pflegt	249
Für Carrière-Macher	250
Verblendung, der Fluch der Sünde	251
Was Tollkühnheit werth ist	251

Coriolan.

Wie ein aufrichtiger Aristokrat sich um die Volksgunst bewirbt	252
Was die Standesgenossen dazu meinen	254
Eine aristokratische Familienscene	255

Die historischen Stücke.

Richard II.

Von Gottes Gnaden	261
Wie dieser Zauber bisweilen in Gefahr und Unglück besteht	263
Wer jammert im Unglück?	265
Das Wort des Sterbenden	265
Hilft erträumtes Glück gegen wirkliches Leid?	265
Wie Staatsklugheit für erwünschten, verbrecherischen Dienst sich bedankt	266

Heinrich IV.

Erster Theil.

Wie phantastische Selbstliebe vor nüchternem Kraftbewußtsein besteht	267
Wie gesunder Menschenverstand über gezierte Poesie denkt	269
Das Bürgerrecht des Häßlichen im Reiche des Schönen	269
Prinz Heinrich und Falstaff in Eastcheap	270
Zwei Glaubensbekenntnisse über „Ehre"	274

Zweiter Theil.

Wie die Wahrhaftigkeit heuchelt	275
Wie Hoheit und Macht nur zu oft ihr „Glück" bezahlen	276
Der sterbende Usurpator und sein Sohn	277
Abschied des Mannes von den Thorheiten des Jünglings	279

Heinrich V.

Vor der Schlacht	281
a) Unter Junkern	281
b) Unter Kriegern, von einem Krieger geführt	283
Ein König, über den Werth äußern Glanzes	285
Eine Liebeserklärung, wie sie im Complimentirbuche nicht vorkommt	286

Heinrich VI.

Ein Revolutionsprogramm	289

Richard III.

Menschengunst	292
Eine Staatsaction	293
Ermordung der Söhne Eduards	299
Der Tyrann in seiner letzten Nacht	300

Heinrich VIII.

Wie die Frauen von einander denken	301
Die Macht der Töne	303
Fürstengunst	303
Nachruhm	304

König Johann.

Weltsitte und Weltsinn	305
Eigennutz, der Herrscher der Welt	306
Eine feine Liebeserklärung nebst grober Kritik	308
Zur höhern Politik	308
Die Klage der Mutter	310
Arthur und Hubert	311
Nicht zu viel Eifer	316
Könige und Sclaven	316
Gilt nicht nur für England	316

Lustspiele.

Comödie der Irrungen

Alltags-Liebe und Ehe.

Das Recht des Hausherrn.

Adriana. Mein Mann kommt nicht zurück, auch nicht der Diener,
Den ich so eilig sandt', ihn aufzusuchen.
Gewiß, Luciana, es ist schon zwei Uhr.
Luciana. Vielleicht, daß ihn ein Kaufherr eingeladen
Und er vom Markt zur Mahlzeit ging wohin.
Laß jetzt uns essen, Schwester, sei nicht mürrisch,
Ein Mann ist über seine Freiheit Herr,
Die Zeit der Männer Herrinn; wie sie's fügt,
Geh'n sie und kommen; drum sei ruhig, Schwester.
Adriana. Ward Männern größre Freiheit zugetheilt?
Luciana. Ja, weil ihr Streben nicht im Hause weilt.
Adriana. Wollt' ich ihm so begegnen, trüg' er's kaum.
Luciana. Du weißt, der Mann ist Deines Willens Zaum.

Die Comödie der Irrungen.

Adriana. Nur Esel zäumt man so bequem und leicht!
Luciana. Nun, trotz'ge Freiheit wird durch Zucht gebeugt.
Kein Wesen giebt's, das nicht gebunden wär',
Sei's auf der Erde, sei's in Luft und Meer;
Thier, Fisch und Vogel folgt als seinem König
Dem Manne stets und ist ihm unterthänig;
Den Menschen, göttlicher, — den Weltgebieter,
Der weiten Erd' und wilden Fluthen Hüter,
• Dem sein Verstand und seines Wissens Kraft
Den Vorrang über Fisch und Vogel schafft, —
Verehrt das Weib als machtbegabten Herrn:
Drum dien' auch du, und folg' ihm treu und gern.
[Act 2, Sc. 1.]

Gedanken einer Frau, die auf die Heimkehr des Mannes wartet.

Adriana. Er wird gewiß sein Liebchen unterhalten,
Indeß ich hier mit seinem Lächeln geize.
Nahm schon das Alter aller Anmuth Reize
Von meiner Wange? Sein ist dann die Schuld! —
Ist stumpf mein Witz? mein Wesen ohne Huld?
Verlernt' ich die gewandte, flücht'ge Rede,
Durch seine Kält' und Rauhheit ward sie spröde.
Wenn ihm der Andern munfrer Putz gefällt,
Ist's mein Vergehn, was er mir vorenthält?
Was für Ruinen magst du an mir finden,
Die nicht sein Werk? Wenn meine Reize schwinden,
Er will es so; von ihm ein Sonnenblick
Brächt' alle vor'ge Anmuth mir zurück.
Doch er, der wilde Hirsch, rennt aus den Pfählen
(Mein ist er satt) sich auswärts Kost zu stehlen.
[Act 2, Sc. 1.]

Die Comödie der Irrungen.

Wie sie den Zurückkehrenden willkommen heißt.

Adriana. Ja, ja, Antipholus! Sieh' fremd und finster.
Für eine Andre hast du süße Blicke!
Ich bin nicht Adriana, nicht dein Weib!
Es gab 'ne Zeit, da schwurst du ungefragt:
Kein Wort sei wie Musik in deinem Ohr,
Kein Gegenstand erfreulich deinem Blick,
Kein Fühlen je willkommen deiner Hand,
Kein Mahl von Wohlgeschmack für deinen Gaum,
Wenn ich nicht Blick, Wort, Hand und Becher tauschte!
Wie kommt's denn jetzt, mein Gatte, o, wie kommt's,
Daß du so ganz dir selbst entfremdet bist? 2c.
[Act 2, Sc. 2.]

Was bei dieser ehelichen Taktik herauskommt.

Aebtissinn. Seit wann besiel der Wahnsinn diesen Mann?
Adriana. Die letzte Woche war er trüb' und still,
Und finster, ganz ein andrer Mann wie sonst;
Doch erst heut Nachmittag ist seine Krankheit
Zu diesem höchsten Grad von Wuth gesteigert.
Aebtissinn. Verlor er große Güter auf der See?
Begrub er einen Freund? Hat wohl sein Auge
Sein Herz bethört zu unerlaubter Liebe?
Der Sünde sind viel junge Männer schuldig,
Die ihrem Blick zu große Freiheit lassen.
An welcher dieser Sorgen liegt er krank?
Adriana. An keiner, wenn es nicht die letzte ist;
Ein Liebchen wohl hat ihm sein Haus verleidet.
Aebtissinn. Das hättet ihr ihm dann verweisen sollen.
Adriana. Das that ich auch.
Aebtissinn. Doch wohl nicht scharf genug.

Die Comödie der Irrungen.

Adriana. So scharf als mir's Bescheidenheit erlaubte.
Aebtissinn. Vielleicht geheim nur?
Adriana. In Gesellschaft auch.
Aebtissinn. Ja, doch nicht oft genug?
Adriana. Es war der Inhalt jegliches Gesprächs.
Im Bette schlief er nicht vor meinem Mahnen;
Am Tische aß er nicht vor meinem Mahnen;
Allein wählt' ich's zum Text für meine Rede
Und in Gesellschaft spielt' ich darauf an;
Stets sagt' ich ihm, es sei gemein und schändlich.
Aebtissinn. Und deshalb fiel der Mann in Wahnsinn endlich.
Das gift'ge Schrein der eifersücht'gen Frau
Wirkt tödtlicher als tollen Hundes Zahn.
Es scheint, dein Zanken hindert ihm den Schlaf,
Und daher kam's, daß ihm der Sinn verdüstert.
Du sagst, sein Mahl ward ihm durch Schmäh'n verwürzt;
Unruhig Essen giebt ein schlecht Verdaun,
Daher entstand des Fiebers böse Gluth;
Und was ist Fieber, als ein Wahnsinn-Schauer?
Du sagst, dein Toben störte seine Lust;
Wo süß Erholen mangelt, was kann folgen,
Als trübe Schwermuth und Melancholie.
Der grimmigen Verzweiflung nah verwandt?
Und hintendrein zahllos ein siecher Schwarm
Von bleichen Uebeln und des Lebens Mördern?
Das Mahl, den Scherz, den süßen Schlummer wehren,
Verwirrt den Geist und muß den Sinn zerstören;
Und hieraus folgt: durch deine Eifersucht
Ward dein Gemahl von Tollheit heimgesucht.
[Act 5, Sc. 1.]

Die beiden Veroneser

Liebes-April.

Der Hagestolz von zwanzig Jahren.

Valentin. Du haſt nur zuviel Ohr dafür, zu lieben,
Wo Hohn mit Gram erkauft wird, Sprödeſehn
Mit Herzensſeufzern, ein Moment der Luſt
Mit zwanzig wachen, müden, langen Nächten.
Gewonnen, iſt's vielleicht ein ſchlimmes Ent;
Verloren, iſt doch ſchwere Müh' gewonnen.
Und immer iſt's durch Witz errungne Thorheit,
Wo nicht, iſt's Witz, von Thorheit überwältigt.

Proteus. Geht es nach dir, ſo nennſt du mich 'nen Thoren.

Valentin. Und geht's nach dir, fürcht' ich, du wirſt es ſein.

Proteus. Du höhnſt die Lieb', ich bin nicht Liebe, nein

Valentin. Lieb' iſt dein Meiſter, denn ſie meiſtert dich;
Und der, den eine Närrin ſpannt ins Joch,
Den kann man nicht in's Buch der Weiſen ſchreiben.

Proteus. Doch lieſt man, ſo wie in der zartſten Knoſpe
Die Raupe nagend wohnt, ſo nagend wohne
Die Liebe in dem allerfeinſten Sinn.

Valentin. Auch ſagt das Buch, ſo wie die frühſte Knoſpe
Vom Wurm zernagt wird, eh' ſie aufgeblüht,
So wandl' auch jungen, zarten Sinn die Liebe

Die beiden Veroneser.

In Thorheit, daß vergiftet wird die Knospe,
Daß schon das Grün im ersten Lenz verwelkt,
Und jeder künft'gen Hoffnung schöne Frucht."

[Act 1, Sc. 1.]

Wie Derselbe acht Tage später seinem Diener vorkommt.

Valentin. Wohlan, sage mir, kennst du Fräulein Silvia?
Flink. Sie, die Euer Gnaden liebt?
Valentin. Nun, woher weißt du, daß ich liebe?
Flink. Wahrhaftig, an diesen besondern Kennzeichen: Fürs Erste habt Ihr gelernt, wie Herr Proteus, eure Arme in einander zu winden, wie ein Mißvergnügter; an einem Liebesliede Geschmack zu finden, wie ein Rothkehlchen; allein einher zu schreiten, wie ein Pestkranker; zu ächzen, wie ein Schulknabe, der sein A B C verloren hat; zu weinen, wie eine junge Dirne, die ihre Großmutter begrub; zu fasten, wie Einer, der in der Hungerkur liegt; zu wachen, wie Einer, der Einbruch fürchtet; winselnd zu reden, wie ein Bettler am Allerheiligen Tage. Ihr pfleget sonst, wenn ihr lachtet, wie ein Hahn zu krähen; wenn ihr einherginget, wie ein Löwe zu wandeln; wenn ihr fastetet, war es gleich nach dem Essen; wenn ihr finster blicktet, war es, weil euch Geld fehlte; und jetzt seid ihr von einer Dame verwandelt, daß, wenn ich euch ansehe, ich euch kaum für meinen Herrn halten kann.

[Act 2, Sc. 1.]

Was Er selbst dazu meint.

Valentin. Ja, Proteus, doch dies Leben ist verwandelt;
Gebüßt hab' ich, weil ich verschmäht die Liebe;
Ihr hohes Herrscherwort hat mich gestraft,

Die beiden Veroneser.

Mit strengem Fasten, reuig bittrer Klage,
Mit Thränen nächtlich, Tags mit Herzensseufzern;
Denn, um der Liebe Hohn an mir zu rächen,
Nahm sie den Schlaf den Augen ihres Knechts,
Daß sie des Herzensgrames Wächter wurden.
O, Liebster, Amor ist ein mächt'ger Fürst,
Und hat mich so gebeugt, daß ich bekenne,
Es giebt kein Weh, das seiner Strafe glich',
Doch giebt's nicht größre Lust, als ihm zu dienen.
Jetzt kein Gespräch, als nur von Lieb' allein;
Jetzt ist mir Frühstück, Mittag- und Abendmahl,
Schlummer und Schlaf das bloße Wort schon: Liebe.

[Act 2, Sc. 4.]

Die erste Trennung.

Valentin. Ha! Lieber todt, als leben auf der Folter!
Zu sterben, ist von mir verbannt zu sein,
Und Silvia ist ich selbst; verbannt von ihr,
Ist selbst, von selbst: o tödtliche Verbannung!
Ist Licht noch Licht, wenn ich nicht Silvia sehe?
Ist Lust noch Lust, wo Silvia nicht zugegen?
Und wär' sie's nicht, dächt' ich sie mir zugegen,
Entzückt vom Schattenbild der Göttlichkeit.
Nur wenn ich in der Nacht bei Silvia bin,
Singt meinem Ohr Musik die Nachtigall;
Nur wenn ich Silvia kann am Tage sehn,
Nur dann strahlt meinem Auge Tag sein Licht:
Sie ist mein Lebenselement; ich sterbe,
Werd' ich durch ihren Himmelseinfluß nicht
Erfrischt, verklärt, gehegt, bewahrt im Leben.
Tod folgt mir, flieh' ich seinen Todesspruch;

Die beiden Veroneser.

Verweil' ich hier, erwart' ich nur den Tod;
Doch flucht von hier, ist aus dem Leben flucht.
[Act 3, Sc. 1.]

Wie Jugendfreundschaft vor der Liebe besteht.

Proteus. Verlass' ich meine Julia, ist es Meineid;
Lieb' ich die schöne Silvia, ist es Meineid;
Kränk' ich den Freund, das ist der höchste Meineid;
Dieselbe Macht, die mich erst schwören ließ,
Sie reizt mich jetzt, dreifachen Schwur zu brechen;
Die Liebe zwang zum Eid, und zwingt zum Meineid.
O Liebe, süß verführend: wenn du sündigst,
So lehr' auch den Verführten sich entschuld'gen.
Erst huldigt' ich dem schimmernden Gestirn,
Jetzt bet' ich an den Glanz der Himmelssonne.
Man bricht bedachtsam unbedacht' Gelübde,
Und dem fehlt Witz, dem ächter Wille fehlt,
Den Witz zu brauchen, gut für schlecht zu wählen. —
Pfui dir, du Lästerzunge! schlecht zu nennen,
Die du als höchstes Gut so oft gepriesen
Mit zwanzigtausend seelverbürgten Eiden.
Nicht meiden kann ich Lieb', und doch geschieht's,
Doch meid' ich dort sie, wo ich lieben sollte.
Julia verlier' ich, und den Freund verlier' ich;
Und sind sie mein, muß ich mich selbst verlieren;
Verlier' ich sie, find' ich durch den Verlust,
Für Valentin, mich selbst; für Julia, Silvia.
Ich bin mir selber näher als der Freund,
Und Lieb' ist in sich selbst am köstlichsten.
[Act 2, Sc. 6.]

Die beiden Veroneser.

Wie eine junge Dame den ersten Liebesbrief übel nimmt.

Lucetta.	Lest, Fräulein, dies Papier.
Julia.	Sprich, von wem?
Lucetta.	Der Inhalt sagt es euch.
Julia.	Doch sprich: wer gab es dir?
Lucetta.	Der Page Valentins, den, denk' ich, Proteus schickte;
	Euch wollt' er's geben selbst, doch ich kam ihm entgegen,
	Empfing's an eurer Statt; verzeiht, war ich verwegen.
Julia.	Bei meiner Sittsamkeit! Du, Liebesbotinn?
	Wagst du, verliebte Zeilen anzunehmen?
	Verschwörung, Fallstrick meiner Jugend legen?
	Nun, auf mein Wort, das ist ein ehrbar Amt,
	Und du Beamter schicklich für die Würde.
	Da nimm das Blatt, laß es ihm wieder geben;
	Sonst kommst du nie vor meine Augen wieder.
Lucetta.	Der Liebe Dienst soll Lohn, nicht Haß gewinnen.
Julia.	So gehst du nicht?
Lucetta.	Nun könnt ihr euch besinnen. (Geht ab.)
Julia.	Und doch, — hätt' ich den Brief nur durchgelesen!
	Doch Schande wär's, sie wieder her zu rufen,
	Bitten um das, was ich Verbrechen schalt.
	Die Närrinn! weiß, daß ich ein Mädchen bin,
	Und zwingt mich nicht, daß ich den Brief erbreche.
	Nein sagt ein Mädchen, weil's die Sitte will,
	Und wünscht, daß es der Frager deut' als Ja.
	Pfui! wie verkehrt ist diese thor'ge Liebe,
	Ein wildes Kind'chen, kratzt sie erst die Amme,
	Und küßt in Demuth gleich darauf die Ruthe.
	Wie ungestüm schalt ich Lucetta fort,
	Da ich so gern sie hier behalten hätte.
	Wie zornig lehrt' ich meine Stirn sich falten,

Die beiden Veroneser.

              Da innre Lust mein Herz zum Lachen zwang.
              Die Strafe sei, daß ich Lucetta rufe
              Und meine vor'ge Thorheit so vergüte.
              Heda, Lucetta!

Lucetta. Was befiehlt Eu'r Gnaden?
Julia. Ist noch nicht Essenszeit?
Lucetta. Ich wollt', es wär';
              Dann kühltet ihr den Zorn an eurer Mahlzeit
              Statt an der Dienerinn.
Julia. Was nimmst du auf so hastig?
Lucetta. Nichts.
Julia. Weshalb denn bückst du dich?
Lucetta. Ich nahm ein Blatt auf, das ich fallen ließ.
Julia. Und ist das Blatt denn Nichts?
Lucetta. Nichts, was mich angeht.
Julia. Dann laß für die es liegen, die es angeht.
Lucetta. Es wird für die nicht lügen, die es angeht,
              Wenn es nicht irgend Einer falsch erklärt. 2c.

Julia. Nicht länger ärgre mich all' dies Geschwätz;
              Welch ein verwirrtes Hin- und Her-Gerede!
                                  (Sie zerreißt den Brief.)
              Geh, mach' dich fort! Laß die Papiere liegen;
              Du hätt'st sie gern in Händen, mir zum Trotz.
Lucetta. Sie treibt es weit; doch wär's ihr wol am liebsten,
              Würd' sie durch einen zweiten Brief geärgert. (Lucetta ab.)
Julia. Nein, könnte mich derselbe Brief nur ärgern!
              Verhaßte Finger, Liebesschrift zerreißt ihr?
              Mordsüchtige Wespen, saugt des Honigs Süße
              Und stecht zu Tod die Biene, die ihn gab?
              Zur Sühnung küss' ich jedes Stück Papier.
              Sieh, — „güt'ge Julia" — hier; ungüt'ge Julia!

Die beiden Veroneser.

Und so, um deinen Undank zu bestrafen,
Werf' ich den Namen auf den harten Stein,
Und trete höhnend so auf deinen Stolz.
O! sieh, hier steht — „der liebeswunde Proteus" —
O! Armer du! Mein Busen, wie ein Bett,
Herberge dich, bis ganz die Wunde heilte;
Und so erprüf' ich sie mit heil'gem Kuß.
Doch zwei, drei Mal steht Proteus hier geschrieben.
Still, guter Wind, entführe mir kein Stückchen,
Bis jedes Wort des Briefs ich wieder fand.
Nur meinen Namen nicht; den trag' ein Sturm
Zu einem furchtbar, zackig schroffen Fels,
Und schleudr' ihn dann ins wilde Meer hinab!
Sieh, zwei Mal hier sein Nam' in einer Zeile —
„Der arme Proteus, Proteus, gramverloren, —
„Der süßen Julia." — Nein, das reiß' ich ab;
Doch will ich's nicht, da er so allerliebst
Ihn paart mit seinem schwermuthsvollen Namen;
So will ich einen auf den andern falten;
Nun küßt, umarmt euch, zankt, thut, was ihr wollt.
[Act 1, Sc. 2.]

Recept für Freiwerber.

Valentin. Gewinnt sie durch Geschenk', schätzt sie nicht Worte;
Juwelen sprechen oft mit stummer Kunst,
Gewinnen mehr, als Wort, des Weibes Gunst.
Herzog. Sie wies ein Kleinod ab, das ich geschickt.
Valentin. Oft weist ein Weib zurück, was sie beglückt.
Ein zweites schickt; ermüdet nicht im Lauf;
Verschmäh'n zuerst weckt später Sehnsucht auf.
Wenn sie euch zürnt, ist's nicht, um Haß zu zeigen,
Sie will, ihr sollt ihr größ're Liebe zeigen.

Die beiden Veroneser.

Schilt sie euch weg, so heißt das nicht: geht fort!
Die Närrchen loben, nimmt man sie beim Wort.
Abweisen laßt euch nie, was sie auch spricht;
Denn sagt sie: „geht", so meint sie: „gehet nicht";
Lobt, schmeichelt, preist, vergöttert ihre Gaben;
Auch schwarz, laßt sie ein Engelsantlitz haben.
Der Mann, der nur 'ne Zung' hat, ist kein Mann,
Deß Wort nicht jedes Weib gewinnen kann.

[Act 3, Sc. 1.]

Ein Gleiches.

Proteus. Ihr aber, Thurio, zeigt zu wenig Eifer;
Leimruthen stellt, um ihren Sinn zu fangen,
Durch klagendes Sonnet, das, süß gereimt,
Ergebnen Dienst in jedem Wort verkündet.
Herzog. Ja, viel kann Poesie, das Himmelskind.
Proteus. Singt, daß ihr auf der Schönheit Weihaltar
Ihr eure Thränen, Seufzer bringt, das Herz;
Schreibt, bis die Tinte trocknet, macht sie fließen
Mit euren Thränen; rührend sei der Vers,
Daß er beglaub'gen mag die Herzensliebe:
Denn Orpheus Laut' erklang von Dichtersehnen;
Dem goldnen Ton erweicht sich Stein und Erz,
Zahm ward der Leu, der Leviathans-Riese
Entstieg der Fluth, um auf dem Strand zu tanzen.
Habt ihr ein rührend Klagelied gesungen,
So bringt in stillen Nächten vor ihr Fenster
Harmon'schen Gruß, weint zu den Instrumenten
Ein weiches Lied; das Schweigen todter Nacht
Wird gut zum Laut der süßen Wehmuth stimmen:
So, oder niemals, ist sie zu gewinnen. —

[Act 3, Sc. 2.]

Die Resignirte von sechzehn Jahren.

Hermia. Ich bitt' euch, gnäd'ger Fürst, mir zu verzeihn.
Ich weiß nicht, welche Macht mir Kühnheit giebt,
Noch wie es meiner Sittsamkeit geziemt,
In solcher Gegenwart das Wort zu führen;
Doch dürft' ich mich zu fragen unterstehn:
Was ist das Härt'ste, was mich treffen kann,
Verweigr' ich dem Demetrius die Hand?

Theseus. Den Tod zu sterben, oder immerdar
Den Umgang aller Männer abzuschwören.
Drum fraget eure Wünsche, schönes Kind,
Bedenkt die Jugend, prüfet euer Blut,
Ob ihr die Nonnentracht ertragen könnt,
Wenn ihr der Wahl des Vaters widerstrebt;
Im dumpfen Kloster ewig eingesperrt,
Als unfruchtbare Schwester zu verharren,
Den keuschen Mond mit matten Hymnen feiernd.
O dreimal selig, die, des Bluts Beherrscher,
So jungfräuliche Pilgerschaft bestehn!
Doch die gepflückte Ros' ist irdischer beglückt

Ein Sommernachts-Traum.

Als die, am unberührten Dorne welkend,
Wächst, lebt und stirbt in heil'ger Einsamkeit.

Hermia. So will ich leben, gnäd'ger Herr, so sterben,
Eh' ich den Freiheitsbrief des Mädchenthums
Der Herrschaft dessen überliefern will,
Deß unwillkommnem Joche mein Gemüth
Die Huldigung versagt.

[Act 1, Sc. 1.]

Die Glücks-Anwartschaft treuer Liebe.

Lysander. Weh' mir! Nach allem, was ich jemals las,
Und jemals hört' in Sagen und Geschichten,
Rann nie der Strom der treuen Liebe sanft;
Denn bald war sie verschieden an Geburt,
Bald war sie in den Jahren mißgepaart,
Bald hing sie ab von der Verwandten Wahl.
Und war auch Sympathie in ihrer Wahl,
So stürmte Krieg, Tod, Krankheit auf sie ein,
Und macht' ihr Glück gleich einem Schalle flüchtig,
Wie Schatten wandelbar, wie Träume kurz,
Schnell, wie der Blitz, der in geschwärzter Nacht
In einem Winke Himmel und Erd' entfaltet;
Doch eh' ein Mensch vermag zu sagen: schaut!
Schlingt gierig ihn die Finsterniß hinab:
So schnell verdunkelt sich des Glückes Schein.

Hermia. Wenn Leid denn immer treue Liebe traf,
So steht es fest im Rathe des Geschicks.
Drum laß Geduld uns durch die Prüfung lernen,
Weil Leid der Liebe so geeignet ist,
Wie Träume, Seufzer, stille Wünsche, Thränen,
Der armen, kranken Leidenschaft Gefolge.

[Act 1, Sc. 1.]

Der Sommernachts-Traum.

Die Liebe ist blind.

Helena. Dem schlecht'sten Ding' an Art und an Gehalt
Leiht Liebe dennoch Ansch'n und Gestalt.
Sie sieht mit dem Gemüth, nicht mit den Augen,
Und ihr Gemüth kann nie zum Urtheil taugen.
Drum nennt man ja den Gott der Liebe blind.
Auch malt man ihn geflügelt und als Kind,
Weil er, vom Spiel zu Spielen fortgezogen,
In seiner Wahl so häusig wird betrogen.
Wie Buben oft im Scherze lügen, so
Ist auch Cupido falscher Schwüre froh.

[Act 1, Sc. 1.]

Liebe im Müßiggang.

Oberon. Mein guter Droll, komm her! Weißt du noch wohl,
Wie ich einst saß auf einem Vorgebirge,
Und 'ne Sirene, die ein Delphin trug,
So süße Harmonien hauchen hörte,
Daß die empörte See gehorsam ward,
Daß Sterne wild aus ihren Kreisen fuhren,
Der Nymphe Lied zu hören?
Droll. Ja, ich weiß.
Oberon. Zur selben Zeit sah' ich (du konntest nicht)
Cupido zwischen Erd' und Himmel fliegen
In voller Wehr: er zielt' auf eine holde
Vestal', in Westen thronend, scharfen Blicks,
Und schnellte rasch den Liebespfeil vom Bogen,
Als sollt' er hunderttausend Herzen spalten;
Allein ich sah das feurige Geschoß
Im keuschen Strahl des feuchten Monds verlöschen.
Die königliche Priesterinn ging weiter,

Der Sommernachts-Traum.

In fillfamer Betrachtung, liebefrei;
Er fiel gen Westen auf ein zartes Blümchen,
Sonft milchweiß, purpurn nun durch Amors Wunde,
Und Mädchen nennen's: Lieb' im Müßiggang.
Hol' mir die Blum'! Ich wies dir einft das Kraut;
Ihr Saft, geträufelt auf entschlaf'ne Wimpern,
Macht Mann und Weib, in jede Kreatur,
Die sie zunächst erblicken, toll vergafft.
[Act 2, Sc. 1.]

Ein Plätzchen, wie diese Liebe es gern hat.

Oberon. Ich weiß 'nen Hügel, wo man Quendel pflückt,
Wo aus dem Gras Viol' und Maaßlieb nickt,
Wo dicht gewölbt des Geisblatts üpp'ge Schatten
Mit Hagedorn und mit Jasmin sich gatten.
Dort ruht Titania halbe Nächte kühl,
Auf Blumen eingewiegt durch Tanz und Spiel.
Die Schlange legt die bunte Haut dort nieder,
Ein weit Gewand für eines Elfen Glieder.
Ich netz' ihr Aug' mit dieser Blume Saft,
Der ihr den Kopf voll schnöder Grillen schafft.
Nimm auch davon, und such' in diesem Holze:
Ein holdes Mädchen wird mit sprödem Stolze
Von einem Jüngling, den sie liebt, verschmäht.
Salb' ihn, doch so, daß er die Schön' erspäht
Sobald er aufwacht. Am athenischen Gewand
Wird ohne Müh' der Mann von dir erkannt.
Verfahre sorgsam, daß mit heißerm Triebe,
Als sie den Liebling, er sie wieder liebe.
[Act 2, Sc. 1.]

Mädchenfreundschaft und Liebe.

a) Sentimental.

Helena: Feindsel'ge Hermia! undankbares Mädchen!
Verstandest du, verschworst mit diesen dich,
Um mich zu necken mit so schnödem Spott?
Sind alle Heimlichkeiten, die wir theilten,
Der Schwestertreu' Gelübde, jene Stunden,
Wo wir den raschen Schritt der Zeit verwünscht,
Weil sie uns schied: o Alles nun vergessen?
Die Schulgenossenschaft, die Kinderunschuld?
Wie kunstbegabte Götter, schufen wir
Mit unsern Nadeln Eine Blume beide;
Nach Einem Muster, und auf Einem Sitz,
Ein Liedchen wirbelnd, beid' in Einem Ton,
Als wären unsere Hände, Stimmen, Herzen
Eineinander einverleibt. So wuchsen wir
Zusammen, einer Doppelkirsche gleich,
Zum Schein getrennt, doch in der Trennung Eins;
Zwei holde Beeren, Einem Stiel entwachsen,
Dem Scheine nach zwei Körper, doch Ein Herz;
Zwei Schildern eines Wappens glichen wir,
Die friedlich stehn, gekrönt von Einem Helm.
Und nun zerreißt ihr so die alte Liebe?
Gesellt im Hohne einer armen Freundinn
Zu Männern euch? Das ist nicht freundschaftlich,
Das ist nicht jungfräulich; und mein Geschlecht,
So wohl wie ich, darf euch darüber schelten,
Obschon die Kränkung mich allein betrifft.

[Act 3, Sc. 2.]

b) Heroisch.

Weh' mir! — Du Gauklerinn, du Blüthenwurm!

Der Sommernachts-Traum.

>   Du Liebesdiebinn! Was? Du kamst bei Nacht,
>   Stahlst meines Liebsten Herz?
> Helena.   Schön, meiner Treu!
>   Hast du denn keine Scheu, noch Mädchensitte,
>   Nicht eine Spur von Scham? Und zwingst du so
>   Zu harten Reden meine sanften Lippen?
>   Du Marionette, pfui! du Puppe, du!
> Hermia.   Was? Puppe? Ha, nun wird ihr Spiel mir klar.
>   Sie hat ihn unsern Wuchs vergleichen lassen —
>   Ich merke schon — auf ihre Höh' getrotzt.
>   Mit ihrer Figur, mit ihrer langen Figur
>   Hat sie sich seiner, seht nur doch! bemeistert.
>   Und stehst du nun so groß bei ihm in Gunst,
>   Weil ich so klein, weil ich so zwerghaft bin?
>   Wie klein bin ich, du bunte Bohnenstange?
>   Wie klein bin ich? Nicht gar so klein, daß nicht
>   Dir meine Nägel an die Augen reichten zc.
>
>   [Act 3, Sc. 2.]

Ist Liebe Poesie?

> Theseus. Verliebte und Verrückte
>   Sind Beide von so brausendem Gehirn,
>   So bildungsreicher Phantasie, die wahrnimmt,
>   Was nie die kühlere Vernunft begreift.
>   Wahnwitzige Poeten und Verliebte
>   Bestehn aus Einbildung. Der Eine sieht
>   Mehr Teufel, als die weite Hölle faßt;
>   Der Tolle nämlich: der Verliebte sieht
>   Nicht minder irr', die Schönheit Helena's
>   Auf einer äthiopisch braunen Stirn.
>   Des Dichters Aug', in schönem Wahnsinn rollend,
>   Blitzt auf zum Himmel, blitzt zur Erd' hinab,

Der Sommernachts-Traum.

Und wie die schwangre Phantasie Gebilde
Von unbekannten Dingen ausgebiert,
Gestaltet sie des Dichters Kiel, benennt
Das luft'ge Nichts und giebt ihm festen Wohnsitz.
So gaukelt die gewalt'ge Einbildung;
Empfindet sie nur irgend eine Freude,
Sie ahndet einen Bringer dieser Freude;
Und in der Nacht, wenn uns ein Grauen befällt,
Wie leicht, daß man den Busch für einen Bären hält!
[Act 5, Sc. 1.]

Vom Herzen zum Herzen. — Ein Wort über Gelegenheitsreden.

Theseus. Was armer, will'ger Eifer
Zu leisten nicht vermag, schätzt edle Rücksicht
Nach dem Vermögen nur, nicht nach dem Werth.
Wohin ich kam, da hatten sich Gelahrte
Auf wohlgesetzte Reden vorbereitet.
Da haben sie gezittert, sich entfärbt,
Gestockt in einer halb gesagten Phrase;
Die Angst erstickte die erlernte Rede,
Noch eh' sie ihren Willkomm vorgebracht,
Und endlich brachen sie verstummend ab.
Sogar aus diesem Schweigen, liebes Kind,
Glaub' mir, fand ich den Willkomm doch heraus,
Ja, in der Schüchternheit Bescheidnen Eifers
Las ich so viel, als von der Plapperzunge
Vorwitzig prahlender Beredsamkeit.
Wenn Lieb' und Einfalt sich zu reden nicht er-
dreisten,
Dann, dünkt mich, sagen sie im wenigsten am
meisten.
[Act 5, Sc. 1.]

Verlorne Liebesmüh

Lebenslust über Bücherweisheit.

Biron. Eitel ist jede Lust, am meisten, die
Mit Mühen kaufend Nichts erwirbt als Müh';
Als mühevoll den Geist zum Buch gewendet,
Suchend der Wahrheit Licht; Wahrheit indessen
Hat täuschend schon des Auges Blick geblendet,
Licht suchend hat das Licht des Lichts vergessen:
Und statt zu späh'n, er Licht im Finstern funkelt,
Erlosch dein Licht, Nacht hat dein Aug' umdunkelt.
Studiert vielmehr, was euer Aug' entzücke,
Indem ihr's auf ein schön'res Auge wendet,
Das blendend uns zugleich mit Trost erquicke,
Und, raubt es Licht, uns neue Sehkraft spendet.
Studium vergleich' ich mit dem Strahl der Sonnen,
Kein frecher Blick darf ihren Glanz ergründen;
Was hat solch armer Grübler sich gewonnen,
Als Satzungen, im fremden Buch zu finden?
Die irdischen Pathen, die im Himmelsheer,
Gevattern gleich, jedweden Stern benennen,

Verlorne Liebesmühe.

Erfreun sie sich der hellen Nächte mehr,
Als die umhergehn, und nicht einen kennen?
Allzumal wissen heißt mit Worten kramen,
Und jeglicher Gevatter kann Benamen.

[Act 1, Sc. 1.]

Desgleichen.

Biron. So schießt das Studium immer übers Ziel:
Weil es studiert, zu forschen, was es wollte,
Vergaß es auszurichten, was es sollte;
Und hat es nun, worauf es lang gesonnen,
Ist's, wie im Sturm gewonnen, so zerronnen.

[Act 1, Sc. 1.]

Weiß und Roth auf Mädchenwangen.

Motte. Wenn roth und weiß die Mädchen blühn,
Hat Sünde nie ein Zeichen;
Sonst macht ein Fehltritt sie erglühn,
Die Furcht wie Schnee erbleichen.
Was Schuld sei oder Schrecken nur,
Wer möcht' es unterscheiden,
Wenn ihre Wange von Natur
Die Farbe trägt der beiden?

[Act 1, Sc. 2.]

Sonnen=Augen und Thränenthau.

So lieblich küßt die goldne Sonne nicht
Die Morgenperlen, die an Rosen hangen,
Als deiner Augen frisches Strahlenlicht
Die Nacht des Thau's vertilgt auf meinen Wangen.
Der Silbermond nur halb so glänzend flimmert
Durch der crystallnen Fluthen tiefe Reine,

Verlorne Liebesmühe.

Als dein Gesicht durch meine Thränen schimmert:
Du strahlst in jeder Thräne, die ich weine.
Dich trägt als Siegeswagen jede Zähre,
Auf meinem Schmerz führt deine Herrlichkeit;
So schau, wie ich die Thränenschaar vermehre,
Es wächst dein Ruhm, ja herber wird mein Leid.
Doch liebe dich nicht selbst; die Thränen scheinen
Die Spiegel sonst, und ewig müßt' ich weinen.

[Act 4, Sc. 1.]

Frauen-Augen des Dichters Sonne.

Biron. Aus Frauenaugen zieh' ich diese Lehre:
Sie sind der Grund, das Buch, die hohe Schule,
Aus der Prometheus ächtes Feu'r entglüht.
Ei, stets sich abarbeiten, kerkert ein
Die raschen Lebensgeister im Geblüt
Wie rastlos angestrengtes Wandern endlich
Die Sehnenkraft des Reisenden ermüdet.
Nun, wollt ihr nie ein Frauenantlitz schau'n,
Habt den Gebrauch der Augen ihr verschworen
Und auch das Studium, dem ihr euch gelobt.
Denn, welcher Autor in der ganzen Welt
Lehrt solche Schönheit, wie ein Frauenauge?
Das Wissen ist ein Anhang nur zu uns,
Und wo wir sind, ist unser Wissen auch.
Drum, wenn wir uns in Mädchenaugen sehn,
Sehn wir nicht gleichfalls unser Wissen dort?
O, wir gelobten Studien, werthe Lords;
Mit dem Gelübd' entsagten wir den Büchern.
Wie hättet ihr, o Herr, und ihr, und ihr,
Durch bleierne Betrachtung ja ersonnen
So glüh'nden Vers, als den begeisternd Augen

Verlorne Liebesmühe.

Von Schönheitspflegerinnen euch gespendet?
Das andre träge Wissen bleibt im Hirn,
Und deshalb finden seine dürren Knechte
Müh'selge Ernten kaum nach schwerem Dienst.
Doch Lieb' in Frauenaugen erst gelernt,
Lebt nicht allein vermauert im Gehirn,
Nein, mit der Regung aller edeln Geister
Strebt sie gedankenschnell durch jede Kraft,
Und gnügt jedweder Kraft zweifache Kraft,
Weit höher, als ihr Wissen und ihr Amt.
Die feinste Schärfe leiht sie dem Gesicht;
Wer liebt, deß Auge schaut den Adler blind.
Wer liebt, deß Ohr vernimmt den schwächsten Laut,
Wo selbst des Diebs argwöhnisch Horchen taub ist.
Die Liebe fühlt empfindlicher und feiner
Als der Beschalten Schnecke zartes Horn;
Schmeckt sie, wird Bacchus leckre Zunge stumpf;
Ist Lieb' an Kühnheit nicht ein Hercules,
Der stets der Hesperiden Bäum' erklimmt?
Schlau wie die Sphinx, so süß und musikalisch
Wie Phöbus Lei'r bespannt mit seinem Haar?
Wenn Liebe spricht, dann füllt der Götter Stimme
Den Himmel ein durch ihre Harmonie;
Nie wagt's ein Dichter und ergriff die Feder
Eh' er sie eingetaucht in Liebesseufzer!
Dann erst entzückt sein Lied des Wilden Ohr,
Pflanzt in Tyrannen holde Menschlichkeit.
Aus Frauenaugen zieh' ich diese Lehre:
Sie sprüh'n noch jetzt Prometheus ächte Gluth;
Sie sind das Buch, die Kunst, die hohe Schule,
Die alle Welt umfaßt, erläutert, nährt.

[Act 4. Sc. 1.]

Verlorne Liebesmühe.

Der alte „Galanthomme, als der Gesellschafter wie er sein soll."

Biron. Der gute Freund pickt Witz, wie Tauben Spelt,
Und giebt ihn von sich, wie es Gott gefällt.
Er ist ein Witzhausirer, kramt ihn aus
Auf Kirmeß, Jahrmarkt, Erntebier und Schmaus;
Und uns Großhändlern will es nicht gelingen,
Die Waare so geschickt in Cours zu bringen.
Die Mädel kann er an den Aermel schnüren,
Als Adam würd' er Eva selbst verführen;
Er schneidet vor, er lispelt, thut galant;
Er war's, der fast sich weggeküßt die Hand;
Er, aller Moden Affe, Prinz Manierlich,
Wenn er im Brettspiel würfelt, flucht er zierlich
Mit feinster Auswahl; ja, er singt Tenor
Im Chor mit Glück; und stellt er Jemand vor,
Das thu' ihm Einer nach! Er heißt: „der Süße,"
Die Trepp', ersteigt er sie, küßt ihm die Süße;
Er lächelt, wie das Blümchen, jeden an,
Und zeigt geschickt den elfnen, weißen Zahn;
Wer ihn vergaß, nennt noch im Todesbett
Ihr mind'stens „honigzüngiger Boyet."
[Act 5, Sc. 1.]

Wie ächte Liebe und guter Geschmack nicht sprechen sollen.

Nie auf geschrieb'ne Reden mehr vertrau' ich,
Noch auf Geplapper knabenhafter Zungen;
Nie mehr verlarvt auf schöne Frauen schau' ich,
Noch steh' in Reimen, wie sie Blinde sungen.
Fort, faßten Phrasen, Klingklang schwacher Dichter,
Hyperbeln, superfein, geziert und schwirrend,
Fort, seidner Bombast, Schmetterlings Gesichter,
Das Grillen mir gebrütet, sinnverwirrend;

Verlorne Liebesmühe.

Euch meid' ich; Bei dem Handschuh hier, dem weißen!
(Wie weiß die Hand sein mag, weiß Gott allein),
Künftig sei schlicht mein Werben und Verheißen;
Nimm Grethe dann den Hans, der brav und jung,
Mit hausgebacknem Ja, und derbem Nein;
Sein Herz ist fest und senza Riß und Sprung.

[Act 5. Sc. 1.]

Volklied.

Frühling. Wenn Primeln gelb und Veilchen blau,
Und Maaßlieb silberweiß im Grün,
Und Ruckucksblumen rings die Au
In bunter Farbenpracht umblüh'n,
Des Ruckucks Ruf im Baum erklingt
Und neckt den Ehmann, wenn er singt:
Cucu,
Cucu, Cucu, der Mann ergrimmt,
Wie er das böse Wort vernimmt.

Wenn Lerche früh den Pflüger weckt,
Am Bach der Schäfer flötend schleicht,
Wenn Dohl' und Kräh' und Täubchen heckt,
Ihr Sommerhemd das Mädchen bleicht,
Des Ruckucks Ruf im Baum erklingt,
Und neckt den Ehmann, wenn er singt:
Cucu,
Cucu, Cucu; der Mann ergrimmt,
Wie er das böse Wort vernimmt.

Winter. Wenn Eis in Zapfen hängt am Dach,
Und Thoms, der Hirt, vor Frost erstarrt,
Wenn Hans die Klötze trägt in's Sach,
Die Milch gefriert im Eimer hart,

Verlorne Liebesmühe.

Die Spur verweht, der Weg verschneit,
Dann nächtlich friert der Kauz und schreit;
Tuhu,
Tuwit tuhu, ein lustig Lied,
Derweil die Hanne Würzbier glüht.

Wenn Sturm dem Giebelfenster droht,
Im Schnee das Vöglein emsig pickt,
Wenn Lisbeths Nase spröd' und roth,
Der Pfarrer hustend fast erstickt,
Bratapfel zischt in Schalen weit,
Dann nächtlich friert der Kauz und schreit:
Tuhu,
Tuwit tuhu, ein lustig Lied,
Derweil die Hanne Würzbier glüht.

[Act 5. Sc. 1.]

Zähmung der Widerspenstigen

Was gegen den Eigensinn hilft.

Petruchio. Ist sie unbändig, bin ich toll und wild:
Und wo zwei muth'ge Feuer sich begegnen,
Vertilgen sie, was ihren Grimm genährt:
Wenn kleiner Wind die kleine Flamme facht,
So bläs't der Sturm schnell Feu'r und Alles aus.
  [Act. 2, Sc. 1.]

Weiberzunge und Mannesmuth.

Petruchio. Denkt ihr, ein kleiner Schall betäubt mein Ohr?
Hört' ich zu Zeiten nicht den Löwen brüllen?
Hört' ich das Meer nicht, aufgeschwellt vom Sturm,
Gleich wilden Ebern wüthen, schweißbeschäumt?
Vernahm ich Feuerschlünde nicht im Feld,
In Wolken donnern Jovis schwer Geschütz?
Hab' ich in großer Feldschlacht nicht gehört
Trompetenklang, Roßwiehern, Kriegsgeschrei?

Die Zähmung der Widerspenstigen.

Und von der Weiberzunge schwatzt ihr mir,
Die halb nicht giebt so harten Schlag dem Ohr,
Als die Kastanie auf des Landmanns Heerd?
Popanze für ein Kind!
[Act. 1, Sc. 2]

....

Frauenpflicht, von einer Gezähmten ihren Schwestern gepredigt.

Catharina. Pfui! pfui! Entrunz'le diese droh'nde Stirn,
Und schieß nicht zorn'ge Pfeil' aus diesen Augen,
Verwundend deinen König, Herrn, Regierer.
Das tödtet Schönheit, wie der Frost die Flur,
Zerstört den Ruf, wie Wirbelwind die Blüthen,
Und niemals ist es recht, noch liebenswerth.
Ein zornig Weib ist gleich getrübter Quelle,
Unrein und sumpfig, widrig, ohne Schönheit:
Und ist sie so, und keiner noch so durstig,
Sie würd'gen einen Tropfen draus zu schlürfen.
Dein Eh'mann ist dein Herr, ist dein Erhalter,
Dein Licht, dein Haupt, dein Fürst, er sorgt für dich
Und deinen Unterhalt, giebt seinen Leib
Mühsel'ger Arbeit preis zu Land und Meer,
Wacht Nächte durch in Sturm, und Tag' in Kälte,
Wenn du im Hause warm und sicher ruhst;
Und fordert zum Ersatz nicht andern Lohn
Als Liebe, freundlich Blicken und Gehorsam:
Zu kleine Zahlung für so große Schuld.
Die Pflicht, die der Vasall dem Fürsten zollt,
Die ist die Frau auch schuldig ihrem Gatten.
Und ist sie trotzend, launisch, trüb' und bitter,
Und nicht gehorsam billigem Gebot,
Was ist sie als ein tückischer Rebell,
Sünd'ger Verräther an dem lieben Herrn?

Die Zähmung der Widerspenstigen.

Wie schäm' ich mich, daß Frau'n so albern sind!
Sie künden Krieg, und sollten knieen um Frieden!
O daß sie herrschen, lenken, trotzen wollen
Wo sie nur schweigen, lieben, dienen sollen!
Weshalb ist unser Leib zart, sanft und weich,
Kraftlos für Müh' und Ungemach der Welt,
Als daß ein weiches Herz, ein sanft Gemüthe,
Als zarter Gast die zarte Wohnung hüte?
O kommt, ihr eigensinn'gen, schwachen Würmer!
Mein Sinn war hart, wie einer nur der euern,
Mein Herz so groß, mein Grund vielleicht noch besser,
Um Wort mit Wort, um Zorn mit Zorn zu schlagen:
Jetzt seh' ich's, unsre Lanzen sind nur Stroh,
Gleich schwach wir selbst, schwach wie ein hülflos Kind,
Scheinen wir nur, was wir am mind'sten sind.
Drum dämpft den Trotz, beugt euch dem Mann entgegen,
Ihm unter seinen Fuß die Hand zu legen:
Wenn er's befiehlt, zum Zeichen meiner Pflicht,
Verweigert meine Hand den Dienst ihm nicht.

[Act 5, Sc. 1.]

Ein Muttersegen.

Gräfinn. Dich segn' ich, Bertram! gleiche deinem Vater
An Sinn wie an Gestalt; Blut so wie Tugend
Regieren dich gleichmäßig: Deine Güte
Entspreche deinem Stamm. Lieb' Alle, Wen'gen traue;
Beleid'ge Keinen; sei dem Feinde furchtbar
Durch Kraft mehr, als Gebrauch; den Freund bewahre
So wie dein Herz. Laß dich um Schweigen laden,
Doch nie um Reden schelten. Was der Himmel
Dir sonst an Segen spenden, und mein Beten
Erflehn mag, fall auf dieses Haupt! Leb' wohl!
[Act 1, Sc. 1.]

Hoffnungslose Liebe.

Helena. Ich bin verloren! Alles Leben schwindet
Dahin, wenn Bertram geht. Gleichviel ja wär's,
Liebt' ich am Himmel einen hellen Stern,
Und wünscht' ihn zum Gemahl; er steht so hoch!
An seinem hellen Glanz und lichten Strahl
Darf ich mich freu'n; in seiner Sphäre nie.
So straft sich selbst der Ehrgeiz meiner Liebe:

Ende gut, Alles gut.

Die Hindin, die den Löwen wünscht zum Gatten,
Muß liebend sterben. O der süßen Qual,
Ihn stündlich anzusehn! Ich saß, und malte
Die hohen Brau'n, sein Falkenaug', die Locken
In meines Herzens Tafel, allzu offen
Für jeden Zug des süßen Angesichts!
Nun ist er fort, und mein abgöttisch Lieben
Bewahrt und heiligt seine Spur.

[Act 1, Sc. 1.]

Hilf dir selbst!

Helena. Oft ist's der eigne Geist, der Rettung schafft,
Die wir beim Himmel suchen. Unsrer Kraft
Verleiht er freien Raum, und nur dem Trägen,
Dem Willenlosen, stellt er sich entgegen.

[Act. 1, Sc. 1.]

Ein Mann von altem Schrot und Korn.

König. O hätt' ich jetzt die Fülle der Gesundheit,
Als da dein Vater und ich selbst in Freundschaft
Zuerst als Krieger uns versucht! den Dienst
Der Zeiten hatt' er wohl studiert, und war
Der Bravsten Schüler. Lange hielt er aus;
Doch welkes Alter überschlich uns Beide,
Und nahm uns aus der Bahn. Ja, es erquickt mich,
Des Edeln zu gedenken. — In der Jugend
Hatt' er den Witz, den ich wohl auch bemerkt
An unsern jetz'gen Herrn: nur scherzen die,
Bis stumpf der Hohn zu ihnen wiederkehrt,
Eh' sie den seichten Sinn in Ehre kleiden.
Hofmann so ächt, daß Bitterkeit noch Hochmuth
Nie färbten seine Streng' und seinen Stolz:

Ende gut, Alles gut.

Geschah's, so war's nur gegen seines Gleichen.
Und seine Ehre zeigt' als treue Uhr
Genau den Punkt, wo Zeit ihn reden hieß,
Und dann gehorcht ihr Zeiger seiner Hand.
Gering're
Behandelt' er als Wesen andrer Art;
Beugt' ihrer Niedrigkeit den hohen Wipfel,
Daß sie sich stolz durch seine Demuth fühlten,
Wie er herabstieg in ihr armes Lob.
Solch Vorbild mangelt diesen jüngern Zeiten;
Und wär' es da, so zeigt' es uns zu sehr
Als rückwärts Schreitende.
O daß ich mit ihm wär'! Er sagte stets, —
(Mich dünkt, ich hör' ihn noch: sein goldnes Wort
Streut' er nicht in das Ohr, er pflanzt' es tief,
Damit es keim' und reife): „ich mag nicht leben,"
(So sagt' er oft in liebenswerthem Ernst
Im letzten Act und Schluß des Zeitvertreibs,
Wenn man sich trennte), „ich mag nicht leben," sprach er,
„Wenn's meiner Flamm' an Oel gebricht, als Schnuppe
„Der jungen Welt, die mit leichtfert'gem Sinn
„Nichts als das Neue liebt; die ihren Ernst
„Allein auf Moden senkt; Bei der die Treue
„Mit ihren Trachten wechselt:" Also wünscht' er.
Ich, scheidend, wünsche wie der Abgeschied'ne,
Weil ich nicht Wachs noch Honig bringe heim,
Recht bald erlöst zu sein aus meinem Stock,
Raum gönnend Jüngern.

[Act 1, Sc. 2.]

Ende gut, Alles gut.

Als wir jung waren.

Gräfinn. So mußt' ich's, als ich jung war, auch erleben.
Natur verlangt ihr Recht; der scharfe Dorn
Ward gleich der Jugendrose mitgegeben,
Die Leidenschaft quillt aus des Blutes Born.
Natur bewährt am treusten ihre Kraft,
Wo Jugend glüht in starker Leidenschaft;
Und denk' ich jetzt der Fehl' in vor'gen Stunden,
Hab' ich den Irrthum damals nicht empfunden.
[Act 1, Sc. 3.]

Wer ist vornehm?

König. Den Stand allein verachtest du, den ich
Erhöh'n kann. Seltsam ist's, daß unser Blut, —
Vermischte man's — an Farbe, Wärm' und Schwere
Den Unterschied vereint, und doch so mächtig
Sich trennt durch Vorurtheil. Ist jene wirklich
Von reiner Tugend, und verschmähst du nur
Des armen Arztes Kind, — so schmähst du Tugend
Um eines Namens willen. Das sei fern!
Wo Tugend wohnt, und wär's am niedern Heerd,
Wird ihre Heimath durch die That verklärt.
Erhabner Rang, bei sündlichem Gemüthe
Giebt schwülstig hohle Ehre: wahre Güte
Bleibt gut auch ohne Rang, das Schlechte schlecht;
Nach innerm Kern und Wesen fragt das Recht,
Nicht nach dem Stand. Jung, schön, und ohne Tadel
Schenkt ihr Natur unmittelbaren Adel,
Der Ehre zeugt, wie Ehre den verdammt,
Der sich berühmt, er sei von ihr entstammt,
Und gleicht der Mutter nicht. Der Ehre Saat
Gedeiht weit minder durch der Ahnen That,

Ende gut, Alles gut.

Als eignen Werth. Das Wort fröhnt, wie ein Sclav,
Jeglicher Gruft, auf jedem Epitaph
Lügt es Trophäen; oft schweigt's, und dem Gedächtniß
Ehrwürd'ger Namen läßt es als Vermächtniß
Vergessenheit und Staub.

[Act 2, Sc. 3.]

Zu spät!

König. Daß du sie liebst, tilgt große Summen weg
Von deiner Rechnung. Doch zu spätes Lieben
Klagt wie Begnad'gung, zögernd überbracht,
Den großen Richter an mit bitterm Vorwurf,
Und ruft: gut ist, was todt. Der hast'ge Irrthum
Verschmäht als niedrig unser Bestes Gut,
Und schätzt es nicht, bis es im Grabe ruht.
Verkennen, oft zu eignem Ungemach,
Zerstört den Freund, und weint dem Todten nach.

[Act 5, Sc 3.]

Viel Lärmen um Nichts

Des Junggesellen Kriegsmanifest.

Benedict. Daß mich ein Weib geboren hat, dafür dank' ich ihr; daß sie mich aufzog, auch dafür sag' ich ihr meinen demüthigsten Dank: aber daß ich meine Stirn dazu hergebe, die Jagd darauf abzublasen, oder mein Hifthorn an einem unsichtbaren Riem anhänge, das können mir die Frauen nicht zumuthen. Weil ich ihnen das Unrecht nicht anthun möchte, einer von ihnen zu mißtrauen, so will ich mir das Recht vorbehalten, keiner zu trauen; und das Ende vom Liede ist (und zugleich gewiß auch das beste Lied), daß ich ein Junggesell bleiben will.

Don Pedro. Ich erlebe es noch einmal, dich ganz blaß vor Liebe zu sehen.

Benedict. Vor Zorn, vor Krankheit oder Hunger, mein Fürst; aber nicht vor Liebe. Beweist mir, daß ich jemals aus Liebe mehr Blut verliere, als ich durch eine Flasche Wein wieder ersetzen kann, so stecht mir die Augen aus mit eines Balladenschreibers Feder, hängt mich auf über der Thür eines schlechten Hauses und schreibt darüber: „Zum blinden Cupido."

Viel Lärmen um Nichts.

Don Pedro. Nun ja, wenn du je von diesem Glauben abfällst, so mache dir keine Rechnung auf unsre Barmherzigkeit.

Benedict. Wenn ich das thue, so hängt mich in einem Faß auf wie eine Katze, und schießt nach mir; und wer mich trifft, dem klopft auf die Schulter und nennt ihn Adam.

Don Pedro. Nun wohl, die Zeit wird kommen, „wo sich der wilde Stier dem Joche fügt".

Benedict. Das mag der wilde Stier; wenn aber der verständige Benedict sich ihm fügt, so reißt dem Stier seine Hörner aus, und setzt sie an meine Stirn, und laßt mich von einem Anstreicher abmalen, und mit so großen Buchstaben, wie man zu schreiben pflegt: „Hier sind gute Pferde zu vermiethen," setzt unter mein Bildniß: „Hier ist zu sehn Benedict, der Ehemann."

[Act 1, Sc. 1.]

Wie Derselbe seine Zukünftige zuerst kennen lernte.

Benedict. O! Sie ist mit mir umgegangen, daß kein Klotz es ausgehalten hätte; eine Eiche, an der nur noch ein einziges grünes Laub gewesen wäre, hätte ihr geantwortet: ja selbst meine Maske fing an lebendig zu werden und mit ihr zu zanken. Sie sagte mir, indem sie mich für einen Andern hielt, ich sei des Prinzen Hofnarr; ich sei langweiliger, als ein starkes Thauwetter; das ging Schlag auf Schlag mit einer so unglaublichen Geschwindigkeit, daß ich nicht anders dastand, als ein Mann an einer Scheibe, nach welcher eine ganze Armee schießt. Sie spricht lauter Dolche und jedes Wort durchbohrt; wenn ihr Athem so fürchterlich wäre, als ihre Ausdrücke, so könnte Niemand in ihrer Nähe leben, sie würde Alles bis zum Nordpol vergiften. Ich möchte sie nicht heirathen, und bekäme sie Alles zur Mitgift, was Adam vor dem Sündenfall besaß. Sie hätte den Herkules gezwungen, ihr den Braten zu wenden, ja er hätte seine Keule spalten müssen, um das Feuer anzumachen. Nein, reden wir nicht von der; an der werdet Ihr die höllische Ate finden, nur in schmucken Kleidern. Wollte doch Gott, wir hätten einen Gelehrten, der sie beschwören könnte; denn wahrhaftig, so lange sie hier ist, lebt sich's in der Hölle so ruhig, als auf geweihter Stätte, und die Leute sündigen mit Fleiß, um nur hin zu kommen: so sehr folgen ihr alle Zwietracht, Grausen und Verwirrung.

[Act 2, Sc. 1.]

Wie und warum Er dann das Gewehr streckt.

Benedict. Das kann keine Schelmerei sein; das Gespräch war zu ernsthaft. Sie haben die Gewißheit der Sache von Hero; sie scheinen das Fräulein zu bedauern: es scheint, ihre Leidenschaft hat die höchste Spannung erreicht. — In mich verliebt? O, das muß erwiedert werden. Ich höre, wie man mich tadelt: sie sagen, ich werde mich stolz gebehrden, wenn ich merke, wie sie mich liebt. Sie sagen ferner, sie werde eher sterben, als irgend ein Zeichen ihrer Neigung geben. Ich dachte nie zu heirathen; aber man soll mich nicht für stolz halten. Glücklich sind, die erfahren, was man an ihnen aussetzt, und sich darnach bessern können. Sie sagen, das Fräulein sei schön; ja, das ist eine Wahrheit, die ich bezeugen kann; und tugendhaft: — allerdings, ich kann Nichts dawider sagen; — und verständig, ausgenommen, daß sie in mich verliebt sei: — nun, meiner Treu, das ist eben kein Zuwachs ihrer Verständigkeit, aber doch kein großer Beweis ihrer Thorheit, denn ich will mich entsetzlich wieder in sie verlieben. — Ich wage es freilich darauf, daß man mir etliche alberne Späße und Witzbrocken

Viel Lärmen um Nichts.

zuwirfſt, weil ich ſelbſt ſo lange über das Heirathen geſchmäht habe; aber kann ſich der Geſchmack nicht ändern? Es ließt Einer in ſeiner Jugend ein Gericht, das er im Alter nicht ausſtehn kann: ſollen wir uns durch Sticheleien und Sentenzen und jene papiernen Kugeln des Gehirns aus der rechten Bahn unſerer Laune ſchrecken laſſen? Nein, die Welt muß bevölkert werden. Als ich ſagte, ich wollte als Junggeſelle ſterben, dachte ich es nicht zu erleben, daß ich noch eine Frau nehmen würde. Da kommt Beatrice. Beim Sonnenlicht, ſie iſt ſchön! Ich erſpähe ſchon einige Zeichen der Liebe an ihr.
[Act 2, Sc. 3.]

Freien, heirathen und bereuen.

Beatrice. Denn ſiehſt du, Hero, freien, heirathen und bereuen ſind wie eine Courante, eine Menuett und eine Pavana: der erſte Antrag iſt heiß und raſch wie eine Courante und eben ſo phantaſtiſch: die Hochzeit manierlich, ſittſam wie eine Menuett, voll altfränkiſcher Feierlichkeit; und dann kommt die Reue und fällt mit ihren lahmen Beinen in die Pavana immer ſchwerer und ſchwerer, bis ſie in's Grab ſinkt.
[Act 2, Sc. 1.]

Freundſchaft in der Liebe.

Claudio. Freundſchaft hält Stand in allen Dingen,
Nur in der Liebe Dienſt und Werbung nicht.
Drum brauch' ein Liebender die eigne Zunge,
Es rede jeglich Auge für ſich ſelbſt,
Und keiner trau dem Anwalt: Schönheit weiß
Durch Zauberkünſte Treu' in Blut zu wandeln,
Das iſt ein Fall, der ſtündlich zu erproben
Und dem ich doch vertraut!
[Act 2, Sc. 1.]

Viel Lärmen um Nichts.

Ein scharfzüngiges Dämchen.

Hero. Beim Liebesgott! Ich weiß es, er verdient
So viel, als man dem Manne nur vergönnt.
Doch schuf Natur noch nie ein weiblich Herz
Von spröderm Stoff, als das der Beatrice;
Hohn und Verachtung sprüht ihr funkelnd Auge
Und schmäht, worauf sie blickt: so hoch im Preise
Stellt sie den eignen Witz, daß alles Andre
Ihr nur gering erscheint: sie kann nicht lieben,
Noch Bild und Form der Neigung in sich prägen,
So ist sie in sich selbst vergafft.

Ursula. Gewiß,
Und darum wär's nicht gut, erführe sie's,
Wie er sie liebt; sie würd' ihn nur verspotten.

Hero. Da sagst du wahr. Ich sah noch keinen Mann,
So klug, so jung und brav, so schön gebildet,
Sie münzt ihn um ins Gegentheil. Wenn blond,
So schwur sie, sollt' er ihre Schwester heißen.
Wenn schwarz, hatt' einen Harlekin Natur
Sich zeichnend, einen Tintenfleck gemacht:
Schlank, war's ein Lanzenschaft mit schlechtem Kopf,
Klein, ein Agathbild ungeschickt geschnitzt:
Sprach er, ein Wetterhahn für alle Winde,
Schwieg er, ein Block, den keiner je bewegt.
So kehrt sie stets die falsche Seit' hervor,
Und giebt der Tugend und der Wahrheit nie,
Was Einfalt und Verdienst erwarten dürfen.
[Act 3, Sc. 1.]

Die Schwermuth der Selbstsucht.

Conrad. Was der Tausend, mein Prinz, warum seid ihr denn so übermäßig schwermüthig?

Viel Lärmen um Nichts.

Don Juan. Weil ich übermäßig viel Ursache dazu habe, deshalb ist auch meine Verstimmung ohne Maaß.

Conrad. Ihr solltet doch Vernunft anhören.

Don Juan. Und wenn ich sie nun angehört, welchen Trost hätt' ich dann davon?

Conrad. Wenn auch nicht augenblickliche Hülfe, doch Geduld zum Leiden.

Don Juan. Ich wundre mich, wie du, der, wie du selbst sagst, unterm Saturn geboren bist, dich damit abgiebst, ein moralisches Mittel gegen ein tödtliches Uebel anzupreisen. Ich kann nicht verbergen, wer ich bin; ich muß verdrießlich sein, wenn ich Ursache dazu habe, und über Niemands Einfälle lachen; essen, wenn mich hungert, und auf Niemands Belieben warten; schlafen, wenn mich schläfert, und um Niemands Geschäfte mich anstrengen; lachen, wenn ich lustig bin, und Keinen in seiner Laune streicheln.

Conrad. Ei ja; aber ihr solltet euch nicht so zur Schau tragen, bis ihr's ohne Widerspruch thun könnt. Erst neulich habt ihr euch mit eurem Bruder überworfen, und jetzt eben hat er euch wieder zu Gnaden aufgenommen; da könnt ihr unmöglich in seiner Gunst Wurzel schlagen, wenn ihr euch nicht selbst das gute Wetter dazu macht. Ihr müßt euch nothwendig günstige Witterung für eure Ernte schaffen.

Don Juan. Lieber wollt' ich eine Hagebutte im Zaun sein, als eine Rose in seiner Gnade: und für mein Blut schickt sich's besser, von Allen verschmäht zu werden, als ein Betragen zu drechseln und Jemands Liebe zu stehlen. So viel ist gewiß, Niemand wird mich einen schmeichlerischen Biedermann nennen, Niemand soll mir's aber dagegen absprechen, daß ich ein aufrichtiger Bösewicht bin. Mit einem Maulkorb trauen sie mir, und mit einem Block lassen sie mich laufen: darum bin ich entschlossen, in meinem Käsicht nicht zu singen. Hätt'

Viel Lärmen um Nichts.

ich meine Zähne los, so würd' ich beißen: hätt' ich meinen
freien Lauf, so thäte ich, was mir beliebt. Bis dahin
laß mich sein, was ich bin, und such' mich nicht zu ändern.
[Act 1, Sc. 3.]

Des alten Vaters Klage über die Schande der einzigen Tochter.

Leonato. Ha! ruft nicht jede Creatur
Schmach über sie? Vermochte sie es wohl,
Die in ihr Blut geprägte Schuld zu läugnen?
Du sollst nicht leben! Schließ dein Aug' auf ewig!
Denn glaubt' ich nicht, daß du alsbald hier stürbest,
Daß deine Kraft die Schande überlebte,
Ich würde selbst als Schlußwort meiner Flüche
Dein Herz durchbohren. — Klagt' ich, du seist mein Einz'ges?
Zürnt' ich deshalb der kargenden Natur?
O Eins zu viel an dir! Weshalb das Eine!
Weshalb warst du je lieblich meinem Auge,
Weshalb nicht nahm ich mit barmherz'ger Hand
Ein Bettlerkind mir auf vor meinem Thor?
Daß, so befleckt, ein Brandmal jedes Frevels,
Alsdann ich spräch': Kein Theil davon ist mein,
Im fremden Stamm hat diese Schande Wurzel. —
Doch mein! meins, das ich liebte, das ich pries,
Mein Eigenthum, mein Stolz: so sehr ja meins,
Daß ich mir selbst nicht mehr als mein erschien,
Mich an ihr messend: Ha, sie ist gefallen
In einen Pfuhl von Schwarz: die weite See
Hat Tropfen nicht genug, sie rein zu waschen,
Zu wenig Salz, vor Fäulniß zu bewahren
Dies bös verderbte Fleisch!
[Act 4, Sc. 1.]

Verkannte Unschuld rechtfertigt sich selbst.

Mönch. Hört jetzt mich an;
Denn nur deshalb hab' ich so lang' geschwiegen,

Viel Lärmen um Nichts.

Und diesem Vorfall freien Raum gegeben,
Das Fräulein zu beachten. Sah' ich doch
Wie tausend Röthen durch ihr Antlitz fuhren
Als Boten; und wie tausend Unschuldsengel
In weißer Scham hinweg die Röthen trugen.
Und in dem Auge glüht' ein Feuer auf,
Verbrennend allen Irrwahn, den die Prinzen
Aufstellten wider ihre Mädchentreu.
Nennt mich Thor,
Traut meinem Wissen nicht, noch der Erfahrung,
Die mit der Prüfung Siegel stets bekräftigt
Die Wahrheit meines Wissens; nicht dem Alter,
Ehrwürd'gem Stand, Beruf und heil'gem Amt;
Liegt nicht dies süße Fräulein schuldlos hier,
Von gift'gem Wahn getroffen.

[Act 4, Sc. 1.]

Was fremder Trost gegen eignen Schmerz ausrichtet.

Antonio. Fährst du so fort, so bringst du selbst dich um;
    Und nicht verständig is't's, dem Gram so helfen,
    Dir selbst zum Schaden.
Leonato. Spare deinen Rath!
    Er fällt so fruchtlos in mein Ohr, wie Wasser
    Ein Sieb durchströmt. O gieß mir keinen Rath:
    Und keinen Tröster laß mein Ohr erquicken,
    Als solchen, dessen Schmerz dem meinen gleicht.
    Bring' mir 'nen Vater, der sein Kind so liebte,
    Deß Freud' an ihm vernichtet ward, wie meine,
    Und heiß' Geduld ihn predigen.
    Miß seinen Gram nach meinem auf ein Haar,
    Jeglichem Weh entsprech' ein gleiches Weh,
    Und hier wie dort ein Schmerz für jeden Schmerz,

Viel Lärmen um Nichts.

In jedem Zug und Umriß Licht und Schatten;
Wenn der nun lächelst und den Bart sich streichelt,
Ruft: Gram, fahr hin, und Ei! statt tief zu seufzen,
Sein Leid mit Sprüchen flickt, mit Bücher-Phrasen
Den bittern Schmerz betäubt, den bringe mir,
Von diesem will ich dann Geduld erlernen.
Doch solchen Mann giebt's nicht. Denn, Bruder, Menschen,
Sie rathen, trösten nur den Schmerz,
Den sie nicht selber fühlten. Trifft er sie,
Dann wird zur wilden Wuth derselbe Trost,
Der eben noch Arznei dem Gram verschrieb,
An seidner Schnur den Wahnsinn wollte fesseln,
Herzweh mit Luft, den Kampf mit Worten stillen.
Nein! Nein! Stets war's der Brauch, Geduld zu rühmen
Dem Armen, den die Last des Kummers beugt:
Doch keines Menschen Kraft noch Willensstärke
Genügte solcher Weisheit, wenn er selbst
Das Gleiche duldete: drum keinen Rath;
Denn lauter schreit mein Schmerz als dein Ermahnen.

Antonio. So hat der Mann dem Kinde Nichts voraus?
Leonato. Ich bitt' dich, schweig. Ich bin nur Fleisch und Blut.
Denn noch bis jetzt gab's keinen Philosophen,
Der mit Geduld das Zahnweh konnt' ertragen,
Ob sie der Götter Sprache gleich geredet,
Und Schmerz und Zufall als ein Nichts verlacht.

[Act 5, Sc. 1.]

Tagesanbruch.

Don Pedro. Löscht eure Fackeln jetzt, schon fällt der Thau,
Der Wolf zieht waldwärts, und vom Schlaf noch schwer,
Streift sich der Osten schon mit lichtem Grau;
Vor Phöbus Rädern zieht der Tag einher.

[Act 5, Sc. 3.]

Aus der vornehmen Welt.

a. Parole d'honneur.

Celia. Seid ihr als Bote abgeschickt?

Probstein. Nein, auf meine Ehre, man hieß mich nur nach euch gehn.

Rosalinde. Wo hast du den Schwur gelernt, Narr?

Probstein. Von einem gewissen Ritter, der bei seiner Ehre schwur, die Pfannkuchen wären gut, und bei seiner Ehre schwur, der Senf wäre nichts nütz. Nun behaupte ich, die Pfannkuchen waren nichts nütz und der Senf gut, und doch hatte der Ritter nicht falsch geschworen.

Celia. Wie beweiset ihr das in der Hülle und Fülle eurer Gelahrtheit?

Rosalinde. Ei ja, nun nehmt eurer Weisheit den Maulkorb ab.

Probstein. Tretet beide vor, streicht eure Kinn, und schwört bei euren Bärten, daß ich ein Schelm bin.

Celia. Bei unsern Bärten, wenn wir welche hätten, du bist einer.

Wie es Euch gefällt.

Probstein. Bei meiner Schelmerei, wenn ich sie hätte, dann wär' ich einer. Aber wenn ihr bei dem schwört, was nicht ist, so habt ihr nicht falsch geschworen; eben so wenig der Ritter, der auf seine Ehre schwur, denn er hatte niemals welche, oder wenn auch, so hatte er sie längst weggeschworen, ehe ihm diese Pfannkuchen und der Senf zu Gesicht kamen.

[Act. 1, Sc. 2]

b. Das Gesetzbuch der Ehre.

Jacques. Werther Fürst, heißt ihn willkommen: das ist der scheckig gesinnte Herr, den ich so oft im Walde antraf. Er schwört, er sei ein Hofmann gewesen.

Probstein. Wenn irgend jemand das bezweifelt, so laßt ihn mich auf die Probe stellen. Ich habe meine Menuet getanzt, ich habe den Damen geschmeichelt, ich bin politisch gegen meinen Freund gewesen und geschmeidig gegen meinen Feind, ich habe drei Schneider zu Grunde gerichtet, ich habe vier Händel gehabt und hätte bald einen ausgefochten.

Jacques. Und wie wurde der ausgemacht?

Probstein. Nun, wir kamen zusammen und fanden, der Handel stehe auf dem siebenten Punct.

Jacques. Wie, siebenten Punct? — Lobt mir den Burschen, gnädiger Herr.

Herzog. Er gefällt mir sehr.

Jacques. Aber der siebente Punct! Wie fandet ihr den Handel auf dem siebenten Punct?

Probstein. Wegen einer siebenmal zurückgeschobnen Lüge. — Nämlich so, Herr. Ich konnte den Schnitt von eines gewissen Hofmanns Bart nicht leiden; er ließ mir melden, wenn ich sagte, sein Bart wäre nicht gut gestutzt, so wäre er anderer Meinung: das nennt man den höflichen Bescheid. Wenn ich ihm wieder sagen ließ, er wäre nicht gut gestutzt, so ließ er mir sagen, er stutzte ihn für seinen eignen Geschmack:

Wie es Euch gefällt.

> das nennt man den feinen Stich. Sagte ich noch einmal, er wäre nicht gut gestutzt, so erklärte er mich unfähig zu urtheilen: das nennt man die grobe Erwiederung. Nochmals, er wäre nicht gut gestutzt, so antwortete er, ich spräche nicht wahr: das nennt man die beherzte Abfertigung. Nochmals, er wäre nicht gut gestutzt, so sagte er, ich löge: das nennt man den trotzigen Widerspruch, und so bis zur bedingten Lüge und zur offenbaren Lüge.

Jacques. Und wie oft sagtet ihr, sein Bart wäre nicht gut gestutzt?

Probstein. Ich wagte nicht weiter zu gehn als bis zur bedingten Lüge, noch er mir die offenbare Lüge zuzuschieben, und so maßen wir unsre Degen und schieden. [Act 5, Sc. 4.]

c. In Sachen der Mode.

Probstein. Nun, wenn du nicht am Hofe gewesen bist, so hast du niemals gute Sitten gesehen. Wenn du niemals gute Sitten gesehen hast, so müssen deine schlecht sein, und alles Schlechte ist Sünde, und Sünde führt in die Hölle. Du bist in einem verfänglichen Zustande, Schäfer.

Corinnus. Ganz und gar nicht, Probstein. Was bei Hofe gute Sitten sind, die sind so lächerlich auf dem Lande, als ländliche Weise bei Hofe zum Spott dient. Ihr sagtet mir, bei Hofe verbeugt ihr euch nicht, sondern küßt eure Hand. Das wäre eine sehr unreinliche Höflichkeit, wenn Hofleute Schäfer wären.

Probstein. Den Beweis, kürzlich, den Beweis!

Corinnus. Nun, wir müssen unsere Schafe immer angreifen, und ihre Felle sind fettig, wie ihr wißt.

Probstein. Schwitzen die Hände unserer Hofleute etwa nicht, und ist das Fell von einem Schafe nicht so gesund, als der Schweiß von einem Menschen? Einfältig! einfältig! Einen bessern Beweis! Her damit!

Wie es Euch gefällt.

Corinnus. Auch sind unsre Hände oft ganz betheert vom Beyftallern
der Schafe. Wollt ihr, daß wir Theer küssen sollen? Die
Hände der Hofleute riechen nach Bisam.
Probstein. Höchst einfältiger Mensch! Du wahre Würmerspeise gegen
ein gutes Stück Fleisch! Lerne von den Weisen und erwäge!
Bisam ist von schlechterer Abkunft, als Theer, der unsaubre
Abgang einer Katze. Einen bessern Beweis, Schäfer!
Corinnus. Ihr habt einen zu höfischen Witz für mich; ich lasse es dabei
bewenden.
[Act 3, Sc. 2.]

d. Wie thatlose Ueberbildung die Summe des Lebens zieht.

Jacques. Die ganze Welt ist Bühne,
Und alle Frau'n und Männer bloße Spieler.
Sie treten auf und gehen wieder ab,
Sein Lebenlang spielt einer manche Rollen
Durch sieben Acte hin. Zuerst das Kind,
Das in der Wärt'rinn Armen greint und sprudelt;
Der weinerliche Bube, der mit Bündel
Und glattem Morgenantlitz, wie die Schnecke
Ungern zur Schule kriecht; dann der Verliebte,
Der wie ein Ofen seufzt, mit Jammerlied
Auf seiner Liebsten Brau'n; dann der Soldat,
Voll toller Flüch' und wie ein Pardel bärtig,
Auf Ehre eifersüchtig, schnell zu Händeln,
Bis in die Mündung der Kanone suchend
Die Seifenblase Ruhm. Und dann der Richter,
In rundem Bauche, mit Kapaun gestopft,
Mit strengem Blick' und regelrechtem Bart,
Voll weiser Sprüch' und neuester Exempel
Spielt seine Rolle so. Das sechste Alter
Macht den Besockten hagern Pantalon,
Brill' auf der Nase, Beutel an der Seite;

Wie es Euch gefällt.

Die jugendliche Hose, wohl geschont,
'Ne Welt zu weit für die verschrumpsten Lenden;
Die tiefe Männerstimme, umgewandelt
Zum kindischen Discante, pfeift und quäkt
In seinem Ton. Der letzte Act, mit dem
Die seltsam wechselnde Geschichte schließt,
Ist zweite Kindheit, gänzliches Vergessen,
Ohn' Augen, ohne Zahn, Geschmack und Alles.

[Act 2, Sc. 7.]

e. Ein nobles, wenn auch kostspieliges Mittel, zu dieser „Lebensweisheit" und „Weltkenntniß" zu kommen.

Jacques. Ich bitte dich, artiger junger Mensch, laß uns besser mit einander bekannt werden.

Rosalinde. Sie sagen, ihr wär't ein melancholischer Gesell.

Jacques. Das bin ich: ich mag es lieber sein, als lachen.

Rosalinde. Die eins von beiden aufs äußerste treiben, sind abscheuliche Bursche und geben sich jedem Tadel Preis, ärger als Trunkenbolde.

Jacques. Ei, es ist doch hübsch, traurig zu sein und Nichts zu sagen.

Rosalinde. Ei, so ist es auch hübsch, ein Thürpfosten zu sein.

Jacques. Ich habe weder des Gelehrten Melancholie, die Nacheiferung ist; noch des Musikers, die phantastisch ist; noch des Hofmanns, die hoffärtig ist; noch des Soldaten, die ehrgeizig ist; noch des Juristen, die politisch ist; noch der Frauen, die zierlich ist; noch des Liebhabers, die das Alles zusammen ist: sondern es ist eine Melancholie nach meiner Weise, aus mancherlei Ingredienzien bereitet, von mancherlei Gegenständen abgezogen, und wirklich die gesammte Betrachtung meiner Reisen, deren öftere Ueberlegung mich in eine höchst launische Betrübniß einhüllt.

Rosalinde. Ein Reisender? Meiner Treu, ihr habt große Ursache, betrübt zu sein; ich fürchte, ihr habt eure eignen Länder ver-

Wie es Euch gefällt.

kaufst, um andrer Leute ihre zu sehen. Viel gesehn haben und Nichts besitzen, das kommt auf reiche Augen und arme Hände hinaus.

Jacques. Nun, ich habe Erfahrung gewonnen.

Rosalinde. Und eure Erfahrung macht euch traurig. Ich möchte lieber einen Narren haben, der mich lustig machte, als Erfahrung, die mich traurig machte. Und noch obendrein darum zu reisen! …. Fahrt wohl, mein Herr Reisender! Seht zu, daß ihr lispelt und fremde Kleidung tragt, macht alles Ersprießliche in eurem eignen Lande herunter, entzweit euch mit euren Sternen, und scheltet schier den lieben Gott, daß er euch kein anderes Gesicht gab: sonst glaub' ich's kaum, daß ihr je in einer Gondel gefahren seid.

[Act 4, Sc. 1.]

f. Recht und Beruf des Schalksnarren.

Jacques. O, wär' ich doch ein Narr!
Mein Ehrgeiz geht auf eine bunte Jacke.

Herzog. Du sollst sie haben.

Jacques. 'S ist mein einz'ger Wunsch.
Vorausgesetzt, daß ihr eu'r beff'res Urtheil
Von aller Meinung reinigt, die da wuchert,
Als wär' ich weise. — Dann muß ich Freiheit haben, —
So ausgedehnte Vollmacht wie der Wind —
So ziemt es Narr'n — auf wen ich will zu blasen.
Und wen am ärgsten meine Thorheit geißelt,
Der muß am meisten lachen. Und warum?
Das fällt ins Auge wie der Weg zur Kirche.
Der, den ein Narr sehr weislich hat getroffen,
Wär' wohl sehr thöricht, schmerzt' es noch so sehr,
Nicht fühllos bei dem Schlag zu thun. Wo nicht,
So wird des Weisen Narrheit aufgedeckt
Selbst durch des Narren ungefähres Zielen.

Wie es Euch gefällt.

Steckt mich in meine Jacke, gebt mir frei
Zu reden, wie mir's dünkt: und durch und durch
Will ich die angesteckte Welt schon säubern,
Wenn sie geduldig nur mein Mittel nehmen.

[Act 2, Sc. 7.]

Die heilende und tröstende Kraft der Natur.

a.

Herzog. Nun, meine Brüder und des Banns Genossen,
Macht nicht Gewohnheit süßer dieses Leben
Als des gemalten Pomps? Sind diese Wälder
Nicht sorgenfreier als der falsche Hof?
Wir fühlen hier die Buße Adams nur,
Der Jahrszeit Wechsel; so den eis'gen Zahn
Und böses Schellen von des Winters Sturm.
Doch wenn er beißt und auf den Leib mir bläst,
Bis ich vor Kälte schaudre, sag' ich lächelnd:
Dies ist nicht Schmeichelei; Rathgeber sind's,
Die fühlbar mir bezeugen, wer ich bin.
Süß ist die Frucht der Widerwärtigkeit,
Die, gleich der Kröte, häßlich und voll Gift,
Ein köstliches Juwel im Haupte trägt.
Dies unser Leben, vom Getümmel frei,
Giebt Bäumen Zungen, findet Schrift im Bach,
In Steinen Lehre, Gutes überall.

[Act 2, Sc. 1.]

b. Lied.

Unter des Laubdachs Hut
Wer gerne mit mir ruht,
Und stimmt der Kehle Klang
Zu lust'ger Vögel Sang:
Komm geschwinde! geschwinde! geschwinde!

Wie es Euch gefällt.

Hier nagt und sticht
Kein Feind ihn nicht,
Als Wetter, Regen und Winde.

Wer Ehrgeiz sich hält fern,
Lebt in der Sonne gern,
Selbst sucht, was ihn ernährt,
Und was er kriegt, verzehrt:
Komm geschwinde! geschwinde! geschwinde!
Hier nagt und sticht
Kein Feind ihn nicht,
Als Wetter, Regen und Winde.
[Act 2, Sc. 5.]

c. Ein Gleiches.

Stürm', stürm', du Winterwind!
Du bist nicht falsch gesinnt,
Wie Menschen-Undank ist.
Dein Zahn nagt nicht so sehr,
Weil man nicht weiß, woher,
Wiewohl du heftig bist.
Heisa! singt heisa! den grünenden Bäumen.
Die Freundschaft ist falsch, und die Liebe nur Träumen.
Drum, heisa, den Bäumen!
Den lustigen Räumen!

Frier', frier', du Himmelsgrimm!
Du beißest nicht so schlimm
Als Wohlthat, nicht erkannt;
Erstarrst du gleich die Fluth,
Viel schärfer sticht das Blut
Ein Freund, von uns gewandt.
Heisa! singt heisa! den grünenden Bäumen!
Die Freundschaft ist falsch, und die Liebe nur Träumen.

Wie es Euch gefällt.

Drum heisa, den Bäumen!
Den lustigen Räumen!

[Act 2, Sc. 7.]

Alte Treue.

Orlando. Sag', wohin willst du, Adam, daß ich gehe?
Adam. Gleichviel, wohin, ist es nur hierher nicht.
Orlando. Was willst du, daß ich gehn und Brod soll betteln?
Wohl gar mit schnödem, losem Schwert erzwingen
Auf offner Straße dieß'schen Unterhalt?
Das muß ich thun, sonst weiß ich Nichts zu thun,
Doch will ich das nicht, komme was da will.
Ich setze mich der Bosheit lieber aus
Des abgefallnen Bluts und blut'gen Bruders.
Adam. Nein, thut das nicht: ich hab' fünfhundert Kronen,
Den schmalen Lohn, erspart bei eurem Vater;
Ich legt' ihn bei, mein Pfleger dann zu sein,
Wenn mir der Dienst erlahmt in schwachen Gliedern,
Und man das Alter in die Ecke wirft.
Nehmt das, und der die jungen Raben füttert,
Ja, sorgsam für den Sperling Vorrath häuft,
Sei meines Alters Trost! Hier ist das Gold,
Nehmt Alles, laßt mich euren Diener sein.
Seh' ich gleich alt, bin ich doch stark und rüstig;
Denn nie in meiner Jugend mischt' ich mir
Heiß und aufrührerisch Getränk ins Blut,
Noch ging ich je mit unverschämter Stirn
Den Mitteln nach zu Schwäch' und Unvermögen.
Drum ist mein Alter wie ein frischer Winter,
Kalt, doch erquicklich: laßt mich mit euch gehn!
Ich thu' den Dienst von einem jüngern Mann,
In aller eurer Nothdurft und Geschäften.

Wie es Euch gefällt.

Orlando. O guter Alter, wie so wohl erscheint
In dir der treue Dienst der alten Welt,
Da Dienst um Pflicht sich mühte, nicht um Lohn!
Du bist nicht nach der Sitte dieser Zeiten,
Wo Niemand mühn sich will, als um Beförderung,
Und kaum daß er sie hat, erlischt sein Dienst
Gleich im Besitz. So ist es nicht mit dir.
Doch, armer Greis, du pflegst den dürren Stamm,
Der keine Blüthe mehr vermag zu treiben,
Für alle deine Sorgsamkeit und Müh'.
Doch komm, wir brechen mit einander auf,
Und eh' wir deinen Jugendlohn verzehrt,
Ist uns ein friedlich kleines Loos bescheert.

Adam. Auf, Herr! Und bis zum letzten Athemzug
Folg' ich euch nach, ergeben ohne Trug.
Von siebzehn Jahren bis zu achtzig schier
Wohnt' ich, nun wohn' ich ferner nicht mehr hier.
Um siebzehn ziemt's, daß mit dem Glück man buhle,
Doch achtzig ist zu alt für diese Schule.
Könnt' ich vom Glück nur diesen Lohn erwerben,
Nicht Schuldner meines Herrn und sanft zu sterben.

[Act 2, Sc. 3.]

Der Schritt der Zeit.

Rosalinde. Die Zeit reiset in verschiedenem Schritt mit verschiedenen Personen. Ich will euch sagen, mit wem die Zeit den Paß geht, mit wem sie trabt, mit wem sie galoppirt und mit wem sie still steht.

Orlando. Ich bitte dich, mit wem trabt sie?

Rosalinde. Ei, sie trabt hart mit einem jungen Mädchen zwischen der Verlobung und dem Hochzeittage. Wenn nur acht Tage

Wie es Euch gefällt.

dazwischen hingehn, so ist der Trab der Zeit so hart, daß
es ihr wie acht Jahre vorkommt.

Orlando. Mit wem geht die Zeit den Paß?
Rosalinde. Mit einem Priester, dem es an Latein gebricht, und einem
reichen Manne, der das Podagra nicht hat. Denn der Eine
schläft ruhig, weil er nicht studiren kann, und der Andere
lebt lustig, weil er keinen Schmerz fühlt; den Einen drückt
nicht die Last dürrer, auszehrender Gelehrsamkeit, der Andre
kennt die Last schweren mühseligen Mangels nicht. Mit
diesen geht die Zeit den Paß.
Orlando. Mit wem galoppirt sie?
Rosalinde. Mit dem Diebe zum Galgen; denn ginge er auch noch so
sehr Schritt vor Schritt, so denkt er doch, daß er zu früh
kommt.
Orlando. Mit wem steht sie still?
Rosalinde. Mit Advocaten in den Gerichtsferien; denn sie schlafen von
Session zu Session, und werden also nicht gewahr, wie die
Zeit fortgeht.

[Act 3, Sc. 2.]

Der verliebte Schäfer.

Silvius. O, wüßtest du, Corinnus, wie ich liebe!
Corinnus. Zum Theil errath' ich's, denn einst liebt' ich auch.
Silvius. Nein, Freund, alt wie du bist, erräthst du's nicht,
Warst du auch jung ein so getreuer Schäfer,
Als je auf's mitternächt'ge Kissen seufzte.
Allein, wenn deine Liebe meiner glich, —
Zwar glaub' ich, Keiner liebte jemals so, —
Zu wie viel höchlich ungereimten Dingen
Hat deine Leidenschaft dich hingerissen?
Corinnus. Zu tausenden, die ich vergessen habe.
Silvius. O dann hast du so herzlich nie geliebt!

Wie es Euch gefällt.

        Entsinnst du dich der kleinsten Thorheit nicht,
        In welche dich die Liebe je gestürzt,
        So hast du nicht geliebt;
        Und hast du nicht gesessen, wie ich jetzt,
        Den Hörer mit der Liebsten Preis ermüdend,
        So hast du nicht geliebt;
        Und brachst du nicht von der Gesellschaft los,
        Mit eins, wie jetzt die Leidenschaft mich heißt,
        So hast du nicht geliebt. — O Phöbe! Phöbe! Phöbe!

Rosalinde. Ach, armer Schäfer! deine Wunde suchend,
        Hab' ich durch schlimmes Glück die meine funden.

Probstein. Und ich meine. Ich erinnere mich, da ich verliebt war, daß ich meinen Degen an einen Stein zerstieß, und hieß ihn das dafür hinnehmen, daß er sich unterstände, Nachts zu Hannchen Freundlich zu kommen; und ich erinnre mich, wie ich ihr Waschholz küßte, und die Euter der Kuh, die ihre artigen Patschhändchen gemolken hatten. Ich erinnre mich, wie ich mit einer Erbsenschote schön that, als wenn sie es wäre, und ich nahm zwei Erbsen, gab sie ihr wieder und sagte mit thränenden Augen: Trage sie um meinetwillen. Wir treuen Liebenden kommen oft auf seltsame Sprünge; wie Alles von Natur sterblich ist, so sind alle sterblich Verliebten von Natur Narren.
                                [Act 2, Sc. 4.]

Ein Mittel gegen Verliebtheit.

Rosalinde. Liebe ist eine bloße Tollheit, und ich sage euch, verdient eben so gut eine dunkle Zelle und Peitsche als andere Tolle; und die Ursache, warum sie nicht so gezüchtigt und geheilt wird, ist, weil sich diese Mondsucht so gemein gemacht hat, daß die Zuchtmeister selbst verliebt sind. Doch kann ich sie mit gutem Rath heilen.

Wie es Euch gefällt.

Orlando. Habt ihr irgend wen so geheilt?

Rosalinde. Ja, einen, und zwar auf folgende Weise. Er mußte sich einbilden, daß ich seine Liebste, seine Gebieterinn wäre, und alle Tage hielt ich ihn an, um mich zu werben. Ich, der ich nur ein launenhafter Junge bin, grämte mich dann, war weibisch, veränderlich, wußte nicht was ich wollte, stolz, phantastisch, grillenhaft, läppisch, unbeständig, bald in Thränen, bald voll Lächeln, von jeder Leidenschaft Etwas, und von keiner etwas Rechtes, wie Kinder und Weiber meistentheils in diese Farben schlagen. Bald mochte ich ihn leiden, bald konnte ich ihn nicht ausstehn, dann machte ich mir mit ihm zu schaffen, dann sagte ich mich von ihm los; jetzt weinte ich um ihn, jetzt spie ich vor ihm aus: so daß ich meinen Bewerber aus einem tollen Anfall von Liebe in einen leibhaften Anfall von Tollheit versetzte, welche darin bestand, das Getümmel der Welt zu verschwören und in einem mönchischen Winkel zu leben. Und so heilte ich ihn, und auf diese Art nehme ich es über mich, euer Herz so rein zu waschen, wie ein gesundes Schafherz, daß nicht ein Fleckchen Liebe mehr daran sein soll.

[Act 3, Sc. 2.]

Tod aus Liebe?

Rosalinde. Bin ich nicht eure Rosalinde?

Orlando. Es macht mir Freude, euch so zu nennen, weil ich gern von ihr sprechen mag.

Rosalinde. Gut, und in ihrer Person sage ich: Ich will euch nicht.

Orlando. So sterbe ich in meiner eignen Person.

Rosalinde. Mit nichten, verrichtet es durch einen Anwalt. Die arme Welt ist fast sechstausend Jahre alt, und die ganze Zeit über ist noch kein Mensch in eigner Person gestorben, nämlich in Liebessachen. Dem Troilus wurde das Gehirn mit einer

griechischen Keule zerschmettert; doch that er, was er konnte, um vorher noch zu sterben, und er ist eins von den Mustern der Liebe. Leander, der hätte noch manches schöne Jahr gelebt, wär Hero gleich Nonne geworden, wenn eine heiße Sommernacht es nicht gethan hätte: denn der arme Junge, er ging nur hin, um sich im Hellespont zu baden, bekam den Krampf und ertrank, und die albernen Chronikenschreiber seiner Zeit befanden, es sei Hero von Sestos. Doch das sind lauter Lügen: die Menschen sind von Zeit zu Zeit gestorben, und die Würmer haben sie verzehrt, aber nicht aus Liebe. —
[Act 4, Sc. 1.]

Phantasie-Liebe.

Herzog. Wenn die Musik der Liebe Nahrung ist,
Spielt weiter! gebt nur volles Maaß! daß so
Die übersatte Lust erkrank' und sterbe.
Die Weise noch einmal! — Sie starb so hin;
O sie beschlich mein Ohr, dem Weste gleich,
Der auf ein Veilchenbette lieblich hauchst,
Und Düfte stiehlst und giebst. — Genug! nicht mehr!
Es ist mir nun so süß nicht, wie vorher.
O Geist der Lieb', wie bist du reg' und frisch!
Nimmt schon dein Umfang Alles in sich auf,
Gleich wie die See, nichts kommt in ihn hinein,
Wie stark, wie überschwänglich es auch sei,
Das nicht herabgesetzt im Preise siele
In einem Wink! So voll von Phantasie
Ist Liebe, daß nur sie phantastisch ist.

[Act 1, Sc. 1.]

Was ihr wollt.

Wie sie selbst sich taxirt.

Nein, keines Weibes Brust
Erträgt der Liebe Andrang, wie sie klopft
In meinem Herzen; keines Weibes Herz
Umfaßt so viel; sie können nicht beharren.
Ach, deren Liebe kann Gelüst nur heißen,
(Nicht Regung ihres Herzens, nur des Gaums)
Die Sattheit, Ekel, Ueberdruß erleiden,
Doch meine ist so hungrig wie die See,
Und kann gleich viel verdaun: vergleiche nimmer
Die Liebe, so ein Weib zu mir kann hegen,
Mit meiner zu Olivien. [Act 2, Sc. 4.]

Was der Narr dazu meint.

Nun, der schwermüthige Gott beschirme dich, und der Schneider mache dir ein Gewand von Schillertaft, denn dein Gemüth ist ein Opal, der in alle Farben spielt! Leute von solcher Beständigkeit sollte man auf die See schicken, damit sie alle Dinge treiben und nach allen Winden kreuzen müßten, denn wenn man nicht weiß wo man hin will, so kommt man am weitesten.
[Act 2, Sc. 4.]

Aechte Liebe.

Viola. .... Sie sagte ihre Liebe nie,
Und ließ Verheimlichung, wie in der Knospe
Den Wurm, an ihrer Purpurwange nagen.
Sich härmend, und in bleicher, welker Schwermuth,
Saß sie wie die Geduld auf einer Gruft,
Dem Grame lächelnd. Sagt, war das nicht Liebe?
Wir Männer mögen leicht mehr sprechen, schwören,
Doch der Verheißung steht der Wille nach.
Wir sind in Schwüren stark, doch in der Liebe schwach.
[Act 2, Sc. 4.]

Was ihr wollt.

Ihre Sprache.

Viola. O liebt' ich euch mit meines Herren Gluth,
 Mit solcher Pein, so todesgleichem Leben,
 Ich fänd' in euerm Weigern keinen Sinn,
 Ich würd' es nicht verstehn.
Olivia. Nun wohl, was thätet ihr?
Viola. Ich baut' an eurer Thür ein Weidenhüttchen,
 Und riefe meiner Seel' im Hause zu,
 Schrieb' fromme Lieder der verschmähten Liebe,
 Und sänge laut sie durch die stille Nacht,
 Ließ' euern Namen an die Hügel hallen,
 Daß die vertraute Schwätzerinn der Luft
 Olivia schriee. O ihr solltet mir
 Nicht Ruh genießen zwischen Erd' und Himmel,
 Bevor ihr euch erbarmt!
 [Act 1, Sc. 5.]

Das ächte Lied.

Herzog. Macht mir Musik! — Ei guten Morgen, Freunde!
 Nun dann, Cäsario, jenes Stückchen nur,
 Das alte schlichte Lied von gestern Abend!
 Mich dünkt, es linderte den Gram mir sehr,
 Mehr als gesuchte Wort' und lust'ge Weisen
 Aus dieser raschen, wirbelsüß'gen Zeit.
 . . . .
 Komm, Bursch! Sing uns das Lied von gestern Abend.
 Gieb Acht, Cäsario, es ist alt und schlicht;
 Die Spinnerinnen in der freien Luft,
 Die jüngern Mägde, wenn sie Spitzen weben,
 So pflegen sie's zu singen; 's ist einfältig,
 Und tändelt mit der Unschuld süßer Liebe
 So wie die alte Zeit.

Was ihr wollt.

Narr. Seid ihr bereit, Herr?
Herzog. Ja, sing', ich bitte dich.
Narr. Komm herbei, komm herbei, Tod!
Und versenk' in Cypressen den Leib.
Laß mich frei, laß mich frei, Noth!
Mich erschlägt ein holdseliges Weib.
Mit Rosmarin mein Leichenhemd,
O bestellt es!
Ob Lieb' an's Herz mir tödtlich kömmt,
Treu' hält es.
Keine Blum', keine Blum' süß
Sei gestreut auf den schwärzlichen Sarg.
Keine Seel', keine Seel' grüß'
Mein Gebein, wo die Erd' es verbarg.
Um lächelnd Weh zu wenden ab,
Bergt alleine
Mich, wo kein Treuer wall' an's Grab,
Und weine. [Act 2, Sc. 4.]

Ein zweites, aus anderer Tonart.
O Schatz! auf welchen Wegen irrt ihr?
O bleibt und hört! Der Liebste girrt hier,
Singt in hoh- und tiefem Ton.
Hüpft nicht weiter, zartes Kindlein!
Liebe find't zuletzt ihr Stündlein,
Das weiß jeder Muttersohn.
Was ist die Lieb'? Sie ist nicht künftig;
Gleich gelacht ist gleich vernünftig,
Was noch kommen soll, ist weit.
Wenn ich zög're, so verscherz' ich;
Komm denn, Liebchen, küß mich herzig!
Jugend hält so kurze Zeit. [Act 2, Sc. 3.]

Was ihr wollt.

Guter Rath für heirathslustige Damen — und Herren.

Herzog.   Wähle doch das Weib
Sich einen Aeltern stets! So fügt sie sich ihm an,
So herrscht sie dauernd in des Gatten Brust.
Denn, Knabe, wie wir uns auch preisen mögen,
Sind unsre Neigungen doch wankelmüth'ger,
Unsich'rer, schwanker, leichter her und hin
Als die der Frau'n.

Viola. Ich glaub' es, gnäd'ger Herr.

Herzog. So wähl' dir eine jüngere Geliebte,
Sonst hält unmöglich deine Liebe Stand.
Denn Mädchen sind wie Rosen: kaum entfaltet,
Ist ihre holde Blüthe schon veraltet.

Viola. So sind sie auch: ach! muß ihr Loos es sein,
Zu sterben, grad' im herrlichsten Gedeihn?

[Act 2, Sc. 4.]

Narren und Ehemänner — ein Vergleich.

Viola. Bist du nicht Fräulein Olivia's Narr?

Narr. Keinesweges, Herr. Fräulein Olivia hat keine Narrheit; sie wird keinen Narren halten, bis sie verheirathet ist; und Narren verhalten sich zu Ehemännern wie Sardellen zu Heringen: der Ehemann ist der größte von beiden.

[Act 3, Sc. 1.]

Des Schalksnarren Weisheit.

Viola. Der Bursch ist klug genug, den Narrn zu spielen,
Und das geschickt thun, fordert ein'gen Witz.
Die Laune derer, über die er scherzt,
Die Zeiten und Personen muß er kennen
Und wie der Falk auf jede Feder schießen,

Was ihr wollt.

Die ihm vor's Auge kommt. Dies ist ein Handwerk,
So voll von Arbeit als des Weisen Kunst.
Denn Thorheit, weislich angebracht, ist Witz;
Doch wozu ist des Weisen Thorheit nütz?
[Act 3. Sc. 1.]

Wer versteht Scherz?

Malvolio. Auf meine Ehre, ich halte die vernünftigen Leute, die über diese bestallten Narren so vor Freude krähen, für nichts besser, als die Hanswurste der Narren.

Olivia. O ihr krankt an der Eigenliebe, Malvolio, und kostet mit einem verdorbenen Geschmack. Wer edelmüthig, schuldlos und von freier Gesinnung ist, nimmt diese Dinge für Vogelbolzen, die ihr als Kanonenkugeln anseht. Ein privilegirter Narr verleumdet nicht, wenn er auch Nichts thut als spotten; so wie ein Mann, der als verständig bekannt ist, nicht verspottet, wenn er auch Nichts thut als tadeln. [Act 1. Sc. 5.]

Wozu Feinde gut sind.

Herzog. Ich kenne dich sehr wohl: wie geht's dir, guter Bursch?

Narr. Aufrichtig, Herr, je mehr Feinde, desto besser; je mehr Freunde, desto schlimmer.

Herzog. Gerade umgekehrt: je mehr Freunde, desto besser.

Narr. Nein, Herr, desto schlimmer.

Herzog. Wie ginge das zu?

Narr. Ei, Herr, sie loben mich und machen einen Esel aus mir; meine Feinde hingegen sagen mir gerade heraus, daß ich ein Esel bin: also nehme ich durch meine Feinde in der Selbsterkenntniß zu, und durch meine Freunde werde ich hintergangen. Also, Schlüsse wie Küsse betrachtet, wenn vier Verneinungen zwei Bejahungen ausmachen: je mehr Freunde, desto schlimmer, und je mehr Feinde, desto besser. [Act 5. Sc. 1.]

Ein ächter Ritter.

Agamemnon. Wer ist der Troer, der so finster schaut?
Ulysses. Des Priam jüngster Sohn: ein ächter Ritter;
Kaum reif, schon unvergleichbar: fest von Wort,
Beredt in That, und thatlos in der Rede;
Nicht bald gereizt, doch dann nicht bald be-
    sänftigt.
Sein Herz wie Hand gleich offen, beide frei:
So giebt er, was er hat, spricht, was er denkt;
Doch giebt er nur, senkt Urtheil seine Güte.
Nie adelt er durch Wort unwürd'ges Denken;
Mannhaft, wie Hector, doch gefährlicher:
Denn Hector, in des Zornes Gluth, verschont
Gefall'ne; während dieser, kampfbegeistert,
Blutdürst'ger trifft als eifersücht'ge Liebe.
Man nennt ihn Troilus, und baut auf ihn
Die zweite Hoffnung, stark, wie Hector selbst;
So spricht Aeneas, der den Jüngling kennt
Ganz durch und durch, und in Geheimgespräch
Im großen Ilion mir ihn so geschildert.

[Act 4, Sc. 5.]

Troilus und Cressida.

Was aus ihm wird, unter dem Einfluß sinnlich-schmachtender Liebe, vom Verführer geschürt.

Troilus. Ruft meinen Knappen her, mich zu entwaffnen;
Was soll ich vor den Mauern Troja's fechten,
Denn hier im Innern tobt so wilder Kampf?
Wem von den Troern noch ein Herz gehört,
Der zieh' ins Feld; ach, Troilus hat keins!

Pandarus. Stets noch das alte Lied?

Troilus. Der Griech' ist stark, und bei der Kraft gewandt,
Keck bei Gewandtheit, und bei Keckheit tapfer:
Doch ich bin schwächer als des Weibes Thränen,
Zahmer als Schlaf; bethörter als die Einfalt,
Zaghafter als die Jungfrau in der Nacht,
Und ungewandt, wie unbelehrte Kindheit.

Pandarus. Nun, ich habe dies genug gesagt; ich, meines Theils, werde mich nicht mehr drein mischen und mengen. Der, der aus dem Weizen einen Kuchen haben will, muß das Mahlen abwarten.

. . . .

Troilus. Die Langmuth selbst, wie sehr sie Göttinn ist,
Weicht vor dem Dulden mehr als ich zurück.
Ich sitz' an Priams Königstisch; und kommt
Die holde Cressida mir in den Sinn, —
Verräther du! sie kommt? wann wär' sie fort?

Pandarus. Gewiß, sie war gestern Abend reizender, als ich sie oder irgend ein Mädchen je gesehn.

Troilus. O laß dir noch erzählen: Wie mein Herz,
Als sprengt's ein Seufzer, mir zerbrechen wollte,
Daß mich mein Vater nicht errieth, noch Hector,
Verbarg ich, wie die Sonn' im Sturme leuchtet,
In eines Herzens Falte diesen Seufzer:
Doch gleicht, in Schein der Lust verhüllt, Bedrängniß
Dem Scherz, der bald zum Gram wird durch's Verhängniß.

Troilus und Cressida.

Pandarus. Ja, wär' ihr Haar nicht etwas dunkler, als das der Helena, — doch, was thut das? — so wäre gar kein Unterschied zwischen den Beiden Frauen. Doch was mich betrifft, so ist sie meine Nichte; ich möchte sie nicht, wie man zu sagen pflegt, herausstreichen; aber ich wollte, es hätte sie Jemand gestern reden hören, wie ich. Ich will dem Verstande deiner Schwester Cassandra nicht zu nahe treten; aber..

Troilus. O Pandarus! ich sag' dir Pandarus, —
Wenn ich dir sage, dort ertrank mein Hoffen,
Erwiedre nicht, wie viele Klafter tief
Es untersank. Ich sag', ich bin verzückt
Aus Lieb' in Cressida; du nennst sie schön,
Senkst in die offne Wunde meines Herzens
Den Blick, das Haar, die Wange, Gang und Stimme;
Handelst in deiner Red', ... o süße Hand,
Mit der verglichen alles Weiß wie Tinte
Sich selbst das Urtheil schreibt: ihr sanft Berühren
Macht rauh des Schwanes Flaum, die feinste Fühlung
Hart wie des Pflügers Faust; — dies sagst du mir,
Und wahrhaft ganz, wenn ich dir schwör', ich liebe:
Doch mit dem Wort legst du in jede Wunde,
Mit der mich Liebe traf, statt Oels und Balsams,
Den Dolch, der sie geschlagen. [Act 1, Sc. 1.]

Die kluge Schöne.

Cressida. Bei diesem Liebespfand, du bist ein Kuppler!
Wort, Gab' und Thrän', und heil'gen Schwurs Betheuern
Läßt er nicht ab für jenen zu erneuern;
Zwar mehr in Troilus hab' ich gewahrt,
Als was mir Pandars Spiegel offenbart:
Doch weigr' ich. Fraun sind Engel stets, umworben;

Troilus und Cressida.

Ahnung ist Lust, doch im Genuß erstorben.
Nichts weiß ein liebend Mädchen, bis sie weiß,
Allein das Unerreichte steh' im Preis;
Daß nie, erhört, das Glück so groß im Minnen,
Als wenn Begier noch fleht, um zu gewinnen;
Drum folg' ich diesem Spruch der Liebessitte,
Gewähren wird Befehl, Versagen Bitte —
Und mag mein Herz auch treue Lieb' empfinden,
Nie soll ein Blick, ein Wort sie je verkünden.
[Act. 1, Sc. 2.]

Dieselbe, etwas später von einem Kenner geschildert.

Ulysses.   Pfui über sie!
An ihr spricht Alles, Auge, Wang' und Lippe,
Ja selbst ihr Fuß: der Geist der Lüsternheit
Blickt vor aus jedem Glied und Schritt und Tritt.
O der Kampflustigen, so zungenglatt,
Die Willkomm' schießen, eh man sie noch grüßt,
Und weit aufthun die Blätter ihres Denkbuchs
Für jeden üpp'gen Leser! Merkt sie euch
Als niedre Beute der Gelegenheit,
Und Töchter schnöder Lust.
[Act 4, Sc. 5.]

Die Probe der Rechnung.

Diomedes. Ich will dies Pfand: weß war's?
Cressida.   Das gilt ja gleich.
Diomedes. Komm, sag' von wem dies kam?
Cressida. Von einem, der mich mehr geliebt als du:
    Doch nun es dein, behalt' es.
Diomedes.   Wessen war's!
Cressida. Bei Diana selbst und ihren Nymphen dort,
    Das werd' ich dir nicht sagen.
Diomedes. Ich trag' es morgen früh an meinem Helm,

Troilus und Cressida.

Und kränk' ihn, der's nicht wagt, zurückzufordern.

Troilus (im Hintergrunde). Wärst du der Teufel, der es trüg' am Horn,
(bei Seite).
Gefordert soll es werden.

Cressida. Nun gut, 's ist aus, vorbei! Nein, doch nicht aus;
Ich will mein Wort nicht halten!

Diomedes. Leb denn wohl'
Du neckst den Diomed zum letzten Mal.

Cressida. So bleibe doch! Sagt man auch nur ein Wort,
Gleich fährst du auf!

Diomedes. Ich hasse solche Possen.
Nun, soll ich kommen? Wann?

Cressida. Ja komm. O Zeus,
Komm nur. Schlimm wird mir's gehn!

Diomedes. Leb' wohl so lange!

Cressida. Gut' Nacht; — ich bitt' dich, komm! — Ach, Troilus,
Noch blickt mein eines Auge nach dir hin,
Das andre wandte sich, so wie mein Sinn.
Wir armen Frau'n, wir dürfen's nicht verhehlen,
Des Aug's Verirrung lenkt zugleich die Seelen:
Was Irrthum führt, muß irr'n: so folgt denn, ach! —
Vom Blick bethört, verfällt die Seel' in Schmach.

[Act 5. Sc. 1.]

Blicke ins Staatsleben.
Ordnung erhält die Welt.

Ulysses. Wenn nicht der Feldherr gleicht dem Bienenstock,
Dem alle Schwärme ihre Beute zollen,
Wie hofft ihr Honig? Wenn sich Abstufung verlarvt,
Scheint auch der Schlecht'ste in der Maske edel.
Die Himmel selbst, Planeten und dies Centrum,
Reih'n sich nach Abstand, Rang und Würdigkeit,
Beziehung, Jahrszeit, Form, Verhältniß, Raum,

Troilus und Cressida.

Amt und Gewohnheit in der Ordnung Folge;
Und deshalb thront der majestät'sche Sol,
Als Hauptplanet, in höchster Herrlichkeit
Vor allen andern; sein heilkräftig Auge
Verbessert den Aspect bösart'ger Sterne,
Und trifft, wie Königs Machtwort, allbeherrschend
Auf Gut' und Böses. Doch wenn die Planeten
In schlimmer Mischung irren ohne Regel,
Welch Schreckniß! Welche Plag' und Meuterei!
Welch Stürmen auf der See! Wie bebt die Erde!
Wie rast der Wind! Furcht, Umsturz, Graun und Zwiespalt
Reißt nieder, wühlt, zerschmettert und entwurzelt
Die Eintracht und vermählte Ruh' der Staaten
Ganz aus den Fugen! O, wird Abstufung,
Die Leiter aller hohen Plän', erschüttert,
So krankt die Ausführung. Wie könnten Gilden,
Würden der Schule, der Brüderschaft in Städten,
Friedsamer Handelsbund getrennter Ufer,
Der Vorrang und das Recht der Erstgeburt,
Ehrfurcht vor Alter, Scepter, Kron' und Lorbeer,
Ihr ewig Recht ohn' Abstufung behaupten?
Tilg' Abstufung, verstimme diese Seite,
Und höre dann den Mißklang! Alles träf'
Auf offnen Widerstand. Empört dem Ufer
Erschwöllen die Gewässer über's Land,
Daß sich in Schlamm die feste Erde löste;
Macht würde der Tyrann der blöden Schwäche,
Der rohe Sohn schlüg' seinen Vater todt;
Kraft hieße Recht — nein, Recht und Unrecht, deren
Endlosen Streit Gerechtigkeit vermittelt,
Verlören, wie Gerechtigkeit, den Namen.
Dann löst sich Alles auf nur in Gewalt,

Troilus und Cressida.

   Gewalt in Willkür, Willkür in Begier;
   Und die Begier, ein allgemeiner Wolf,
   Zwiefältig stark durch Willkür und Gewalt,
   Muß dann die Welt als Beute an sich reißen,
   Und sich zuletzt verschlingen. —
           [Act 1, Sc. 3.]
   Wachsame Staatsweisheit.

Ulysses. Die Weisheit einer klug wachsamen Staatskunst
   Kennt jedes Korn beinah von Plutus Gold,
   Ergründet unerforschte Tiefen; sitzt
   Zu Rath mit dem Gedanken, ja, wie Götter fast,
   Schaut sie in seiner stummen Wieg' ihn schleierlos.
   Ein tief Geheimniß wohnt (dem die Geschichte
   Stets fremd geblieben) in des Staates Seele,
   Deß Wirksamkeit so göttlicher Natur,
   Daß Sprache nicht noch Feder sie kann deuten.
           [Act 3, Sc. 3.]
Zur Kehrseite des Bildes: Heldenpöbel und Pöbelheld, eine
   Scene aus — dem trojanischen Kriege.

Ajax. Thersites —.... (da dieser nicht hört, schlägt er ihn) kannst du nicht hören, so fühle denn!

Thersites. Daß dich die griechische Pestilenz, du köterhafter, rindsköpfiger Lord!

Ajax. Sprich denn, du abgestandener Klumpen Sauerteig; sprich! Ich will dich zu einer hübschen Figur prügeln!

Thersites. Ich könnte dich leichter zu einem Witzigen und Gottfürchtigen lästern; aber dein Hengst hält eher eine Rede aus dem Kopf, als du ein Gebet auswendig sprichst. Du kannst schlagen, nicht? Das kannst du? Die Pferdeseuche über deine Gaulmanieren!

Ajax. Giftpilz! Erzähle mir, was hat man ausgerufen?

Thersites. Denkst du, ich sei fühllos, daß du mich so schlägst?

Ajax. Was hat man ausgerufen?

Troilus und Cressida.

Thersites. Man hat dich als Narren ausgerufen, denk' ich.
. . . .
Ajax. Ich frage, was hat man ausgerufen?
Thersites. Jede Stunde brummst und grollst du auf den Achilles, und bist neidisch auf seine Größe wie Cerberus auf Proserpinens Schönheit; ja, du bellst ihn an! ... Den solltest du schlagen! Der würde dich mit seiner Faust zu Krümchen quetschen, wie ein Matrose seinen Zwieback!
Ajax. Du verdammter Köter! (schlägt ihn)
. . . .
Thersites. Mars dummer Tölpel! — Nur zu, Grobian; nur zu, Kameel; immer zu!
Achilles. Was giebt es, Ajax? Warum thut ihr das?
Was giebt's, Thersites? Wovon ist die Rede?
. . . .
Thersites. Seht ihn euch recht an!
Achilles. Nun ja, das thu' ich.
Thersites. Und dennoch seht ihr ihn nicht recht an; denn wofür ihr ihn immer halten mögt, er ist Ajax.
Achilles. Ich kenn' ihn ja, du Narr!
Thersites. Ja, aber der Narr kennt sich selbst nicht!
Ajax. Darum prügle ich dich.
Thersites. O ho! o ho! Welche kleine Dosen Witz er von sich giebt! Seine Ausfälle haben Ohren so lang. Ich habe mehr sein Gehirn, als er meine Knochen zerschlagen. Neun Spatzen kann ich für einen Heller kaufen, und seine pia mater ist nicht so viel werth, als der neunte Theil eines Spatzen. Dieser Lord, Achilles — der Ajax, der seinen Verstand im Bauch trägt, und seine Kaldaunen im Kopf, — ich will euch sagen, was ich von ihm denke.
Achilles. Was?
Thersites. Ich sage, dieser Ajax....
Achilles. Laßt doch, guter Ajax! (Ajax will Thersites schlagen.)

Thersites. Hat nicht so viel Verstand, daß er das Oehr von Helena's
Nadel füllen könnte, für die er zu sechten herkam.
[Act 2, Sc. 1.]

Hat Thersites Unrecht? — oder: Wie man „große Männer" gewinnt.

    Ajax, geht zu ihm. (Zu Achilles.)
    Mein theurer Fürst, geht ihr hinein, und grüßt ihn;
    Man sagt, er schätzt euch sehr, und kommt vielleicht
    Ein wenig zu sich selbst, von euch ermahnt.

Ulysses. O Agamemnon, dies geschehe nicht!
    Es soll des Ajax Schritt gesegnet sein,
    Der weggeht vom Achill.
    . . . .
    Nein, dieser dreimal würd'ge, tapfre Fürst
    Soll nicht so schmähn den wohlerrungnen Lorbeer,
    Noch sich mit meinem Will'n so weit erniedern —
    Er, ganz so hochberühmt als selbst Achill,
    Jetzt zum Achill zu gehn.
    . . . .

Nestor. (Beiseit.) O das ist recht: er kratzt ihn, wo's ihn juckt.
Diomedes. Und wie sein Schweigen diesen Beifall trinkt!
Ajax. Geh' ich zu ihm, dann mit der Eisenfaust
    Schlag' ich ihm ins Gesicht.
Agamemnon.   Ihr sollt nicht gehn.
Ajax. Und thut er stolz, so zwieß' ich seinen Stolz;
    Laßt mich nur hin!
Ulysses. Nicht um den ganzen Kampfpreis unsres Kriegs!
Ajax. Der schnst'ge, freche Bursch!
Nestor. (Beiseit.) Wie er sich selber schildert! [Act 2, Sc. 3.]

Ehre und Mannheit.
Macht Schätzung den Werth?

Troilus. Was hat wohl andern Werth, als wir es schätzen?

Troilus und Cressida.

Hector. Doch nicht des Einzlen Willkür giebt den Werth:
Er hat Gehalt und Würdigkeit sowohl
In eigenthümlich innrer Kostbarkeit,
Als in dem Schätzer: Wahn und Tollheit is's,
Den Dienst zu machen größer als den Gott! —
Und thöricht schwärmt der Wille, der sich neigt
Zu dem, was seine Liebe fälschlich adelt,
Wenn innrer Werth dem Scheinverdienst gebricht.
[Act 2, Sc. 2.]

Ehre, die Tochter des Glücks.

Agamemnon. Größe, wenn sie mit dem Glück zerfällt,
Zerfällt mit Menschen auch. Der Hingestürzte
Liest sein Geschick so schnell im Blick der Menge,
Als er den Fall gefühlt. Die Menschen zeigen,
Wie Schmetterlinge, die bestäubten Schwingen
Dem Sommer nur, und keinen Menschen giebt's,
Der, weil er Mensch ist, irgend Ehre hat —
Er hat nur Ehre, jener Ehre halb,
Die Zuthat ist, als Reichthum, Rang und Gunst,
Des Zufalls Lohn so oft, wie des Verdienstes —
Wenn diese fallen, die nur schlüpfrig sind,
Muß Lieb', an sie gelehnt, und schlüpfrig auch,
Eins mit dem Andern niederziehn, und Alle
Im Sturze sterben. [Act 3, Sc. 3.]

Wie Ehre bewahrt wird.

Ulysses. Die Zeit trägt einen Ranzen auf dem Rücken,
Worin sie Brocken wirft für das Vergessen,
Dies große Scheusal von Undankbarkeit.
Die Krumen sind vergang'ne Großthat, aufgezehrt
So schleunig, als vollbracht, so bald vergessen,
Als ausgeführt. Beharrlichkeit, mein Fürst,
Hält Ehr' im Glanz; was man gethan hat, hängt

Troilus und Cressida.

Ganz aus der Mode, wie ein rost'ger Harnisch,
Als armes Monument, dem Spott verfallen.
Verfolge ja den Pfad, der vor dir liegt;
Denn Ehre wandelt in so engem Hohlweg,
Daß Einer Platz nur hat: drum bleib' im Gleise!
Denn tausend Söhne hat die Ruhmbegier,
Und Einer drängt den Andern; giebst du Raum,
Lenkst du zur Seit' und weichst vom gradsten Weg,
Gleich eingetretner Fluth stürzt Alles vor,
Und läßt dich weit zurück —
Oder du fällst, ein edles Roß, im Vorkampf,
Und liegst als Damm für den verworfnen Troß,
Zerstampft und überrannt. [Act 3, Sc. 3.]

Wo ächte Kraft sich bewährt.

Nestor. In dem Kampf mit Wechsel
Bewährt sich ächte Kraft. Auf stiller See,
Wie fährt so mancher gaukelnd winz'ge Kahn
Auf ihrer ruh'gen Brust, und gleitet hin
Mit Seglern mächt'gen Bau's?
Doch laß den Raufer Boreas erzürnen
Die sanfte Thetis, — rasch durchschneidet dann
Das starkgerippte Schiff die Wellenberge,
Springt zwischen beiden feuchten Elementen
Gleich Perseus Roß — wo bleibt das eitle Boot,
Deß schwachgefügte Seiten eben noch
Wettkämpften mit der Kraft? Es flieht zum Hafen,
Wenn's nicht Neptun verschlingt. So trennt sich auch
Des Muthes Schein vom wahren Kern des Muths
Im Sturm des Glücks. [Act 1, Sc. 3.]

Die Dramen.

Der Kaufmann von Venedig.

Reden und Schweigen.
Politik des Schweigens.

Es giebt so Leute, deren Angesicht
Sich überzieht gleich einem steh'nden Sumpf,
Und die ein eigensinnig Schweigen halten,
Aus Absicht, sich in einen Schein zu kleiden
Von Weisheit, Würdigkeit und tiefem Sinn;
Als wenn man spräche: Ich bin Herr Orakel,
Thu' ich den Mund auf, rühr' sich keine Maus.
O mein Antonio, ich kenne deren,
Die man deswegen bloß für Weise hält,
Weil sie Nichts sagen: sprächen sie, sie brächten
Die Ohren, die sie hörten, in Verdammniß,
Weil sie die Brüder Narren schelten würden.

[Act 1, Sc. 1.]

Ein Schwätzer.

Bassanio. Gratiano spricht unendlich viel Nichts, mehr als irgend ein Mensch in ganz Venedig. Seine vernünftigen Gedanken sind wie zwei Weizenkörner in zwei Scheffeln Spreu versteckt: ihr sucht den ganzen Tag, bis ihr sie findet, und wenn ihr sie habt, so verlohnen sie das Suchen nicht.

[Act 1, Sc. 1.]

Ueber das Spielen mit Worten.

Lorenzo. O heilige Vernunft, was eitle Worte!
Der Narr hat ins Gedächtniß sich ein Heer
Wortspiele eingeprägt. Und kenn' ich doch
Gar manchen Narr'n an einer bessern Stelle,
So aufgestutzt, der um ein spitzes Wort
Die Sache Preis giebt.

Zur Naturgeschichte der „Löwen".

Porzia. Ich welle, was du willst,
Sind wir wie junge Männer aufgestutzt,

Der Kaufmann von Venedig.

Will ich der feinste Bursch von beiden sein,
Und meinen Degen mit mehr Anstand tragen,
Und sprechen, wie im Uebergang vom Knaben
Zum Mann, in einem heiseren Discant.
Ich will zwei jüngferliche Tritte dehnen
In einen Männerschritt; vom Raufen sprechen
Wie kecke junge Herrn; und artig lügen,
Wie edle Frauen meine Liebe suchten,
Und, da ich sie versagt, sich todt gehärmt, —
Ich konnte nicht mit allen fertig werden.
Und dann bereu' ich es, und wünsch', ich hätte
Bei alledem sie doch nicht umgebracht.
Und zwanzig solcher kleinen Lügen sag' ich,
So daß man schwören soll, daß ich die Schule
Schon seit dem Jahr verließ. — [Act 3, Sc. 4.]

Das Rechtsbewußtsein der Selbstsucht.
Des Wucherers Großmuth.

Shylock. Dreitausend Ducaten — 's ist 'ne runde Summe.
Antonio. Nun, Shylock, soll man euch verpflichtet sein?
Shylock. Signor Antonio, viel und oftermals
Habt ihr auf dem Rialto mich geschmäht
Um meine Gelder und um meine Zinsen;
Stets trug ich's mit geduld'gem Achselzucken,
Denn dulden ist das Erbtheil unsers Stamms.
Ihr scheltet mich abtrünnig, einen Bluthund,
Und speit auf meinen jüd'schen Rockelor,
Bloß weil ich nutze, was mein eigen ist.
Gut denn, nun zeigt es sich, daß ihr mich braucht,
Da habt ihr's; ihr kommt zu mir und ihr sprecht:
„Shylock, wir wünschten Gelder." So sprecht ihr,
Der mir den Auswurf auf den Bart geleert,

Der Kaufmann von Venedig.

Und mich getreten, wie ihr von der Schwelle
Den fremden Hund stoßt; Geld ist eu'r Begehren.
Wie sollt' ich sprechen nun? Sollt' ich nicht sprechen:
„Hat ein Hund Geld? Ist's möglich, daß ein Spitz
„Dreitausend Ducaten leihn kann?" Oder soll ich
Mich bücken, und in eines Schuldners Ton,
Demüthig wispernd, mit verhaltnem Odem,
So sprechen: „Schöner Herr, am letzten Mittwoch
„Spiet ihr mich an; ihr tratet mich den Tag;
„Ein andermal hießt ihr mich einen Hund:
„Für diese Höflichkeiten will ich euch
„Die und die Gelder leihn."

Antonio. Ich könnte leichtlich wieder so dich nennen,
Dich wieder anspei'n, ja mit Füßen treten.
Willst du dies Geld uns leihen, leih es nicht
Als deinen Freunden; (denn wann nahm die Freundschaft
Vom Freund Ertrag für unfruchtbar Metall?)
Nein, leih es lieber deinem Feind: du kannst,
Wenn er versäumt, mit beßrer Stirn eintreiben,
Was dir verfallen ist.

Shylock. Nun seht mir, wie ihr stürmt!
Ich wollt' euch Liebes thun, Freund mit euch sein,
Die Schmach vergessen, die ihr mir gethan,
Das Nöth'ge schaffen, und keinen Heller Zins
Für meine Gelder nehmen; und ihr hört nicht.
Der Antrag ist doch liebreich.

Antonio. Ja, das ist er.

Shylock. Und diese Liebe will ich euch erweisen.
Geht mit mir zum Notarius, da zeichnet
Mir eure Schuldverschreibung; und zum Spaß,
Wenn ihr mir nicht auf den bestimmten Tag,
An dem bestimmten Ort, die und die Summe,

Der Kaufmann von Venedig.

    Wie der Vertrag nun lautet, wiederzahlt:
    Laßt uns ein volles Pfund von eurem Fleisch
    Zur Buße setzen, das ich schneiden dürfe
    Aus welchem Theil von eurem Leib' ich will.
Antonio. Es sei, auf's Wort! Ich will den Schein so zeichnen
    Und sagen, daß ein Jude liebreich ist.
Bassanio. Ihr sollt für mich dergleichen Schein nicht zeichnen:
    Ich bleibe dafür lieber in der Noth.
Antonio. Ei, fürchte Nichts! Ich werde nicht verfallen.
    Schon in zwei Monden, einen Monat früher
    Als die Verschreibung fällig, kommt gewiß
    Zehnfältig der Betrag davon mir ein.
Shylock. O Vater Abraham! Ueber diese Christen,
    Die eigne Härte Anderer Gedanken
    Argwöhnen lehrt. Ich bitt' euch, sagt mir doch:
    Versäumt' er seinen Tag, was hält ich dran,
    Die mir verfallne Buße einzutreiben?
    Ein Pfund von Menschenfleisch, von einem Menschen
    Genommen, ist so schätzbar, auch so nutzbar nicht,
    Als Fleisch von Schöpsen, Ochsen, Ziegen. Seht,
    Ihm zu Gefallen biet' ich diesen Dienst!
    Wenn er ihn annimmt, gut; wo nicht, lebt wohl,
    Und, bitt' euch, kränkt mich nicht für meine Liebe.
Antonio. Ja, Shylock, ich will diesen Schein dir zeichnen.
Shylock. So trefft mich gleich im Hause des Notars,
    Gebt zu dem lust'gen Schein ihm Anweisung.
    Ich gehe, die Ducaten einzusacken,
    Nach meinem Haus zu sehn, das in der Hut
    Von einem lockern Bußen hinterblieb,
    Und will im Augenblicke bei euch sein.
Antonio. So eil' dich, wackrer Jude. — (Shylock ab.)

                Der Hebräer

Der Kaufmann von Venedig.

              Wird noch ein Christ: er wendet sich zur Güte.

Bassanio. Ich mag nicht Freundlichkeit bei türkischem Gemüthe.

             Die Logik der Rache.   [Act 1, Sc. 3.]

Shylock. Da hab' ich einen andern schlimmen Handel: ein Bankerottirer, ein Verschwender, der sich kaum auf dem Rialto darf blicken lassen; ein Bettler, der so schmuck auf den Markt zu kommen pflegte. — Er sehe sich vor mit seinem Schein! — er verlieh immer Geld aus christlicher Liebe, — er sehe sich vor mit seinem Schein!

Salarino. Nun, ich bin sicher, wenn er verfällt, so wirst du sein Fleisch nicht nehmen: wozu wär' es gut?

Shylock. Fische mit zu ködern. Sättigt es sonst Niemanden, so sättigt es doch meine Rache. Er hat mich beschimpft, mir 'ne halbe Million gehindert; meinen Verlust belacht, meinen Gewinn bespottet, mein Volk geschmäht, meinen Handel gekreuzt, meine Freunde verleitet, meine Feinde gehetzt. Und was hat er für Grund? Ich bin ein Jude. Hat nicht ein Jude Hände, Gliedmaaßen, Werkzeuge, Sinne, Neigungen, Leidenschaften? mit derselben Speise genährt, mit denselben Waffen verletzt, denselben Krankheiten unterworfen, mit denselben Mitteln geheilt, gewärmt und gekältet von eben dem Winter und Sommer, als ein Christ? Wenn ihr uns stecht, bluten wir nicht? Wenn ihr uns kitzelt, lachen wir nicht? Wenn ihr uns vergiftet, sterben wir nicht? Und wenn ihr uns beleidigt, sollen wir uns nicht rächen? Sind wir euch in allen Dingen ähnlich, so wollen wir's euch auch darin gleich thun. Wenn ein Jude einen Christen beleidigt, was ist seine Demuth? Rache. Wenn ein Christ einen Juden beleidigt, was muß seine Geduld sein nach christlichem Vorbilde? Nu, Rache! Die Bosheit, die ihr mich lehrt, die will ich ausüben, und es muß schlimm hergehen, oder ich will es meinen Meistern zuvorthun.

                                                [Act 3, Sc. 1.]

Der Kaufmann von Venedig.

Des Wucherers Familien-Trauer.

Shylock. Nun, Tubal, was bringst du Neues von Genua? Hast du meine Tochter gefunden?

Tubal. Ich bin oft an Oertern gewesen, wo ich von ihr hörte, aber ich kann sie nicht finden.

Shylock. Ei so, so, so! Ein Diamant fort, kostet mich zweitausend Ducaten zu Frankfurt! Der Fluch ist erst jetzt auf mein Volk gefallen, ich hab' ihn niemals gefühlt bis jetzt. Zweitausend Ducaten dafür! Und noch mehr kostbare, kostbare Juwelen! Ich wollte, meine Tochter läge todt zu meinen Füßen, und hätte die Juwelen in den Ohren! Wollte, sie läge eingesargt zu meinen Füßen, und die Ducaten im Sarge! Keine Nachricht von ihnen! Ei, daß dich! — und ich weiß noch nicht, was beim Nachsetzen drauf geht. Ei, du Verlust über Verlust! Der Dieb mit so viel davon gegangen, und so viel um den Dieb zu finden; und keine Genugthuung, keine Rache! Kein Unglück thut sich auf, als was mir auf den Hals fällt; keine Seufzer, als die ich ausstoße, keine Thränen, als die ich vergieße.

Tubal. Ja, andere Menschen haben auch Unglück. Antonio, so hört' ich in Genua —

Shylock. Was, was, was? Ein Unglück? ein Unglück?

Tubal. Hat eine Galeone verloren, die von Tripolis kam.

Shylock. Gott sei gedankt! Gott sei gedankt! Ist es wahr? Ist es wahr?

Tubal. Ich sprach mit ein paar von den Matrosen, die sich aus dem Schiffbruch rettet.

Shylock. Ich danke dir, guter Tubal! Gute Zeitung, gute Zeitung! — Wo! in Genua?

Tubal. Eure Tochter verthat in Genua, wie ich hörte, in einem Abend achtzig Ducaten!

Der Kaufmann von Venedig.

Shylock. Du giebst mir einen Dolchstich — ich kriege mein Gold nicht wiederzusehn — achtzig Ducaten in einem Strich! achtzig Ducaten!

Tubal. Verschiedne von Antonio's Gläubigern reisten mit mir zugleich nach Venedig; die betheuerten, er müsse nothwendig falliren.

Shylock. Das freut mich sehr! ich will ihn peinigen, ich will ihn martern: das freut mich!

Tubal. Einer zeigte mir einen Ring, den ihm eure Tochter für einen Affen gab.

Shylock. Daß sie die Pest! Du marterst mich, Tubal: es war mein Türkis, ich bekam ihn von Lea, als ich noch Junggeselle war; ich hätte ihn nicht für einen Wald voll Affen weggegeben.

Tubal. Aber Antonio ist gewiß ruinirt.

Shylock. Ja, das ist wahr! das ist wahr! Geh, Tubal, miethe mir einen Amtsdiener, bestell' ihn vierzehn Tage vorher. Ich will sein Herz haben, wenn er verfällt; denn wenn er aus Venedig weg ist, so kann ich Handel treiben, wie ich will. Geh, geh, Tubal, und triff mich bei unsrer Synagoge! Geh, guter Tubal! Bei unsrer Synagoge, Tubal!

[Act 3, Sc. 1.]

Liebe und Freundschaft.

Selige Entscheidung nach bangem Zweifel.

Porzia. Wie jede Regung fort die Lüfte tragen!
Als irre Zweifel, ungestüm Verzagen,
Und bange Schau'r und blasse Schüchternheit.
O Liebe, mäß'ge dich in deiner Seligkeit!
Halt ein, laß deine Freuden sanfter regnen;
Zu stark fühl' ich, du mußt mich minder segnen,
Damit ich nicht vergeh'.

[Act 3, Sc. 2.]

Der Kaufmann von Venedig.

Eine Verlobung, wie es nicht viele gab.

Bassanio.   Hier ist der Zettel,
Der Inbegriff und Auszug meines Glücks.
„Ihr, der nicht auf Schein gesehn:
Wählt so recht, und trefft so schön!
Weil euch dieses Glück geschehn,
Wollet nicht nach Anderm gehn.
Ist euch dies nach Wunsch gethan,
Und sind't ihr Heil auf dieser Bahn,
Müßt ihr eurer Liebsten nahn,
Und sprecht mit holdem Kuß sie an."
Ein freundlich Blatt — erlaubt, mein holdes Leben,
(er küßt sie)
Ich komm', auf Schein zu nehmen und zu geben.
Wie, wer um einen Preis mit Andern ringt,
Und glaubt, daß vor dem Volk sein Thun gelingt:
Er hört den Beifall, Jubel schallt zum Himmel;
Im Geist benebelt, staunt er — „Dies Getümmel
Des Preises," fragt er sich, „gilt es denn mir?"
So, dreimal holdes Fräulein, steh' ich hier,
Noch zweifelnd, ob kein Trug mein Auge blend't,
Bis ihr bestätigt, zeichnet, anerkennt.

Porzia. Ihr seht mich, Don Bassanio, wo ich stehe,
So wie ich bin: obschon, für mich allein,
Ich nicht ehrgeizig wär' in meinem Wunsch,
Viel besser mich zu wünschen; doch, für euch,
Wollt' ich verdreifacht zwanzigmal ich selbst sein,
Noch tausendmal so schön, zehntausendmal
So reich. —
Nur um in eurer Schätzung hoch zu stehn,
Möcht' ich an Gaben, Reizen, Gütern, Freunden
Unschätzbar sein; doch meine volle Summa

Der Kaufmann von Venedig.

  Macht etwas nur: das ist, in Bausch und Bogen
  Ein unerzognes, ungelehrtes Mädchen,
  Darin beglückt, daß sie noch nicht zu alt
  Zum Lernen ist; noch glücklicher, daß sie
  Zum Lernen nicht zu blöde ward geboren.
  Am glücklichsten, weil sich ihr weich Gemüth
  Dem euren überläßt, daß ihr sie lenkt,
  Als ihr Gemahl, ihr Führer und ihr König.
  Ich selbst und was nur mein, ist euch und eurem
  Nun zugewandt; noch eben war ich Eigner
  Des schönen Guts hier, Herrinn meiner Leute,
  Monarchinn meiner selbst; und eben jetzt
  Sind Haus und Leut' und eben dies Ich selbst
  Eu'r eigen, Herr, nehmt sie mit diesem Ring.
           [Act 3, Sc. 2.]

Freundschaft im Tode.

Antonio. Gebt mir die Hand, Bassanio, lebet wohl!
  Es kränk' euch nicht, daß dies für euch mich trifft,
  Denn hierin zeigt das Glück sich gütiger
  Als seine Weis' ist; immer läßt es sonst
  Elende ihren Reichthum überleben,
  Mit hohlem Aug' und falt'ger Stirn ein Alter
  Der Armuth anzusehn; von solcher Schmach
  Langwier'ger Buße nimmt sie mich hinweg.
  Empfehlt mich eurem edlen Weib, erzählt ihr
  Den Hergang von Antonio's Ende, sagt,
  Weil ich euch liebte, rühmt im Tode mich;
  Und wenn ihr's auserzählt, laßt sie entscheiden,
  Ob nicht Bassanio einst geliebt ist worden.
  Bereut nicht, daß ihr einen Freund verliert,
  Und er bereut nicht, daß er für euch zahlt —
           [Act 4, Sc. 1.]

Der Kaufmann von Venedig.

Gnade.

Porzia. Die Art der Gnade weiß von keinem Zwang.
Sie träufelt, wie des Himmels milder Regen,
Zur Erde unter ihr; zwiefach gesegnet:
Sie segnet den, der giebt, und den, der nimmt;
Am mächtigsten in Mächt'gen, zieret sie
Den Fürsten auf dem Thron mehr als die Krone;
Das Scepter zeigt die weltliche Gewalt,
Das Attribut der Würd' und Majestät,
Worin die Furcht und Scheu der Kön'ge sitzt.
Doch Gnad' ist über diese Sceptermacht,
Sie thronet in dem Herzen der Monarchen,
Sie ist ein Attribut der Gottheit selbst,
Und ird'sche Macht kommt göttlicher am nächsten,
Wenn Gnade bei dem Recht steht; darum, Jude,
Suchst du um Recht schon an, erwäge dies:
Daß nach dem Lauf des Rechtes unser Keiner
Zum Heile käm'; wir beten all' um Gnade,
Und dies Gebet muß uns der Gnade Thaten
Auch üben lehren. [Act 4, Sc. 1.]

....

Schein und Wesen.

Bassanio. So ist oft äußrer Schein sich selber fremd,
Die Welt wird immerdar durch Zier berückt.
Im Recht, wo ist ein Handel so verderbt,
Der nicht, geschmückt von einer holden Stimme,
Des Bösen Schein verdeckt? Im Gottesdienst,
Wo ist ein Irrwahn, den ein ehrbar Haupt
Nicht heiligte, mit Sprüchen nicht belegte,
Und bürge die Vertraulichkeit durch Schmuck?
Kein Laster ist so blöde, das von Tugend
Im äußern Thun nicht Zeichen an sich nähme.

Der Kaufmann von Venedig.

Wie manche Feige, die Gefahren steh'n
Wie Spreu im Winde, tragen doch am Kinn
Den Bart des Herkules und finstern Mars,
Fließt gleich in ihren Herzen Blut wie Milch?
Und diese leihn des Muthes Auswuchs nur
Um furchtbar sich zu machen. Blickt auf Schönheit,
Ihr werdet sehn, man kauft sie nach Gewicht,
Das hier ein Wunder der Natur bewirkt,
Und, die es tragen, um so lockrer macht.
So diese schlänglicht krausen goldnen Locken,
Die mit den Lüften so muthwillig hüpfen
Auf angemaaßten Reiz: man kennt sie oft
Als eines zweiten Kopfes Ausstattung,
Der Schädel, der sie trug, liegt in der Gruft.
So ist denn Zier die trügerische Küste
Von einer schlimmen See, der schöne Schleier,
Der Indiens Schönen birgt; mit einem Wort
Die Scheinwahrheit, womit die schlaue Zeit
Auch Weise fängt. [Act 3, Sc. 2.]

Leichter Rath — schwere That.

Porzia. Wäre Thun so leicht, als Wissen was gut zu thun ist, so wären Kapellen Kirchen geworden, und armer Leute Hütten Fürstenpaläste. Der ist ein guter Prediger, der seine eigenen Ermahnungen befolgt: ich kann leichter zwanzig lehren, was gut zu thun ist, als Einer von den Zwanzigen sein und meine eignen Lehren befolgen. Das Gehirn kann Gesetze für das Blut aussinnen; aber eine hitzige Natur springt über eine kahle Vorschrift hinweg. Solch ein Hase ist Tollheit, der junge Mensch, daß er weghüpft über das Netz des Krüppels guter Rath. [Act 1, Sc. 2.]

Der Kaufmann von Venedig.

Früher Anfang — lahmes Ende.

Salarino. O zehnmal schneller fliegen Venus Tauben,
Den neuen Bund der Liebe zu versiegeln,
Als sie gewohnt sind, unverbrüchlich auch
Gegebne Treu zu halten.

Graziano. So geht's in Allem: wer steht auf vom Mahl
Mit gleicher Eßlust, als er niedersaß?
Wer ist das Pferd, das seine lange Bahn
Zurückmißt mit dem ungedämpften Feuer,
Womit es sie betreten? Jedes Ding
Wird mit mehr Trieb erjaget als genossen.
Wie ähnlich einem Wildfang und Verschwender
Eilt das beflaggte Schiff aus heim'scher Bucht,
Gesiebkost und geherzt vom Buhler Wind!
Wie ähnlich dem Verschwender kehrt es heim,
Zerlumpt die Segel, Rippen abgewittert,
Kahl, nackt, geplündert von dem Buhler Wind!

[Act 2, Sc. 6.]

Der Zauber der Töne.

Lorenzo. Wie süß das Mondlicht auf dem Hügel schläft!
Hier sitzen wir, und lassen die Musik
Zum Ohre schlüpfen; sanfte Still und Nacht,
Sie werden Tasten süßer Harmonie.
Komm, Jessica! Sieh, wie die Himmelsflur
Ist eingelegt mit Scheiben lichten Goldes!
Auch nicht der kleinste Kreis, den du da siehst,
Der nicht im Schwunge wie ein Engel singt,
Zum Chor der hellgeaugten Cherubim.
So voller Harmonie sind ew'ge Geister,
Nur wir, weil dies hinfäll'ge Kleid von Staub
Ihn grob umhüllt, wir können sie nicht hören.

(Musikanten kommen.)

Der Kaufmann von Venedig.

	He! kommt und weckt Dianen auf mit Hymnen,
	Rührt eurer Herrin Ohr mit zartem Spiel,
	Zieht mit Musik sie heim.

Jessica. Nie macht die liebliche Musik mich lustig.
Lorenzo. Der Grund ist, eure Geister sind gespannt.
Bemerkt nur eine wilde, flücht'ge Heerde,
Der ungezähmten, wilden Füllen Schaar;
Sie machen Sprünge, blöken, wiehern laut,
Wie ihres Blutes heiße Art sie treibt:
Doch schallt nur die Trompete, oder trifft
Sonst eine Weise der Musik ihr Ohr,
So seht ihr, wie sie mit einander stehn,
Ihr wildes Auge schaut mit Sittsamkeit,
Durch süße Macht der Töne. Drum lehrt der Dichter,
Gelenkt hab' Orpheus Bäume, Felsen, Fluthen,
Weil Nichts so stockisch, hart und voll von Wuth,
Das nicht Musik auf eine Zeit verwandelt.
Der Mann, der nicht Musik hat in ihm selbst,
Den nicht die Eintracht süßer Töne rührt,
Taugt zu Verrath, zu Räuberei und Tücken;
Die Regung seines Sinns ist dumpf wie Nacht,
Sein Trachten düster wie der Erebus.
Trau keinem solchen! [Act 5, Sc. 1.]

Am rechten Ort, zu rechter Zeit!

Porzia. Das Licht, das wir da sehen, brennt im Saal:
Wie weit die kleine Kerze Schimmer wirft!
So scheint die gute That in arger Welt!
Nerissa. Da der Mond schien, sahn wir die Kerze nicht.
Porzia. So löscht der größ're Glanz den kleinern aus.
Ein Stellvertreter strahlet wie ein König,

Der Kaufmann von Venedig.

           Bis ihm ein König naht; und dann ergießt
           Sein Prunk sich, wie vom innern Tand ein Bach
           Ins große Bett der Wasser. Horch, Musik!

Nerissa. Es sind die Musikanten eures Hauses.
Porzia. Ich sehe, Nichts ist ohne Rücksicht gut:
           Mich dünkt, sie klingt viel schöner, als bei Tag.
Nerissa. Die Stille giebt den Reiz ihr, gnäd'ge Frau.
Porzia. Die Krähe singt so lieblich wie die Lerche,
           Wenn man auf keine lauschet; und mir däucht,
           Die Nachtigall, wenn sie bei Tage sänge,
           Wo alle Gänse schnattern, hielt' man sie
           Für keinen bessern Spielmann als den Spatz.
           Wie Manches wird durch seine Zeit gezeigt
           In ächtem Preis und zur Vollkommenheit!
                                [Act 5, Sc. 1.]

Maaß für Maaß

Autorität und Recht.

Das eine bedarf der andere.

Angelo. Das Recht darf nicht zur Vogelscheuche werden,
Als ständ' es da, um Habichte zu schrecken,
Und bliebe regungslos, bis sie zuletzt
Gewöhnt, drauf ausruhn, statt zu fliehn. [Act 2, Sc. 1.]

Darf der Schuldige richten?

Angelo. Läugnen will ich nicht,
In dem Gerichte, das auf Tod erkennt,
Sei unter zwölf Geschwornen oft ein Dieb,
Wohl zwei noch schuld'ger, als der Angeklagte.
Wer offenbar dem Rechte ward,
Den straft das Recht. Was kümmert's das Gesetz,
Ob Dieß den Dieb verurtheilt? 'S ist natürlich,

Daß wir den Demant auf vom Boden heben,
Weil wir ihn sehn, doch was wir nicht gesehn,
Wir treten drauf und denken nicht daran.
Ihr dürft nicht deshalb mildern sein Vergehn,
Weil ich auch fehlen konnte; sagt vielmehr,
Wenn ich, sein Richter, solch Verbrechen übe,
Sei mir der eigne Spruch Vorbild des Todes,
Und Nichts entschuld'ge mich. — [Act 2, Sc. 1.]

Herzog. Wem Gott vertraut des Himmels Schwert,
Muß heilig sein und ernst bewährt;
Selbst ein Muster, uns zu leiten,
So festzustehn, wie fortzuschreiten;
Gleiches Maaß den fremden Fehlen,
Wie dem eignen Frevel wählen.
Schande dem, der tödtlich schlägt
Unrecht, das er selber hegt!
Schmach, Angelo, Schmach deinem Richten,
Das fremde Spreu nur weiß zu sichten! [Act 3, Sc. 2.]

Macht ist die Schwester der Härte.

Isabella. Ach, 's ist groß,
Des Riesen Kraft besitzen; doch tyrannisch,
Dem Riesen gleich sie brauchen.
Könnten die Großen donnern
Wie Jupiter, sie machten taub den Gott.
Denn jeder winz'ge, kleinste Richter brauchte
Zum Donnern Jovis Aether; Nichts als Donnern?
O gnadenreicher Himmel!
Du mit dem zack'gen Sessenkeile spaltest
Den unzerkeilbar knot'gen Eichenstamm,
Nicht zarte Myrten: doch der Mensch, der stolze Mensch,
In kleine, kurze Majestät gekleidet,

Maaß für Maaß.

Vergeffend, was am mind'ſten zu bezweifeln,
Sein gläſern Element, — wie zorn'ge Affen,
Spielt ſolchen Wahnſinn gaukelnd vor dem
                      Himmel
Daß Engel weinen, die, gelaunt wie wir,
Sich alle ſterblich lachen würden.
Miß nicht den Nächſten nach dem eig'nen Maaß:
Ihr Starken ſcherzt mit Heil'gen. Witz an euch
Iſt, was am Kleinen nur Entweihung wär'.
Was in des Feldherrn Mund ein zornig Wort,
Wird beim Soldaten Gotteslaſterung,
Weil Hoheit, wenn ſie auch wie Andre irrt,
Doch eine Art von Heilkraft in ſich trägt,
Die Fehl' und Wunden ſchließt. Fragt euer Herz,
Klopft an die eig'ne Bruſt, ob Nichts drin wohnt,
Das meines Bruders Fehltritt gleicht: Bekennt ſie
Menſchliche Schwachheit, wie die ſeine war,
So ſteig' aus ihr kein Laut auf eure Zunge
Zu Claudio's Tod.   [Act 2, Sc. 2.]

                Gnade.

Iſabella.   Seid gewiß,
Kein Attribut, das Mächtige verherrlicht,
Nicht Königskrone, Schwert des Reichsverweſers,
Des Marſchalls Stab, des Richters Amtsgewand,
Keins ſchmückt ſie Alle halb mit ſolchem Glanz,
Als Gnade thut.   [Act 2, Sc. 2.]

Der Autoritäts-Mann und Tugendheld in der Verſuchung.

Angelo. Bet' ich, und denk' ich, geht Gedank' und Beten
Verſchiednen Weg. Gott hat mein hohles Wort,
Indeß mein Dichten, nicht die Zunge hörend,
An Iſabellen ankert. Gott im Munde —

Maaß für Maaß.

Als prägten nur die Lippen seinen Namen;
Im Herzen wohnt die giftig schwellende Sünde
Des Bösen Trachtens. — Der Staat, mein Studium einst,
Ist wie ein gutes Buch, zu oft gelesen,
Schaal und verhaßt: ja selbst mein Tugendruhm,
Der sonst — o hör' es Niemand! — all' mein Stolz,
Ich gäb' ihn für ein Federchen mit Freuden,
Das mäßig spielt im Wind. O Rang! o Würde!
Wie oft durch äußre Schal' und Form erzwingst du
Ehrfurcht von Thoren; lockst die Bessern selbst
Durch falschen Schein! — Blut, du behältst dein Recht;
Schreibt „guter Engel" auf des Teufels Hörner,
So sind sie nicht sein Zeichen mehr." [Act 2, Sc. 4.]

Leben und Tod.

Des Lebens Zweck — nicht Selbstbeschauung, sondern Wirken.

Herzog.
Du selbst und dein Talent
Sind nicht dein eigen, daß du dich verzehrst
Für deinen eignen Werth, den Werth für dich.
Der Himmel braucht uns, so wie wir die Fackeln,
Sie leuchten nicht für sich; wenn unsre Kraft
Nicht strahlt nach außen hin, wär's ganz so gut,
Als hätten wir sie nicht. Geister sind schön geprägt
Zu schönem Zweck; noch leiht jemals Natur
Den kleinsten Scrupel ihrer Trefflichkeit
Daß sie sich nicht, als wirthschaftliche Göttinn,
Den Vortheil eines Gläub'gers ausbedingt,
So Dank wie Zinsen. [Act 1, Sc. 1.]

Das Leben ist der Güter höchstes nicht.

Claudio. Im Elend bleibt kein andres Heilungsmittel,
Als Hoffnung nur:
Ich hoffe Leben, bin gefaßt auf Tod.

Maaß für Maaß.

Herzog. Sei's unbedingt auf Tod! Tod so wie Leben
Wird dadurch süßer. Sprich zum Leben so:
Verlier' ich dich, so geb' ich hin, was nur
Ein Thor festhielte. Sprich: du bist ein Hauch,
Abhängig jedem Wechsel in der Luft,
Der diese Wohnung, die dir angewiesen,
Stündlich bedroht; du bist nur Narr des Todes,
Denn durch die Flucht strebst du ihm zu entgehn,
Und rennst ihm ewig zu. Du bist nicht edel;
Denn alles Angenehme, das dich freut,
Erwuchs aus Niederm. Tapfer bist du nicht;
Du fürchtest ja die zartgespalt'ne Zunge
Des armen Wurms: — dein bestes Ruhn ist Schlaf,
Den rufst du oft, und zitterst vor dem Tod,
Der doch Nichts weiter. Du bist nicht du selbst;
Denn du bestehst durch Tausende von Körnern,
Aus Staub entsprossen. Glücklich bist du nicht:
Was du nicht hast, dem jagst du ewig nach,
Vergessend, was du hast. Du bist nicht stetig,
Denn dein Befinden wechselt seltsam launisch
Mit jedem Mond. Reich, bist du dennoch arm;
Dem Esel gleich, der unter Gold sich krümmt,
Trägst du den schweren Schatz nur einen Tag,
Und Tod entlastet dich. Freunde hast du keine;
Denn selbst dein Blut, das Vater dich begrüßt,
Die Wirkung deiner eignen, innern Kraft,
Flucht deiner Gicht, dem Aussatz und der Lähmung,
Daß sie nicht schneller mit dir enden.
Du hast zu eigen Jugend nicht noch Alter,
Nein, gleichsam nur 'nen Schlaf am Nachmittag,
Der beides träumt; denn all' dein Jugendglanz
Lebt wie bejahrt, und fleht vom welken Alter

Maaß für Maaß.

    Die Zehrung sich: und bist du alt und reich,
Hast du nicht Gluth noch Triebe, Mark noch Schönheit,
Der Güter froh zu sein. Was bleibt nun noch,
Das man ein Leben nennt? Und dennoch birgt
Dies Leben tausend Tode; dennoch schen'n wir
Den Tod, der all' die Widersprüche löst. [Act 3, Sc. 1.]

Die Schrecken des Todes.

Claudio.   Sterben ist entsetzlich!
Isabella. Und Leben ohne Ehre hassenswerth!
Claudio. Ja, aber sterben! Gehn, wer weiß, wohin,
Da liegen, kalt, eng eingesperrt, und faulen;
Dies lebenswarme, fühlende Bewegen
Verschrumpft zum Kloß; und der entzückte Geist
Getaucht in Feuerfluthen, oder schaudernd
Umstarrt von Wüsten ew'ger Eisesmassen;
Gekerkert sein in unsichtbare Stürme,
Und mit rastloser Wuth gejagt rings um
Die schwebende Erd'; oder Schlimm'res werden,
Als selbst das Schlimmste,
Was Phantasie, wild schwärmend, zügellos,
Heulend erfindet: das ist zu entsetzlich! —
Das schwerste, jammervollste, ird'sche Leben,
Das Alter, Meineid, Schmerz, Gefangenschaft
Dem Menschen auflegt, — ist ein Paradies
Gegen das, was wir vom Tode fürchten!
                                               [Act 3, Sc. 1.]

Größe, das Ziel der Schmähsucht.

Herzog. Nichts rettet Macht und Größe vor dem Gift
Der Schmähsucht; auch die reinste Unschuld trifft
Verläumdung hinterrücks, ja, selbst den Thron
Erreicht der tück'schen Lästerzunge Hohn. [Act 3, Sc. 2.]

Maaß für Maaß.

Herzog. O Größ' und Hoheit, tausend falscher Augen
Haften auf dir! In Bänden voll Geschwätz
Rennt falsches Spähn, mit sich in Widerspruch
Dein Handeln an; des Witzes Fehlgeburt
Macht dich zum Vater ihrer müß'gen Träume,
Und zwängt dich ihren Grillen ein.
[Act 4, Sc. 2.]

Des Weibes Schwachheit — der Zügel des Mannes.

Angelo. Nun, auch das Weib ist schwach.
Isabella. Ja, wie der Spiegel, drin sie sich beschaut,
So leicht zerbricht, als er Gestalten prägt.
Das Weib! Hilf Gott! Der Mann entweih't ihr
Edles
Wenn er's mißbraucht. Nennt mich denn zehnmal schwach,
Denn wir sind sanft, wie unsre Bildung ist,
Nachgiebig falschem Eindruck.
[Act. 2, Sc. 4.]

Cymbeline

Der Liebenden Abschied.

(Imogen und Pisanio treten auf).

Imogen. Ich wollt', am Hafen ständ'st du eingewurzelt,
Und fragtest jedes Schiff. Wenn er mir schriebe,
Und ich bekäm's nicht, solch ein Brief verloren,
Ist ein Verlust des Heils. Was war das Letzte,
Was er sprach?
Pisanio. Es war: O meine Königinn!
Imogen. Dann winkt' er mit dem Tuch?
Pisanio. Und küßt' es, Fürstinn.
Imogen. Fühllose Leinwand, glücklicher als ich!
Und das war Alles?
Pisanio. Nein, Prinzessinn; denn
So lang' er's machen konnte, daß ihn Auge
Und Ohr von Andern unterschied, blieb er
Auf dem Verdeck, mit Handschuh, Tuch und Hut

Cymbeline.

> Stets winkend, wie der Sturm und Drang der Seele
> Ausdrücken konnt' am besten, wie so langsam
> Sein Herz von hinnen zieh', wie schnell sein Schiff.

Imogen. Er mußte klein wie eine Kräh' dir werden,
Und kleiner, eh' du aufgabst, nachzuschau'n.
Pisanio. Das that ich, gnäd'ge Frau.
Imogen. Zerrissen hätt' ich mir die Augennerven,
Nur um nach ihm zu sehn, bis die Verkleinrung
Des Raums ihn zugespitzt wie meine Nadel.
Ihm schaut' ich nach, bis er verschmolzen wäre
Von Kleinheit einer Mück' in Luft; und dann
Hätt' ich mich abgewendet und geweint.
Pisanio, sprich, wann hören wir von ihm?
Pisanio. Gewiß mit nächster Schiffsgelegenheit.
Imogen. Wir nahmen Abschied nicht, und noch viel Liebes
Wollt' ich ihm sagen — zu erzählen wünscht' ich,
Wie ich sein dächt' in der und jener Stunde;
Gedenken dies und das; und schwören sollt' er,
Italiens Liebchen möchten nicht verlocken
Mein Recht und meine Ehr'; ich wollt' ihn nöth'gen,
Um sechs Uhr Morgens, Mitternacht und Mittags,
Mir betend zu begegnen, weil ich dann
Für ihn im Himmel bin; ich wollt' ihm geben
Den Abschiedskuß, den in zwei Zauberworten
Ich eingefaßt: da tritt mein Vater ein,
Und wie der grimme Hauch des Nordens, schüttelt
Er unsre Knospen ab, eh' sie erblüht. [Act 1, Sc. 4.]

Imogen's Schlafgemach.

Imogen. Ist jemand da? wie, Helena?
Kammerfrau.   Hier bin ich.
Imogen. Was ist die Uhr?

Cymbeline.

Kammerfrau. Fast Mitternacht, Prinzessin.
Imogen. Drei Stunden las ich denn; mein Aug' ist matt —
Schlag' hier das Blatt ein, wo ich blieb; zu Bett!
Nimm nicht die Kerze weg, nein, laß sie brennen;
Und könntest du um vier Uhr munter werden,
So, bitte, weck' mich. Schlaf umfängt mich ganz. —
Ihr Götter! Eurem Schutz befehl' ich mich!
Vor Elfen und den nächtlichen Versuchern
Schirmt mich, ich flehe!
    (Sie schläft ein. Jachimo steigt aus der Kiste.)
Jachimo. Die Heimchen schrill'n, der Mensch, von Arbeit matt,
Gewinnt sich Kraft im Ruhn; so leis' auf Binsen
Schlich einst Tarquin, eh' er die Keuschheit weckte,
Die er verwundete. — O Cytherea,
Wie hold schmückst du dein Bett! du frische Lilie!
Und weißer, als das Linnen! Dürft' ich rühren!
Nur küssen; Einen Kuß! — Rubinen, himmlisch,
Wie zart sie schließen! — Ihre Athemzüge
Durchwürzen so den Raum. Das Licht der Kerze
Beugt sich ihr zu, und möchte lauschen unter
Das Augenlid, zu sehn verhüllte Sterne,
Jetzt von den Fenstergattern zugedeckt:
Weiß und Azur nunsämmt mit Himmelsdünkel!

[Act 2, Sc. 2.]

Morgenlied.

Horch! Lerch' am Himmelsthor singt hell,
Und Phöbus steigt herauf,
Sein Roßgespann trinkt süßen Quell
Von Blumenkelchen auf;
Die Ringelblum' erwacht aus Traum,
Thut güldne Aeuglein auf:
Lacht jede Blüth' im grünen Raum,

Cymbeline.

>Drum, holdes Kind, steh' auf:
>Steh' auf, steh' auf!   [Act 2, Sc. 3.]

Des vornehmen Glückspilzes Werbung.

Imogen.   Es thut mir leid, mein Prinz,
Ihr zwingt mich, daß ich fremd der Frauensitte
So gradezu bin. Ein für allemal,
Ich, die mein Herz geprüft, betheure hier
Bei dessen Treu', ich frage Nichts nach euch;
Und bin fast so der Nächstenlieb' entfremdet,
(Ich klage selbst mich an) daß ich euch hasse.
Fühltet ihr's lieber, braucht' ich mich nicht dessen
Zu rühmen.

Cloten.   Am Gehorsam sündigt ihr,
Den euer Vater fordern darf. Denn Ehe,
Die ihr vorschützt mit diesem niedern Wicht,
(Den Almos', kalte Schüsseln aufgefüllet,
Abfall des Hofes), ist nicht Ehe, nein!
Und wenn man niedern Ständen auch vergönnt
(Doch wer ist niedriger?) ihr Herz zu binden
(Bei ihnen wird Nichts mehr erzielt, als Bälge
Und Bettelpack) in selbstgeschürzten Knoten,
Hält euch vor solchem Unfug doch gezügelt
Das Anrecht auf den Thron; deß Kostbarkeit
Dürft ihr nicht schmähn mit einem niedern Sklaven,
Einem Miethling für Bedient', einem Tischaufwärter,
Brodschneider, noch zu schlecht für solche Würden.

Imogen. Verworfener Mensch!
Wärst du der Sohn des Zeus, und sonst so, wie
Du jetzt bist, wärst du doch zu niederträchtig
Sein Knecht zu sein; doch wärest du geehrt
(Selbst um den Neid zu wecken, schätzte man

Cymbeline.

    Euch beide nach Verdienst), würd'st du ernannt
    In seinem Reich zum Unterbüttel; und
    Gehaßt für unverdiente Gunst.
Cloten.   Treff' ihn die Pest!
Imogen. Kein größer Unheil kann ihn treffen, als
    Von dir genannt zu sein. Das schlecht'ste Kleid,
    Das je nur seinen Leib umschloß; ist theurer
    Für mich, als alle Haar' auf deinem Kopf,
    Wär' jedes solch ein Mann.   [Act 2, Sc. 3.]

Die heilende und tröstende Kraft der Natur.

Bellarius. Ein heitrer Tag, nicht drin zu sitzen, wenn man
    So niedres Dach wie wir hat! Schlaft ihr, Knaben?
    Dies Thor lehrt auch, wie man zum Himmel betet;
    Es beugt euch zu des Morgens heil'gem Dienst.
    Der Kön'ge Thore sind so hoch gewölbt,
    Daß Riesen durchstolziren können, ohne
    Zu lüften ihren frevelen Turban, um
    Den Morgen zu begrüßen. — Heil, du schöner Himmel!
    Wir Felsbewohner sind dir wen'ger hart
    Als Stolzbegüterte.
Guiderius.   Heil, Himmel!
Arviragus.   Himmel, Heil!
Bellarius. Nun an die Bergjagd: ihr zum Hügel auf,
    Jung ist en'r Fuß; ich bleib' im Thal. Betrachtet,
    Wenn ihr von dort mich klein als Krähe seht,
    Daß nur der Platz verkleinert und vergrößert:
    Und so durchdenkt, was ich euch viel erzählte,
    Von Höfen, Fürsten und des Krieges Tücken;
    Der Dienst ist Dienst nicht, weil man ihn gethan,
    Nur wenn er so erkannt. Solch Ueberlegen
    Zieht Vortheil uns aus Allem, was wir sehn:

Cymbeline.

Und oft, zu unserm Troste, finden wir
In beff'rer Huth den hartbeschalten Käfer,
Als hochbeschwingten Adler. O dies Leben
Ist edler, als aufwarten und geschmäht sein:
Reicher, als Nichts thun für ein nichtig Spielwerk;
Stolzer, als rauschen in geborgter Seide:
Solchen Begrüßt zwar der, der ihn so putzte,
Doch wird dadurch die Rechnung nicht bezahlt:
Kein Leben gleich dem unsern.

Guiderius.   Aus Erfahrung
Sprecht ihr; wir armen Flügellosen schwangen
Uns nie noch weit vom Nest, und wissen nicht,
Was draußen weht für Luft. Dies Leben mag
Das Beste sein, ist Ruh' das beste Leben;
Süßer für euch, weil ihr ein schärf'res kanntet;
Für euer steifes Alter passend; doch
Für uns ein Käfig der Unwissenheit,
Reisen im Bett, ein Kerker, wo der Schuldner
Nicht über seine Grenze darf.

Arviragus.   Wovon
Doch sprechen wir, sind wir in eurem Alter?
Wenn draußen Wind und Regen schlägt des dunkeln
Decembers? Wie, geklemmt in unsre Höhle,
Verschwatzen wir alsdann die frost'gen Stunden?
Wir sahen Nichts, wir sind nur wie das Vieh,
Schlau wie der Fuchs, um Beute; wie der Wolf
Krieg'risch um nusre Speise; unsre Kühnheit
Ist jagen das, was fliehet; unser Käfig
Wird uns zum Chor, wie dem gefangnen Vogel,
Mit Freimuth unsre Knechtschaft zu besingen.

Bellarius. Wie ihr nun sprecht!
Kenntet ihr nur die Wucherei der Städte,

Und hättet sie gefühlt; die Kunst des Hofes,
Der, schwer errungen, schmerzlich wird verlassen,
Wo bis zum Gipfel klimmen sichrer Fall ist,
Der Gipfel selbst so schlüpfrig, daß die Furcht
So schlimm ist, wie der Fall; — des Kriegs Beschwer,
Ein Mühn, das nur Gefahr zu suchen scheint
Um Glanz und Ruhm, der dann im Suchen stirbt;
Und daß ein schmachvoll Epitaph so oft
Statt edler That Gedächtniß lohnt; ja, selbst
Durch wackres Thun verhaßt wird, und noch schlimmer,
Sich beugen muß der Bosheit. — O, ihr Kinder!
Dergleichen mag die Welt an mir erkennen:
Gezeichnet ist mein Leib von Römerschwertern;
Mein Ruf stand einst den Besten obenan.
Mich liebte Cymbeline; kam auf Soldaten
Die Rede, war mein Nam' in jedes Mund;
Damals glich ich dem Baum, der seine Aeste
Fruchtschwer herabsenkt: doch in Einer Nacht
Ward — wie ihr's nennen wollt — durch Sturm, durch Raub,
Mein reifes Obst, ja Laub selbst, abgeschüttelt,
Und kahl blieb ich dem Frost.

Guiderius.   Unsichre Gunst!

Bellarius. Mein Fehl war Nichts (wie ich euch oft erzähle),
Als daß zwei Buben, deren Meineid mehr
Als meine Ehre galt, dem König schwuren,
Ich sei verbunden mit den Römern: so
Ward ich verbannt; und diese zwanzig Jahr
War dieser Fels, die Waldung meine Welt.
In edler Freiheit lebt' ich hier, und zahlte
Mehr fromme Schuld dem Himmel, als vorher
Die ganze Lebenszeit.   [Act 2, Sc. 3.]

Cymbeline.

Natur über Schule.

Bellarius.   O göttliche
Natur, wie herrlich du dich selbst verkündigst
In diesen Fürstenkindern! Sie sind sanft,
Wie Zephyr, dessen Hauch das Veilchen küßt,
Sein süßes Haupt nicht schaukelnd; doch so rauh,
Wird heiß ihr Königsblut, ein grauser Sturm,
Der an dem Wipfel faßt die Bergestanne,
Und sie zum Thal beugt. Es ist wundervoll,
Wie unsichtbar Instinkt in ihnen bildet
Königsgesinnung, ohne Unterricht;
Ehr', ungelehrt; Anstand, gesehn von Keinem;
Muth, welcher wild in ihnen wächst, und Ernte
Gewährt, als wär' er ausgesä't! —   [Act 4, Sc. 2.]

Verleumdung.

Pisanio. Was brauch' ich noch mein Schwert zu ziehn? — Der Brief
Durchstach ihr schon das Herz. — Nein, 's ist Verleumdung,
Sie schneidet schärfer, als das Schwert; ihr Mund
Vergiftet mehr, als alles Nilgewürm:
Ihr Wort fährt auf dem Sturmwind, und belügt
Jedweden Erdstrich: Kaiser, Königinnen,
Fürsten, Matronen, Jungfrau'n, ja in Grabes
Geheimniß wühlt das Natterngift Verleumdung.
                                           [Act 3, Sc. 4.]

Güte und Größe nicht immer beisammen.

Imogen.   Gott, wie lügt man!
Der Hofmann sagt, was nicht am Hof, sei wild:
Erfahrung, ach, du zeigst ein andres Bild!
Das tiefe Meer zeugt Ungeheu'r, indessen
Der Bach manch süßen Fisch uns gießt zum Essen.
                                           [Act 4, Sc. 2.]

Cymbeline.

Die Todtenklage um Imogen.

Arviragus.   Todt ist das Vöglein,
Das wir so zärtlich pflegten. Lieber wollt' ich
Von sechszehn Jahr zu sechszig überspringen,
Und kräft'gen Schritt mit matter Krücke tauschen,
Als dies erblicken.
Guiderius.   O du süße Lilie,
Nicht halb so schön ruhst du in Bruders Arm,
Als da du selbst dich trugst.
Bellarius.   Melancholie,
Wer maß je deine Tiefe? fand den Boden?
Zu rathen, welche Küst' am leichtesten
Der schwer belad'nen Sorg' als Hafen dient?
O du gesegnet Kind! Die Götter wissen,
Welch edler Mann du würdest einst; doch ach!
Schwermuth dem Tode früh die Pflanze brach!
Wie fandst du ihn?
Arviragus.   Starr todt, wie jetzt; so lächelnd,
Als hätt' ihn eine Flieg' in Schlaf gekitzelt,
Nicht wie des Todes Pfeil, den er verlachte,
Die rechte Wang' auf einem Kissen ruhend.
Guiderius. Wo?
Arviragus.   Auf dem Grund, die Arme so verschränkt.
Ich dacht', er schlief; und zog die Nägelschuh'
Mir ab, die, schwer, zu laut die Tritte stampften.
Guiderius. Er schläft auch nun: ist er verschieden, macht er
Sein Grab zum Bett; weibliche Elfen tanzen
Um seine Gruft, und Würmer nahn ihr nicht.
Arviragus. Die schönsten Blumen,
So lange Sommer währt, und ich hier lebe,
Streu' ich auf deine Gruft; dir soll nicht fehlen
Die Blume, deinem Antlitz gleich, die blasse Primel,

Cymbeline.

   Die Hyacinthe, blau wie deine Adern;
   Noch Rosenblätter, die, um sie zu preisen,
   Süß wie dein Athem sind. Rothkehlchen werden
   Mit frommem Schnabel alles dies dir bringen
   (O Schande jenem reichgewordnen Erben,
   Der ohne Denkmal läßt des Vaters Grab!)
   Auch weiches Moos, wenn Blumen nicht mehr sind,
   Für deines Leichnams Winterschmuck.

Guiderius.   Hör' auf,
   Und spiele nicht in mädchenhaften Worten
   Mit dem, was ernst ist. Laß uns ihn bestatten,
   Und nicht verzögern mit Bewundrung so
   Die Pflicht. — Zum Grab!

Arviragus.   Wo legen wir ihn hin?

Guiderius. Zur guten Mutter Euryphile.

Arviragus.   Wohlan!
   Und laß uns, Polydor, sind unsre Stimmen
   Gleich männlich rauh schon, ihm ein Grablied singen,
   Wie einst der Mutter; gleiche Wort' und Weise,
   Nur statt Euryphile Fidelio.

   . . . .
         So, nun fang' an.

     Lied

Guiderius. Fürchte nicht mehr Sonnengluth,
   Noch des Winters grimmen Hohn!
   Jetzt dein irdisch Treiben ruht,
   Heim gehst, nahmst den Tageslohn:
   Jüngling und Jungfrau goldgehaart,
   Zu Essenkehrers Staub geschaart.

Arviragus. Fürstenzorn macht dir nicht Noth,
   Fürchte nicht Tyrannenstreich;
   Sorge nicht um Kleid und Brod,

Cymbeline.

   Eich' und Binf' ist dir nun gleich:
   König, Arzt und Hochgelahrt,
   All' in einem Staub gepaart.
Guiderius. Fürchte nicht mehr Flammenblitze.
Arviragus. Zittre nicht vor'm Donnerschlage;
Guiderius. Stumpf ist der Verleumdung Spitze;
Arviragus. Dir verstummt jetzt Lust und Klage:
Beide. Jung Liebchen, Liebster, goldgehaart,
   Wird, so wie du, dem Staub gepaart.
Guiderius. Kein Zauberspruch verstör' dich!
Arviragus. Nicht Hexenkunst beschwör' dich!
Guiderius. Kein irr' Gespenst umschwärm' dich!
Arviragus. Und nie was Böses härm' dich!
Beide. Ruhiges Verwesen hier;
   Ehre, nach dem Tod, sei dir! — [Act 4, Sc. 2.]

Die Macht des Gewissens.

O seid willkommen, Ketten! denn ihr führt,
Hoff' ich, zur Freiheit: ich bin weit beglückter
Als Einer, den die Gicht plagt; weil der lieber
Möcht' ewig seufzen, als geheilt sich sehn
Durch Tod, den sichern Arzt; er ist der Schlüssel,
Der diese Eisen löst. O, mein Gewissen!
Du bist gefesselt mehr als Fuß und Hand.
Schenkt, güt'ge Götter, mir der Büßung Mittel,
Den Riegel aufzuthun, dann, ew'ge Freiheit!
Genügt's, daß es mir leid thut?
So sänft'gen Kinder wohl die ird'schen Väter;
Gnäd'ger sind Götter. Soll ich denn bereu'n?
Nicht besser kann's geschehen, als in Ketten,
Erwünscht, nicht aufgezwängt: genug zu thun,
Ist das der Freiheit Hauptbeding'? So schreibt

111

Cymbeline.

Nicht härtre Pfändung vor, nehmt mir mein Alles.
Ihr habt mehr Mild' als gier'ge Menschen, weiß ich,
Die 'n Drittel vom Bankrutten Schuldner nehmten,
Ein Sechstel, Zehntel, daß am Abzug wieder
Er sich erhole; das begehr' ich nicht:
Für's theure Leben Imogens nehmt meins,
Und gilt's auch nicht so viel, ist's doch ein Leben.
Ihr präglet es; man wägt nicht jede Münze,
Man nimmt auch leichtes Stück des Bildes wegen;
Ihr um so eher mich, als euren Stempel:
So, ihr urew'gen Mächte,
Nehmt ihr den Rechnungsschluß, so nehmt mein Leben,
Und reißt entzwei den Schuldbrief. —

[Act 5, Sc. 4.]

Der Sturm

Ariels Lied.

Kommt auf diesen gelben Strand!
Fügt Hand in Hand!
Wenn ihr euch geküßt, verneigt,
(Die See nun schweigt)
Hier und dort behende springt,
Und den Chor, ihr Geister, singt!
Horch! Horch!
(Zerstreute Stimmen) Wau! wau!
Es bellt der Hund:
(Zerstreute Stimmen) Wau! wau!
Horch! Horch!
Der Hahn thut seine Wache kund,
Er kräht; Kikeriki!
. . . .

Der Sturm.

Fünf Faden tief liegt Vater dein.
Sein Gebein wird zu Korallen,
Perlen sind die Augen sein.
Nichts an ihm, das soll verfallen,
Das nicht wandelt Meeres Huth
In ein reich und seltnes Gut.
Nymphen läuten stündlich ihm,
Da horch! ihr Glöcklein — Bim! Bim! Bim!

[Act 1, Sc. 2]

Ein Schwimmer.

Francisco. Ich sah ihn unter sich die Wellen schlagen,
Auf ihrem Rücken reiten; er beschritt
Das Wasser, dessen Anfall von sich schleudernd,
Und bot die Brust der hochgeschwollnen Woge,
Die ihm entgegenkam. Das kühne Haupt
Hielt aus den streitbar'n Fluthen er empor,
Und ruderte sich selbst mit wackern Armen
In frischem Schlag ans Ufer, das zu ihm
Sich über seinen unterhöhlten Grund
Hinneigt', als wollt' es helfen: ohne Zweifel
Kam er gesund ans Land.

[Act 2, Sc. 1.]

Die Versuchung.

Alonso. Wie? All im Schlaf? O schlössen meine Augen
Mit sich auch die Gedanken zu! Ich fühle
Sie sind dazu geneigt.

Sebastian.   Beliebt's euch, Herr,
Versäumet nicht die müde Einladung.
Sie naht dem Kummer selten: wann sie's thut,
So bringt sie Trost.

Antonio.   Wir beide wollen euch
Behüten, gnäd'ger Herr, indeß ihr ruht,

Der Sturm.

Und Wache halten.

Alonso. Dank euch! Seltsam müde —
(Alonso schläft ein. Ariel ab.)
Sebastian. Welch eine fremde Schläfrigkeit befällt sie?
Antonio. Es ist die Art des Himmelsstrichs.
Sebastian. Warum
Drückt sie denn unsre Augenlieder nicht?
Ich fühl' in mir zum Schlafen keinen Trieb.
Antonio. Auch ich nicht, meine Sinne sind ganz munter.
Sie fielen alle wie auf einen Wink,
Sie sanken, wie vom Blitz gerührt. Was könnte —
Würd'ger Sebastian? — O was könnte? — Still!
Und doch ist mir, ich säh' auf deiner Stirn
Was du verdienst; der Anlaß ruft, und meine
Lebend'ge Einbildung sieht eine Krone
Sich senken auf dein Haupt.
Sebastian. Wie? Bist du wach?
Antonio. Hörst du mich denn nicht reden?
Sebastian. Ja, und wahrlich
'S ist eine Träumersprache, und du sprichst
Aus deinem Schlaf. Was war es, das du sagtest!
Dies ist 'ne wunderbare Ruh, zu schlafen
Mit offnen Augen, stehend, sprechend, gehend,
Und doch so tief im Schlaf.
Antonio. Edler Sebastian,
Du läßt dein Glück entschlafen, sterben; taumelst,
Indessen du doch wachst.
Sebastian. Du schnarchst verständlich;
Dein Schnarchen hat Bedeutung.
Antonio. Ja, ich bin ernster als ich pflege, ihr
Müßt's auch sein, wenn ihr mich begreift; und das
Verdreifacht dich.

Der Sturm.

Sebastian. Wohl, ich bin steh'ndes Wasser.
Antonio. Ich will euch fluthen lehren.
Sebastian. Thut das doch.
Denn ebben heißt mich angeborne Trägheit.
Antonio. O wüßtet ihr, wie ihr den Anschlag hegt,
Da ihr ihn höhnt, wie, da ihr ihn entblößt,
Ihr mehr ihn schmückt. Denn freilich, wer da ebbt,
Muß häufig auf den Grund hinab gerathen,
Durch eigne Furcht und Trägheit
Sebastian. Fahre fort,
Ich bitte dich: dein Blick und deine Wange
Verkünden etwas! die Geburt, fürwahr,
Macht große Wehen dir.
Antonio. So hört! Obschon
Der an Erinnrung schwache Herr da, dieser,
Der auch nicht stärker im Gedächtniß sein wird,
Wenn er beerdigt ist, den König hier
Fast überredet hat — er ist ein Geist
Der Ueberredung, giebt mit Nichts sich ab
Als überreden — daß sein Sohn noch lebe:
'S ist so unmöglich, daß er nicht ertrank,
Als daß er schwimme, der hier schläft.
Sebastian. Ich bin
Ganz ohne Hoffnung, daß er nicht ertrank.
Antonio. Aus diesem „ohne Hoffnung", o was geht euch
Für große Hoffnung auf! Hier ohne Hoffnung, ist
Auf andre Art so hohe Hoffnung, daß
Der Blick der Ehrfucht selbst nicht jenseits dringt,
Und was er dort entdeckt, bezweifeln muß.
Gebt ihr mir zu, daß Ferdinand ertrunken?
Sebastian. Ja er ist hin.
Antonio. So sagt mir, wer ist denn

Der Sturm.

    Der nächste Erbe Napels?
Sebastian.   Claribella.
Antonio. Sie, Königinn von Tunis? Die am Ende
Der Welt wohnt? Die von Napel keine Zeitung
Erhalten kann, wofern die Sonne nicht
Als Bote liefe, (denn zu langsam ist
Der Mann im Mond) bis neugeborne Kinne
Bebartet sind? Von der uns alle kommend
Die See verschlang, doch ein'ge wieder auswarf;
Und dadurch sie ersehn zu einer Handlung,
Wovon, was jetzt geschah, ein Vorspiel ist,
Doch uns das Künft'ge obliegt.
Sebastian.   Was für Zeug ist dies?
Was sagt ihr? — Wahr ist's, meines Bruders Tochter
Ist Königinn von Tunis, ebenfalls
Von Napel Erbinn, zwischen welchen Ländern
Ein wenig Raum ist.
Antonio.   Ja, ein Raum, wovon
Ein jeder Fußbreit auszurufen scheint:
„Wie soll die Claribella uns zurück
„Nach Napel messen?" — Bleibe sie in Tunis,
Sebastian wache! — Setzt, dies wär' der Tod,
Was jetzt sie überfallen: nun, sie wären
Nicht schlimmer dran, als jetzt. Es giebt der Leute,
Die Napel wohl so gut, als der hier schläft,
Regieren würden; Herrn, die schwatzen können,
So weit ausholend und so unersprießlich
Wie der Gonzalo hier; ich könnte selbst
So elsterhaft wol plaudern. Hättet ihr
Doch meinen Sinn! Was für ein Schlaf wär' dies
Für eure Standserhöhung! Ihr versteht mich?
Sebastian. Mich dünket, ja.

Der Sturm.

Antonio.   Und wie hegt euer Beifall
          Eu'r eignes gutes Glück?
Sebastian.   Es fällt mir bei,
          Ihr stürztet euern Bruder, Prospero.
Antonio. Wahr!
          Und seht, wie wohl mir meine Kleider sitzen,
          Weit saubrer, wie zuvor. Des Bruders Diener,
          Die damals meine Kameraden waren,
          Sind meine Leute jetzt.
Sebastian.   Doch eu'r Gewissen?
Antonio. Ei, Herr, wo sitzt das? Wär's der Frost im Fuß,
          Müßt' ich in Socken gehn; allein ich fühle
          Die Gottheit nicht im Busen. Zehn Gewissen,
          Die zwischen mir und Mailand stehn, sie möchten
          Gefroren sein und aufthaun, eh' sie mir
          Beschwerlich fielen. Hier liegt euer Bruder,
          Nicht besser als die Erd', auf der er liegt,
          Wär' er, was er jetzt scheinet, nämlich todt,
          Den ich mit diesem will'gen Stahl, drei Zoll davon,
          Zu Bett auf immer legen kann; indeß ihr gleichfalls
          Die alte Waare da, den Meister Klug,
          In Ruhstand setztet, der uns weiter Nichts
          Vorrücken sollte. All' die Andern nehmen
          Eingebung an, wie Milch die Katze schleckt;
          Sie zählen uns zu jedem Werk die Stunde,
          Wozu wir sagen, es sei Zeit.
Sebastian.   Mein Freund,
          Dein Fall zeigt mir den Weg: wie du zu Mailand,
          Komm' ich zu Napel. Zieh dein Schwert! Ein Streich
          Löst vom Tribut dich, den du zahlst; und ich,
          Der König, will dir hold sein.   [Act 2, Sc. 1.]

Der Sturm.

Die Majestät reiner Jugendliebe.
(Ferdinand, ein Scheit Holz tragend.)

Ferdinand. Es giebt mühvolle Spiele, und die Arbeit
Erhöht die Lust dran; mancher schnöde Dienst
Wird rühmlich unternommen, und das Aermste
Führt zu dem reichsten Ziel. Dies niedre Tagwerk
Wär' so beschwerlich als verhaßt mir; doch
Die Herrinn, der ich dien', erweckt das Todte
Und macht die Müh'n zu Freuden. O sie ist
Zehnfach so freundlich, als ihr Vater rauh,
Und er besteht aus Härte. Schleppen muß ich
Und schichten ein paar tausend dieser Klötze,
Bei schwerer Strafe, meine süße Herrinn
Weint, wenn sie's sieht, und sagt, so knecht'scher Dienst
Fand nimmer solchen Thäter. Ich vergesse;
Doch diese lieblichen Gedanken laben
Die Arbeit selbst; ich bin am müßigsten,
Wann ich sie thue.

Miranda. Ach, ich bitte, plagt
Euch nicht so sehr! Ich wollte, daß der Blitz
Das Holz verbrannt, das ihr zu schichten habt.
Legt ab und ruht euch aus! Wenn dies hier brennt,
Wird's weinen, daß es euch beschwert. Mein Vater
Steckt tief in Büchern: Bitte, ruht euch aus!
Ihr seid vor ihm jetzt auf drei Stunden sicher.

Ferdinand. O theuerste Gebieterinn! die Sonne
Wird untergehn, eh' ich vollbringen kann,
Was ich doch muß.

Miranda. Wenn ihr euch setzen wollt:
Trag' ich indeß die Klötze. Gebt mir den!
Ich bring' ihn hin!

Ferdinand. Nein, köstliches Geschöpf!

Der Sturm.

Eh' sprengt' ich meine Sehnen, bräch' den Rücken,
Als daß ihr solcher Schmach euch unterzögt,
Und ich säh' träge zu.
Miranda.   Es ständе mir
So gut wie euch, und ich verrichtet' es
Weit leichter, denn mich treibt mein guter Wille,
Und euerm ist's zuwider.
Prospero. (Im Hintergrunde.)   Armer Wurm,
Du bist gefangen, dein Besuch verräth's.
Miranda. Ihr seht ermüdet aus.
Ferdinand.   Nein, edle Herrinn,
Bei mir ist's früher Morgen, wenn ihr mir
Am Abend nah seid. Ich ersuche euch,
(Hauptsächlich um euch im Gebet zu nennen)
Wie heißet ihr?
Miranda.   Miranda. — O mein Vater!
Ich hab' eu'r Wort gebrochen, da ich's sagte.
Ferdinand. Bewunderte Miranda! In der That
Der Gipfel der Bewundrung; was die Welt
Am höchsten achtet, werth! Gar manches Fräulein
Betrachtet' ich mit Fleiß, und manches Mal
Bracht' ihrer Zungen Harmonie in Knechtschaft
Mein allzu emsig Ohr; um andre Gaben
Gefielen andre Frau'n mir; keine je
So ganz von Herzen, daß ein Fehl in ihr
Nicht haderte mit ihrem schönsten Reiz,
Und überwältigt' ihn: doch ihr, o ihr,
So ohne Gleichen, so vollkommen, seid
Vom Besten jeglichen Geschöpfs erschaffen.
Miranda. Vom eigenen Geschlechte kenn' ich niemand,
Erinn're mir kein weibliches Gesicht,
Als meines nur im Spiegel; und ich sah

Der Sturm.

      Nicht mehre, die ich Männer nennen könnte,
      Als euch, mein Guter, und den theuern Vater.
      Was für Gesichter anderswo es giebt,
      Ist unbewußt mir; doch bei meiner Sittsamkeit,
      Dem Kleinod meiner Mitgift! wünsch' ich keinen
      Mir zum Gefährten in der Welt als euch,
      Noch kann die Einbildung ein Wesen schaffen,
      Das ihr gefiele, außer euch. Allein
      Ich plaudre gar zu wild, und achte darin
      Des Vaters Vorschrift nicht.
Ferdinand.   Ich bin nach meinem Stand
      Ein Prinz, Miranda, ja ich denk', ein König;
      (Wär' ich's doch nicht!) und trüg' so wenig wohl
      Hier diese hölzerne Leibeigenschaft,
      Als ich von einer Fliege mir den Mund
      Zerstechen ließ'! — Hört meine Seele reden!
      Den Augenblick, da ich euch sahe, flog
      Mein Herz in euern Dienst; da wohnt es nun,
      Um mich zum Knecht zu machen: euretwegen
      Bin ich ein so geduld'ger Tagelöhner.
Miranda. Liebt ihr mich?
Ferdinand. O Erd', o Himmel! zeuget diesem Laut,
      Und krönt mit günst'gem Glück, was ich betheure,
      Red' ich die Wahrheit; red' ich falsch, so kehrt
      Die beste Vorbedeutung mir in Unglück!
      Weit über Alles, was die Welt sonst hat,
      Lieb' ich und acht' und ehr' euch.
Miranda.   Ich bin thöricht,
      Zu weinen über Etwas, das mich freut.
Prospero. Ein schön Begegnen zwei erwählter Herzen!
      Der Himmel regne Huld auf das herab,
      Was zwischen ihnen aufkeimt.

Der Sturm.

Ferdinand.   Warum weint ihr?
Miranda. Um meinen Unwerth, daß ich nicht darf bieten,
         Was ich zu geben wünsche; noch viel minder,
         Wonach ich todt mich sehnen werde, nehmen.
         Doch das heißt Tändeln, und je mehr es sucht
         Sich zu verbergen, um so mehr erscheint's
         In seiner ganzen Macht. Fort, blöde Schlauheit!
         Führ' du das Wort mir, schlichte, heil'ge Unschuld!
         Ich bin eur' Weib, wenn ihr mich haben wollt,
         Sonst sterb' ich eure Magd; ihr könnt mir's weigern,
         Gefährtinn euch zu sein, doch Dienerinn
         Will ich euch sein, ihr wollet oder nicht.
Ferdinand. Geliebte, Herrinn, und auf immer ich
          So unterthänig!
Miranda. Mein Gatte denn?
Ferdinand.   Ja, mit so will'gem Herzen,
         Als Dienstbarkeit sich je zur Freiheit wandte.
         Hier habt ihr meine Hand.
Miranda.   Und ihr die meine,
         Mit meinem Herzen drin; und nun lebt wohl
         Auf eine halbe Stunde.
Ferdinand.   Tausend, tausendmal!

[Act 3, Sc. 1.]

Ein Hochzeitwunsch.

Juno. Ehre, Reichthum, Ehbescheerung,
       Lange Dauer und Vermehrung!
       Stündlich werde Lust zu Theil euch!
       Juno singt ihr hohes Heil euch.
Ceres. Füll' und Süll', Gedeihen immer,
       Scheun' und Boden ledig nimmer;
       Reben, hoch voll Trauben rankend;

Der Sturm.

>Pflanzen, von der Bürde wankend;
>Frühling werd' euch schon erneuert,
>Wann der Herbst kaum eingescheuert!
>Dürftigkeit und Mangel meid' euch!
>Ceres Segen so geleit' euch! [Act 4, Sc. 1.]

Vergänglichkeit menschlicher Dinge.

Prospero. Das Fest ist jetzt zu Ende; unsre Spieler,
Wie ich euch sagte, waren Geister, und
Sind aufgelöst in Luft, in dünne Luft.
Wie dieses Scheines lockrer Bau, so werden
Die wolkenhohen Thürme, die Paläste,
Die hehren Tempel, selbst der große Ball,
Ja, was daran nur Theil hat, untergehn;
Und, wie dies leere Scheingepräng' erblaßt,
Spurlos verschwinden. Wir sind solcher Stoff
Wie der zu Träumen, und dies kleine Leben
Umfaßt ein Schlaf! — [Act 4, Sc. 1.]

Verzeihung, die Rache des Edeln.

Prospero. Sag', mein Geist,
Was macht der König jetzt und sein Gefolg?
Ariel. Gebannt zusammen auf dieselbe Weise
Wie ihr mir auftrugt; ganz wie ihr sie ließt;
Gefangen alle, Herr, im Lindenwäldchen,
Das eure Zelle schirmt: sie können sich
Nicht rippeln, bis ihr sie erlöst. Der König,
Sein Bruder, eurer, alle drei im Wahnsinn.
Die Andern trauern um sie, übervoll
Von Gram und Schreck; vor allen er, den ihr
„Den guten alten Herrn, Gonzalo" nanntet.
Die Thränen rinnen ihm am Bart hinab,

Der Sturm.

          Wie Wintertropfen an der Trauf' aus Rohr.
          Eu'r Zauber greift sie so gewaltig an,
          Daß, wenn ihr jetzt sie sähet, eu'r Gemüth
          Erweichte sich.
Prospero.   Glaubst du das wirklich, Geist?
Ariel.   Meins würd' es, wär' ich Mensch.
Prospero.   Auch meines solls.
          Hast du, der Luft nun ist, Gefühl und Regung
          Von ihrer Noth? und sollte nicht ich selbst,
          Ein Wesen ihrer Art, gleich scharf empfindend,
          Leidend wie sie, euch milder rühren lassen?
          Obschon ihr Frevel tief ins Herz mir drang,
          Doch nehm' ich gegen meine Wuth Partei
          Mit meinem edlern Sinn: der Tugend Uebung
          Ist höher als die Rache; da sie reuig sind,
          Erstreckt sich meines Anschlags einz'ger Zweck
          Kein Stirnerunzeln weiter: geh, befrei sie.
          Ich will den Zauber brechen, ihre Sinne
          Herstellen, und sie sollen nun sie selbst sein.
Ariel.   Ich will sie holen, Herr.   [Act 5, Sc. 1.]

Die Elfen.

Prospero. Ihr Elfen von den Hügeln, Bächen, Hainen;
          Und ihr, die ihr am Strand, spurlosen Fußes,
          Den ebbenden Neptunus jagt, und flieht
          Wann er zurückkehrt; halbe Zwerge, die ihr
          Bei Mondschein grüne, saure Ringlein macht,
          Wovon das Schaf nicht frißt; die ihr zur Kurzweil
          Die nächt'gen Pilze macht; die ihr am Klang
          Der Abendglock' euch freut; mit deren Hülfe
          (Seid ihr gleich schwache Säutchen) ich am Mittag
          Die Sonn' umhüllt, aufrühr'sche Wind' entboten,

Der Sturm.

Die grüne See mit der azurnen Wölbung
In lauten Kampf gesetzt, den furchtbar'n Donner
Mit Feu'r bewehrt, und Jovis Baum gespalten
Mit seinem eignen Keil, des Vorgebirgs
Grundfest' erschüttert, ausgerauft am Knorren
Die Sicht' und Ceder; Grüst', auf mein Geheiß,
Erweckten ihre Todten, sprangen auf
Und ließen sie heraus, durch meiner Kunst
Gewalt'gen Zwang: doch dieses grause Zaubern
Schwör' ich hier ab; und hab' ich erst, wie jetzt
Ich's thue, himmlische Musik gefordert
Zu wandeln ihre Sinne, wie die luft'ge
Magie vermag: so brech' ich meinen Stab,
Begrab' ihn manche Klafter in die Erde,
Und tiefer als ein Senkblei je geforscht
Will ich mein Buch ertränken. [Act 5, Sc. 1.]

Macht der Musik.

Prospero.　　　Ein feierliches Lied, der beste Tröster
　Zur Heilung irrer Phantasie! [Act 5, Sc. 1.]

Rückkehr der Besinnung, in einem trefflichen Gleichnisse geschildert.

Prospero.　　　Ihr Verstand
　Beginnt zu schwellen, und die nah'nde Fluth
　Wird der Vernunft Gestad' in Kurzem füllen,
　Das daliegt, schwarz und schlammig. — [Act 5, Sc. 1.]

Frauenmuth im Kampfe für Frauenrecht.

Paulina führt die Sache der grundlos angeklagten Hermione.

Paulina.   Mein guter König,
Ich komm' und bitte, hört mich; denn gewiß,

Das Wintermährchen.

Ich bin euch treue Dienerinn und Arzt,
Euch ganz ergebner Rath; ja, der es wagt,
Um euch zu trösten, wen'ger so zu scheinen,
Als die hier um mich stehn: ich sag', ich komme
Von eurer guten Kön'ginn.

Leontes. Gute Kön'ginn?

Paulina. Ja, gute Kön'ginn, sag' ich, gute Kön'ginn;
Und wollt's im Kampf erhärten, wär' ich nur
Ein Mann, der schwächste hier!

Leontes. Werft sie hinaus!

Paulina. Wer seine Augen nur geringe achtet,
Komm' mir zu nah: von selbst werd' ich schon gehn;
Doch erst verricht' ich mein Geschäft. — Die gute Kön'ginn,
Denn sie ist gut, gebar euch eine Tochter:
Hier ist sie, und empfiehlt sie eurem Segen.

Leontes. Verweg'ne! Fort mit ihr! Hinaus!
Du abgefeimte Kupplerinn!

Paulina. Nicht also;
Die Sache kenn' ich nicht, und ihr verkennt mich,
Mich so zu nennen; ganz so redlich bin ich,
Als ihr verrückt, was, meiner Treu', genug ist,
Daß, wie die Welt geht, man für redlich gelte.

Leontes. Verräther!
Ihr stoßt sie nicht hinaus? Gebt ihr den Bastard:
Du Narr, du Weiberknecht, läß'st fort dich beißen
Von der Frau Kratzefuß, — nimm auf den Bastard,
Nimm ihn und gieb ihn deiner Alten.

Paulina. Ewig
Sei deine Hand beschimpft, wenn auf so schmachvoll
Erlogne Namen, wie er ihr gegeben,
Du die Prinzeß berührst.

Leontes. Er scheut sein Weib!

Das Wintermährchen.

Paulina. Ich wollt' ihr thätet's auch, dann nenntet sicher
Ihr eure Kinder eu'r.
Leontes. Ein Pack Verräther!
Antigonus. Das bin ich nicht, bei Gott!
Paulina. Noch ich, und Keiner.
Nur Einen seh' ich hier, das ist er selbst,
Der sein' und seiner Kön'ginn heil'ge Ehre,
Des Sohns, der Tochter, der Verleumdung opfert,
Die schärfer sticht, als Schwerter; nicht mal will er
(Denn also fügt es sich, es ist ein Bann,
Daß Nichts ihn zwingt zum Bessern) nur anrühren
Die Wurzel seines Wahns, die so verfault ist,
Wie Eich' und Felsen je gesund nur war.
. . . .
Leontes. Ich lasse dich verbrennen!
Paulina. Ich frage Nichts danach.
Der ist dann Ketzer, der das Feuer schürt,
Nicht sie, die brennt. Ich nenn' euch nicht Tyrann,
Doch diese Grausamkeit an eurer Kön'ginn,
Da ihr kein andres Zeugniß stellen könnt,
Als so schwachmüth'gen Argwohn, schmeckt ein wenig
Nach Tyrannei, und macht zum Abscheu euch,
Zur Schmach für alle Welt.
Leontes. Bei eurer Lehnspflicht,
Zur Thür mit ihr hinaus! Wär' ich Tyrann,
Wo wär' ihr Leben? Nimmer spräch' sie das,
Wenn sie mich dafür hielte. Fort mit ihr!
Paulina. Ich bitt' euch, drängt mich nicht, ich gehe schon.
Sorgt für eu'r Kind, Herr, euer ist's; Gott geb' ihm
Verständ'gern Geist. — Was sollen diese Hände? —
Ihr, die so zärtlich seine Thorheit pflegt,

Das Wintermährchen.

Thut ihm kein Gut, kein Einz'ger von Euch Allen.
Laßt, laßt: — Lebt wohl, ich gehe schon.

[Act 2, Sc. 3.]

Paulina kündigt Hermione's (vermeintlichen) Tod an:

Welch Martern sinnst du jetzt, Tyrann, mir aus?
Welch Rädern? Foltern? Brennen? Schinden? Sieden
In Oel, in Blei? welch' alt und neue Qual
Erdenkst du mir, da jedes meiner Worte
Die Raserei dir schürt? Dein wild tyrannisch
Gemüth mit deiner Eifersucht im Bunde,
Grillen, zu schwach für Knaben, viel zu unreif
Für kleine Mädchen! — hör', was sie gethan,
Und werde toll dann, rasend toll, denn jede
Bisher'ge Thorheit war nur Würze dieser.
Daß du Polyxenes verriethst, war Nichts,
Das zeigte dich als Narr nur, wankelmüthig,
Und teuflisch undankbar; auch war es wenig,
Daß du Camillo's Ehre wollt'st vergiften
Durch einen Königsmord; armsel'ge Sünden,
Da ungeheure folgen; dazu rechn' ich,
Daß du den Kräh'n hinwarfst die zarte Tochter,
Als wenig, Nichts, obgleich ein Teufel eher
Aus Flammengluthen Wasserströme weinte;
Noch fällt allein auf dich des Prinzen Tod,
Dem hoher Sinn, (zu hoch so zarter Jugend),
Sein Herz zerbrach vor Schmerz, daß thöricht roh
Der Vater ehrlos macht die holde Mutter;
Dies nicht, dies nicht kann Keiner Schuld dir geben;
Allein das Letzte, Weh ruft, wie ich's sagte,
Die Kön'ginn, sie, die Kön'ginn,

Das reinste, süßeste Geschöpf, ist todt,
Und noch stürzt Rache nicht herab!

Erster Herr. Verhüten's
Die ew'gen Mächte!

Paulina. Ich sage, sie ist todt; ich schwör's; wenn Wort
Und Eid nicht gilt, so geht und schaut; könnt ihr
In Lipp' und Auge Farb' und Glanz erwecken,
Die äußre Wärm' und innern Hauch, so bet' ich
Euch wie die Götter an. — Doch, o Tyrann!
Bereu' nicht, was du that'st; es ist zu ruchlos,
Und keine Klage sühnt's; drum stürze wild
Dich in Verzweiflung. Tausend Knie, zehntausend
Jahr' nach einander, fastend, nackt, auf kahlem
Gebirg', im steten Winter, ew'gen Sturm, —
Die Götter könnt' es nicht bewegen, dahin
Zu schauen, wo du sägest.

Leontes. Recht so, recht:
Du kannst zu viel nicht sagen, ich verdiene
Die Flüche aller Zungen.

Erster Herr. Sprecht nicht weiter;
Wie auch die Sachen stehn, ihr habt gefehlt
Durch das zu kühne Wort.

Paulina. Es thut mir leid.
Was ich auch thu', wenn ich den Fehl erkenne,
Bereu' ich ihn. Ach, zu sehr zeigt' ich wohl
Die Raschheit einer Frau; er ist getroffen
Ins tiefste Herz. — Wo man nicht helfen kann,
Soll man auch jammern nicht; nein, nicht betrübt euch
Um mein Gered', ich bitte; lieber laßt
Mich strafen, weil ich euch an das erinnert,
Was ihr vergessen solltet. Guter König,
Herr, hoher Herr, vergeßt der Weibesthorheit

Das Wintermährchen.

Die Liebe zu der Kön'ginn, — wieder thöricht:
Nie sprech' ich mehr von ihr, noch euren Kindern,
Ich will euch nie an meinen Gatten mahnen,
Der auch dahin ist. Faßt euch in Geduld,
So sag' ich Nichts mehr.

[Act 3, Sc. 2.]

Ein prophetischer Traum.

Antigonus (im Begriff das Töchterchen des Leontes auszusetzen):
Komm, armes Kind: —
Ich hörte wohl, doch glaubt' ich's nicht, die Geister:
Verstorb'ner gingen um: wenn's wahr, erschien mir
Heut' Nacht wohl deine Mutter, denn kein Traum
Gleicht so dem Wachen. Zu mir kommt ein Wesen,
Das Haupt bald rechts, bald links hinabgesenkt;
Nie sah ich ein Gefäß so voll von Gram,
Und lieblich doch; in glänzend weißen Kleidern,
Wie Reinheit selbst, trat sie in die Kajüte,
Worin ich schlief. Drei Mal sich vor mir neigend,
Wie um zu sprechen, seufzt' sie tief, da wurden
Zwei Quellen ihre Augen: als erschöpft
Der inn'ge Schmerz, sieh, da vernehm' ich dies:
Mein Freund Antigonus,
Da dich das Schicksal, gegen bessern Willen,
Erwählt hat, daß durch dich mein armes Kind,
So wie du schwurst, hinaus geworfen werde, —
Einsamer Stellen giebt's in Böhmen viel,
Dort klag', und lass' es weinend; und da Jeder
Das Kind verloren giebt für immer, nenne
Sie Perdita; für diese Grausamkeit,
Die dir mein Gatte auftrug, siehst du nie

Das Wintermährchen.

Dein Weib Paulina wieder. — So, mit Wimmern
Zerschmolz in Luft sie. [Act 3, Sc. 3.]

....

Rechte Kunst dient der Natur.

Perdita. Wenn das Jahr nun altert, —
Noch vor des Sommers Tod und der Geburt
Des frost'gen Winters, — dann blühn uns am schönsten
Blutnelken und die streif'gen Liebesstöckel,
Bastarde der Natur will man sie nennen:
Die trägt nicht unser Bauergarten, Senker
Von ihnen hab' ich nie gesucht.

Polyxenes. Weshalb
Verschmähst du sie, mein holdes Kind?

Perdita. Ich hörte,
Daß, nächst der großen, schaffenden Natur,
Auch Kunst es ist, die diese Bunt färbt.

Polyxenes. Sei's:
Doch wird Natur durch keine Art gebessert,
Schafft nicht Natur die Art: so, ob der Kunst,
Die, wie du sagst, Natur bestreitet, giebt es
Noch eine Kunst, von der Natur erschaffen.
Du siehst, mein holdes Kind, wie wir vermählen
Den edlern Sproß dem allerwild'sten Stamm;
Befruchten so die Rinde schlecht'rer Art
Durch Knospen edler Frucht. Dies ist 'ne Kunst,
Die die Natur verbessert, — mind'stens ändert:
Doch diese Kunst ist selbst Natur.

[Act 4, Sc. 3.]

Muthige Liebe.

Der alte Schäfer. Beschlossen, gebt die Hände; —
Und, unbekannte Freund', ihr seid uns Zeugen:

Das Wintermährchen.

    Die Tochter geb' ich ihm, und ihre Mitgift
    Mach' ich der seinen gleich.
Florizel.   Das könnt ihr nur
    In eurer Tochter Werth. Wenn Jemand stirbt,
    Hab' ich einst mehr, als ihr euch träumen laßt;
    Genug für euer Staunen. Jetzt verbindet
    Vor diesen Zeugen uns.
Der alte Schäfer. So gebt die Hand, —
    Auch, Tochter, du.
Polyxenes. Halt, Jüngling, noch ein wenig.
    Hast du 'nen Vater?
Florizel.   Ja, doch was soll der?
Polyxenes. Weiß er davon?
Florizel.   Nein, und er soll auch nicht.
Polyxenes. Ein Vater, dünkt mich,
    Ist bei des Sohnes Hochzeitsfest ein Gast,
    Der seinen Tisch am meisten schmückt. Sprich, bitte,
    Ist nicht dein Vater zu vernünft'gem Thun
    Unfähig? Auch nicht blöd gesinnt vor Alter?
    Von Gicht geplagt? Kann er noch sprechen, hören?
    Sein Gut verwalten? Menschen unterscheiden?
    Liegt er gelähmt im Bett, und handelt nur
    Wie kind'sches Alter?
Florizel.   Nein, mein guter Herr,
    Er ist gesund, und Wen'ge seines Alters.
    Sind so voll Kraft.
Polyxenes.   Bei meinem weißen Bart,
    Ihr thut ihm, ist es so, ein Unrecht, das
    Nicht einem Kinde ziemt. Recht ist's, daß sich
    Mein Sohn selbst wählt die Braut; doch Recht
        nicht minder,

Das Wintermährchen.

    Daß auch der Vater, dessen größte Freude
    Die Enkel sind, zu Rath gezogen werde
    Bei diesem Schritt.
Florizel.   Das will ich nicht bestreiten;
    Doch wegen andrer Gründe, ernster Herr,
    Die ihr nicht wissen dürft, sagt' ich dem Vater
    Von meinem Vorsatz Nichts.
Polyxenes.   Doch laßt's ihn wissen.
    . . . .
Florizel.   Nein, nein, er darf nicht: —
    Jetzt zur Verlöbniß.
Polyxenes (indem er sich als Florizels Vater zu erkennen giebt).
       Jetzt zur Scheidung, Knabe,
    Den ich nicht Sohn mehr nennen darf; zu niedrig
    Für dieses Wort: der seinen Scepter tauscht
    Um einen Schäferstab! — Greiser Verräther,
    Laß' ich dich hängen, kürz' ich leider nur
    Dein Leben um acht Tage. — Und du, Prachtstück
    Ausbünd'ger Hexenkunst, die kennen mußte
    Den Königsnarren, der ihr nachlief; —
Der alte Schäfer.   O, mein Herz!
Polyxenes. Der Dorn soll deine Schönheit dir zergeißeln,
    Bis sie nichtswürd'ger wird, als deine Herkunft.
    Dir sag' ich, junger Thor, — erfahr' ich je,
    Daß du nur seufzest, weil du nie mehr, nie
    Dies Ding hier siehst, wie du gewiß nicht sollst,
    Verschließ' ich dir dein Erbrecht, nenne dich
    Mein Blut nicht, ja, mir auch nicht anverwandt,
    Fern von Deucalion her: — merk' auf mein Wort,
    Folg' uns zum Hof. — Du Bauer, für diesmal,
    Ob unsers Zorns gleich werth, doch freigesprochen
    Von seinem Todesstreich. — Und du, Bezaub'rung,

Das Wintermährchen.

   Wohl eines Schafknechts werth, ja, sein sogar,
   Für den du, wär' mein Ruhm dadurch nicht krank,
   Zu gut noch bist, wenn du von jetzt an wieder
   Für ihn den Riegel dieser Hütte öffnest,
   Und seinen Leib mit deinem Arm umklammerst, —
   Erfind' ich Todesarten dir, so grausam,
   Als du für sie zu zart bist. (Er geht ab.)
Perdita.   Nun schon jetzt vernichtet:
   Ich war nicht sehr erschreckt, denn ein, zwei Mal,
   Wollt' ich schon reden, wollt' ihm offen sagen,
   Dieselbe Sonn', an seinem Hofe leuchtend,
   Verberg' ihr Antlitz nicht vor unsrer Hütte,
   Und schau' auf Beide gleich. — Wollt ihr nun gehn, mein
          Prinz?
   Ich sagt' euch, was draus werden würde; bitte,
   Denkt eures Standes nun: von meinem Traum
   Erwacht, bin ich kein Zoll mehr Kön'ginn, nein,
   Die Schafe melkend wein' ich.
     . . . .
Florizel.   Was seht ihr mich so an?
   Ich bin verstört, nicht abgeschreckt; verhindert,
   Doch nicht verändert; was ich war, das bin ich:
   Nur muth'ger streb' ich vor, zieht man mich rückwärts,
   Nicht folg' im Mißmuth ich dem Zügel.
     . . . .
Perdita. Wie oft sagt' ich dir nicht, so würd' es kommen?
   Wie oft sprach ich: die Würde trag' ich nur,
   Bis es bekannt wird?
Florizel.   Nichts kann sie dir nehmen,
   Als meiner Treue Bruch; und leichter möchte
   Natur der Erde Wölbung wohl zerdrücken,
   Und allen innern Lebenskeim vernichten! —

Das Wintermährchen.

     Erheb' den Blick; — streich, Vater, mich als Erbe
     Des Reiches aus, bleibt mir doch meine Liebe!
Camillo. Nehmt Rath an.
Florizel. Ich thu's, von meinem Herzen; wenn Vernunft
     Sich ihm gehorsam fügt, hab' ich Vernunft;
     Wo nicht, heißt mein Gemüth Wahnsinn willkommen,
     Als bessern Freund.
Camillo.   Das ist Verzweiflung, Prinz.
Florizel. So nennt es, aber meinen Schwur erfüllt es,
     Und so muß es mir Tugend sein. Camillo,
     Für Böhmen nicht, noch jenen Pomp, den etwa
     Ich hier verliere, für Alles, was die Sonne
     Erblickt, die Erd' umwölbt, die See verbirgt
     In dunkeln Tiefen, brech' ich meinen Eid
     Ihr, der Geliebten: darum bitt' ich dich,
     Wie du stets meines Vaters Freund gewesen,
     Wenn er euch nun entbehrt, wie ich ihn nie mehr
     Zu sehn gedenke, sänft'ge seinen Zorn
     Durch gutes Wort; ich und mein Glück, wir ringen
     Nun künftig mit einander.   [Act 4, Sc. 3.]

Das Diebs-Genie. (Im Volkston.)

Autolycus. Wenn die Narcisse blickt herfür, —
     Mit Heisa! das Mägdlein über dem Thal, —
     Ja, dann kommt des Jahres lieblichste Zier;
     Statt Winter bleich herrscht rothes Blut zumal.

     Weiß Linnen bleicht auf grünem Plan, —
     Mit Heisa! beim lieblichen Vogelgesang!
     Das wetzt mir alsbald den Diebeszahn;
     Denn 'ne Kanne Bier ist ein Königstrank.

Das Wintermährchen.

> Die Lerche, die singt Tirlirilirei, —
> Mit Amselton, Heisa! und Drosselieder
> Sind Sommerlust, ist mein Schätzchen dabei,
> Wenn wir springen und tummeln im Grase nieder.

Ich habe dem Prinzen Florizel gedient und trug einst dreischürigen Sammt, aber jetzt bin außer Diensten:

> Doch sollt' ich deßhalb trauern, mein Schatz?
> Der Mond bei Nacht scheint hell,
> Und wenn ich wandre von Platz zu Platz,
> Dann komm' ich zur rechten Stell'.

> Wenn Kesselflicker im Lande leben,
> Und wandern mit Ruß geschwärzt,
> Dann darf ich doch auch noch Antwort geben,
> Und im Stock selbst wird wohl gescherzt. [Act 4, Sc. 2.]

Noble Schwüre.

Der junge Schäfer. Willst du deinen Lebenswandel bessern?

Autolycus. Ja, wenn euer Gnaden erlauben.

Der junge Schäfer. Gieb mir die Hand, ich will dem Prinzen schwören, daß du ein ehrlicher und aufrichtiger Mensch bist, wie nur einer in Böhmen.

Der alte Schäfer. Sagen kannst du das, aber nicht schwören.

Der junge Schäfer. Nicht schwören, da ich nun ein Edelmann bin? Bauern und Bürger mögen es sagen, ich will es beschwören.

Der alte Schäfer. Wenn's aber falsch wäre, Sohn?

Der junge Schäfer. Wenn es noch so falsch ist, ein ächter Edelmann kann es beschwören, zum Besten seines Freundes: — und ich will dem Prinzen schwören, daß

Das Wintermährchen.

du dich wie ein herzhafter Kerl betragen und dich nicht betrinken wirst; obwohl ich weiß, daß du dich nicht wie ein herzhafter Kerl betragen, und dich wohl betrinken wirst; aber ich will es doch beschwören — und ich wollte, du möchtest dich wie ein herzhafter Kerl betragen.

[Act 5, Sc. 2.]

Die Trauerspiele.

Titus Andronicus

Der verzweifelnde Held.

Titus. Nun steh' ich wie ein Mann auf einem Fels,
Umgeben von der weiten, wüsten See,
Der Wog' auf Woge schwellen sieht die Fluth,
Und stets erwartet, ob ein neid'scher Schwall
In seine salz'gen Tiefen ihn begräbt. [Act 3, Sc. 1.]

Titus (nachdem er vergeblich eine seiner Hände hingegeben, um das Leben der Söhne zu retten).

Hier heb' ich auf die eine Hand zum Himmel,
Zur Erde beug' ich diese schwache Trümmer;
Giebt's eine Macht, die meine Thräne rührt,
Die fleh' ich an: (zu Lavinia) Was, willst du mit mir knien?
Thu's, liebes Herz, der Himmel muß uns hören!
Sonst hauchen wir die Luft mit Seufzern trüb,
Die Sonne schwärzend, wie die Wolken thun,
Wenn sie in ihrer feuchten Brust sie bergen.

Marcus. O Bruder, sprich von Möglichkeiten doch,
Und stürz' dich nicht in solchen Wahnsinns Tiefe!

Titus. Ist denn mein Gram nicht tief und bodenlos?
So sei die Leidenschaft auch ohne Boden!

Titus Andronicus.

Marcus. Doch laß Vernunft regieren deinen Schmerz!
Titus. Gäb' es vernünft'gen Grund für solches Leid,
Dann schlöss' ich wohl in Grenzen all dies Weh.
Ersäuft das Feld nicht, wenn der Himmel weint?
Schäumt, wenn der Sturmwind rast, das Meer nicht auf
Und droht dem Firmament mit schwell'ndem Antlitz?
Und willst du Gründe noch für solche Wuth?
Ich bin das Meer, hör' diese Seufzer wehn!
Sie ist die Luft in Thränen, ich das Land;
So schwellen ihre Seufzer denn mein Meer,
Und ihrer Thränen Sündfluth überschwemmt
In stetem Regen strömend mein Gefild;
Denn wie? mein Inneres faßt nicht ihren Schmerz,
Und ich, gleich einem Trunknen, spei' ihn aus.
Drum laßt mich frei; Verlieren steht ja frei
Sich Luft zu machen durch den bittern Fluch.

[Act 3, Sc. 1.]

Schmerz erweicht, wie Glück verhärtet.

Titus. Wonach schlugst du mit deinem Messer, Marcus?
Marcus. Ich traf und schlug sie todt, 'ne Fliege war's.
Titus. Schäme dich, Mörder; du erschlugst mein Herz;
Mein Aug' ist übersatt von Tyrannei:
Ein Mord an dem unschuld'gen Thier geübt
Ziemt Titus Bruder nicht: — steh' auf, und geh.
Ich seh', du taugst für meinen Umgang nicht.
Marcus. O Lieber! Eine Flieg' erschlug ich nur!
Titus. Wenn nun die Fliege Vater hatt' und Mutter?
Wie senkt' er dann die zarten, goldnen Schwingen,
Und summte Klag' und Jammer durch die Luft!
Harmloses, gutes Ding!

Titus Andronicus.

Das mit dem hübschen, summenden Gesang
Herflog uns zu erheitern; und du tödtest sie.

[Act 3, Sc. 2.]

Warum Gottlose und Meineidige sich Eide schwören lassen.

Lucius. Sprich, was du weißt, ich sag', dein Kind soll leben.
Aaron. Das schwöre mir, und gleich beginn' ich dann.
Lucius. Schwören? Bei wem? Du glaubst ja keinen Gott;
Ist das, wie kannst du glauben einem Eid?
Aaron. Und wenn ich's nie gethan? Ich thu's auch nicht. —
Doch weil ich weiß, du hältst auf Religion,
Glaubst an das Ding, was man Gewissen nennt,
Und an der Pfaffen Brauch und Observanz,
Die ich dich sorgsam hab' erfüllen sehn, —
Deßhalb fordr' ich den Eid von dir. Ich weiß,
Ein Dummkopf hält 'nen Schellenstab für Gott,
Und ehrt den Eid, den er dem Gotte schwur;
Drum fordr' ich ihn.

[Act 5, Sc. 1.]

Romeo und Julia.

Die Doppelnatur leidenschaftlicher Liebe.

Romeo. Das ist der Liebe Unbill nun einmal.
. . . .
Die Freundschaft, die du zeigst, mehrt meinen Schmerz;
Denn, wie sich selbst, so quält auch dich mein Herz.
Lieb' ist ein Rauch, den Seufzerdämpf' erzeugten,
Geschürt, ein Feu'r, von dem die Augen feuchten,
Gequält, ein Meer, von Thränen angeschwellt.
Was ist sie sonst? Verständ'ge Raserei.
Und ekle Gall', und süße Spezerei.
. . . . [Act 1, Sc. 1.]

Gift gegen Gift.

Benvolio. Paß, Freund! Ein Feuer brennt das andre nieder;
Ein Schmerz kann eines andern Qualen mindern.
Dreh' dich im Schwindel, hilf durch Drehn dir wieder!
Fühl' andres Leid, das wird dein Leiden lindern!
Saug' in dein Auge neuen Zaubersaft,
So wird das Gift des alten fortgeschafft. [Act 1, Sc. 2.]

Das Liebesgeständniß der Jungfrau.

Julia. Du weißt, die Nacht verschleiert mein Gesicht,
Sonst färbte Mädchenröthe meine Wangen,
Um das, was du vorhin mich sagen hörtest.
Gern hielt ich streng auf Sitte, möchte gern
Verleugnen, was ich sprach: doch weg mit Förmlichkeit!
Sag', liebst du mich? Ich weiß, du wirst's bejahn,
Und will dem Worte trau'n; doch wenn du schwörst,
So kannst du treulos werden; wie sie sagen,
Lacht Jupiter des Meineids der Verliebten.
O holder Romeo! Wenn du mich liebst:

Romeo und Julia.

     Sag's ohne Falsch! Doch dächtest du, ich sei
     Zu schnell besiegt, so will ich finster blicken,
     Will widerspenstig sein, und Nein Dir sagen,
     So du dann werben willst: sonst nicht um Alles.
     Gewiß, mein Montague, ich bin zu herzlich;
     Du könntest denken, ich sei leichten Sinns.
     Doch glaube, Mann, ich werde treuer sein
     Als sie, die fremd zu thun geschickter sind.
     Auch ich, bekenn' ich, hätte fremd gethan,
     Wär' ich von dir, eh' ich's gewahrte, nicht
     Belauscht in Liebesklagen. Drum vergieb!
     Schilt diese Hingebung nicht Flatterliebe,
     Die so die stille Nacht verrathen hat.

Romeo. Ich schwöre, Fräulein, bei dem heil'gen Mond,
     Der silbern dieser Bäume Wipfel säumt...

Julia.   O schwöre nicht beim Mond, dem Wandelbaren,
     Der immerfort in seiner Scheibe wechselt,
     Damit nicht wandelbar dein Lieben sei!

Romeo. Wobei denn soll ich schwören?

Julia.   Laß es ganz.
     Doch willst du, schwör' bei deinem edlen Selbst,
     Dem Götterbilde meiner Anbetung!
     So will ich glauben.

Romeo.   Wenn die Herzensliebe....

Julia.   Gut, schwöre nicht. Obwohl ich dein mich freue,
     Freu' ich mich nicht des Bundes dieser Nacht.
     Er ist zu rasch, zu unbedacht, zu plötzlich;
     Gleicht allzusehr dem Blitz, der nicht mehr ist;
     Noch eh' man sagen kann: es blitzt. — Schlaf' süß!
     Des Sommers warmer Hauch kann diese Knospe
     Der Liebe wohl zur schönen Blum' entfalten;
     Bis wir das nächste Mal uns wiedersehn.

Romeo und Julia.

Nun gute Nacht! So süße Ruh' und Frieden,
Als mir im Busen wohnt, sei dir beschieden.

Romeo. Ach, du verlässest mich so unbefriedigt?
Julia. Was für Befriedigung begehrst du noch?
Romeo. Gieb deinen treuen Liebesschwur für meinen.
Julia. Ich gab ihn dir, eh' du darum gefleht;
Und doch, ich wollt', er stünde noch zu geben.
Romeo. Wollt'st du ihn mir entziehn? Wozu das, Liebe?
Julia. Um unverstellt ihn dir zurückzugeben.
Allein ich wünsche, was ich habe, nur.
So grenzenlos ist meine Huld, die Liebe
So tief ja wie das Meer. Je mehr ich gebe,
Je mehr auch hab' ich: Beides ist unendlich.

.... [Act 2, Sc. 2.]

Das Hohelied der Liebe.

Julia. Hinab, du flammenhufiges Gespann
Zu Phöbus Wohnung! Solch ein Wagenlenker,
Wie Phaeton jagt' euch gen Westen wohl,
Und brächte schnell die wolk'ge Nacht herauf. —
Verbreite deinen dichten Vorhang, Nacht!
Du Liebespflegerinn! Damit das Auge
Der Neubegier' sich schließ', und Romeo
Mir unbelauscht in diese Arme schlüpfe. —
Verliebten gnügt zu der geheimen Weihe
Das Licht der eignen Schönheit; oder wenn
Die Liebe blind ist, stimmt sie wohl zur Nacht. —
Komm, ernste Nacht, du züchtig stille Frau,
Ganz angethan mit Schwarz, und lehre mir
Ein Spiel, wo Jedes reiner Jugend Blüthe
Zum Pfande setzt, gewinnend zu verlieren!
Verhülle mit dem schwarzen Mantel mir
Das wilde Blut, das in den Wangen flattert,

Bis schene Liebe kühner wird, und Nichts
Als Unschuld sieht in inn'ger Liebe Thun.
Komm, Nacht! — Komm, Romeo, du Tag in Nacht!
Denn du wirst ruhn auf Fittigen der Nacht,
Wie frischer Schnee auf eines Raben Rücken. —
Komm, milde, liebevolle Nacht! Komm gieb
Mir meinen Romeo! Und stirbt er einst,
Nimm ihn, zertheil' in kleine Sterne ihn:
Er wird des Himmels Antlitz so verschönen,
Daß alle Welt sich in die Nacht verliebt,
Und Niemand mehr der eitlen Sonne huldigt. —
Ich kaufte einen Sitz der Liebe mir,
Doch ach! besaß ihn nicht; ich bin verkauft,
Doch noch nicht übergeben. Dieser Tag
Währt so verdrießlich lang mir, wie die Nacht
Vor einem Fest dem ungeduld'gen Kinde,
Das noch sein neues Kleid nicht tragen durfte.

\[Act 3, Sc. 2.\]

Erster Trennungs=Jammer.

Lorenzo. Hier aus Verona bist du nur verbannt:
   Sei ruhig, denn die Welt ist groß und weit.

Romeo. Die Welt ist nirgends außer diesen Mauern;
  Nur Fegefeuer, Qual, die Hölle selbst.
  Von hier verbannt, ist aus der Welt verbannt,
  Und solcher Bann ist Tod: drum giebst du ihm
  Den falschen Namen. — Nennst du Tod Verbannung,
  Enthauptest du mit goldnem Beile mich,
  Und lächelst zu dem Streich', der mich ermordet.

Lorenzo. O schwere Sünd'! o undankbarer Trotz!
   Dein Fehltritt heißt nach unsrer Satzung Tod;
   Doch dir zu Lieb' hat sie der güt'ge Fürst
   Bei Seit' geschoben, und Verbannung nur

	Statt jenes schwarzen Wortes ausgesprochen.

     Statt jenes schwarzen Wortes ausgesprochen.
     Und diese theure Gnad' erkennst du nicht?
Romeo. Nein, Vater — Gnade nicht. Hier ist der Himmel,
     Wo Julia lebt, und jeder Hund und Katze
     Und kleine Maus, das schlechteste Geschöpf,
     Lebt hier im Himmel, darf ihr Antlitz sehn;
     Doch Romeo darf nicht. Mehr Würdigkeit,
     Mehr Ansehn, mehr gefäll'ge Sitte lebt
     In Fliegen, als in Romeo. Sie dürfen
     Das Wunderwerk der weißen Hand berühren,
     Und Himmelswonne rauben ihren Lippen,
     Die sittsam, in Vestalenunschuld, stets
     Erröthen, gleich als wäre Sünd' ihr Kuß.
     Dies dürfen Fliegen thun, ich muß entfliehn;
     Sie sind ein freies Volk, ich bin verbannt.
     Und sagst du noch, Verbannung sei nicht Tod?
     So hattest du kein Gift gemischt, kein Messer
     Geschärft, kein schmählich Mittel schnellen Todes,
     Als dies verbannt, zu tödten mich? Verbannt!
     O Mönch! Verdammte sprechen in der Hölle
     Dies Wort mit Heulen aus: hast du das Herz,
     Da du ein heil'ger Mann, ein Beichtger bist,
     Ein Sündenlöser, mein erklärter Freund,
     Mich zu zermalmen mit dem Wort Verbannung?
              [Act 3, Sc. 3.]

Der Abschied.

Julia. Willst du schon gehn? Der Tag ist ja noch fern.
     Es war die Nachtigall, und nicht die Lerche,
     Die eben jetzt dein banges Ohr durchdrang;
     Sie singt des Nachts auf dem Granatbaum dort.
     Glaub', Lieber, mir: es war die Nachtigall.
Romeo. Die Lerche war's, die Tagverkünderinn,

          Nicht Philomele; sieh den neid'schen Streif,
          Der dort im Ost der Wolken Frühe säumt.
          Die Nacht hat ihre Kerzen ausgebrannt,
          Der muntre Tag erklimmt die dunkl'gen Höhn;
          Nur Eile rettet mich, Verzug ist Tod.

Julia.   Trau' mir, das Licht ist nicht des Tages Licht,
          Die Sonne hauchte dieses Luftbild aus,
          Dein Fackelträger diese Nacht zu sein,
          Dir auf dem Weg nach Mantua zu leuchten;
          Drum bleibe noch: zu gehn ist noch nicht Noth.

Romeo.   Laß sie mich greifen, ja laß sie mich tödten!
          Ich gebe gern mich drein, wenn du es willst.
          Nein, jenes Grau ist nicht des Morgens Auge,
          Der bleiche Abglanz nur von Cynthia's Stirn.
          Das ist auch nicht die Lerche, deren Schlag
          Hoch über uns des Himmels Wölbung trifft.
          Ich bleibe gern; zum Gehn bin ich verdrossen. —
          Willkommen, Tod! hat Julia dich beschlossen. —
          Nun, Herz? Noch tagt es nicht, noch plaudern wir.

Julia.   Es tagt, es tagt! Auf! eile! fort von hier!
          Es ist die Lerche, die so heiser singt,
          Und falsche Weisen, rauhen Mißton gurgelt.
          Man sagt, der Lerche Harmonie sei süß;
          Nicht diese: sie zerreißt die unsre ja.
          Die Lerche, sagt man, wechselt mit der Kröte
          Die Augen: möchte sie doch auch die Stimme!
          Die Stimm' ist's ja, die Arm aus Arm uns schreckt,
          Dich von mir jagt, da sie den Tag erweckt.
          Stets hell und heller wird's: wir müssen scheiden.

Romeo.   Hell? Dunkler stets und dunkler unsre Leiden!
                                          [Act 3, Sc. 5.]

Romeo und Julia.

Heldenmuth der Liebe.

Julia. Kalt rieselt matter Schau'r durch meine Adern,
Der fast die Lebenswärm' erstarren macht.
Ich will zurück sie rufen mir zum Trost. —
Amme! — Doch was soll sie hier?
Mein düstres Spiel muß ich allein vollenden.
Komm du, mein Kelch! —
Doch wie, wenn dieser Trank nun gar nichts wirkte,
Wird man dem Grafen mit Gewalt mich geben?
Nein, nein! Dies soll's verwehren. — Lieg' du hier. —
(Sie legt einen Dolch neben sich.)
Wie? wär' es Gift, das mir mit schlauer Kunst
Der Mönch bereitet, mir den Tod zu bringen,
Auf daß ihn diese Heirath nicht entehre,
Weil er zuvor mich Romeo'n vermählt?
So, fürcht' ich, ist's; doch dünkt mich, kann's nicht sein,
Denn er ward stets ein frommer Mann erfunden.
Ich will nicht Raum so bösem Argwohn geben. —
Wie aber? wenn ich, in die Gruft gelegt,
Erwache vor der Zeit, da Romeo
Mich zu erlösen kommt? Furchtbarer Fall!
Werd' ich dann nicht in dem Gewölb' ersticken,
Deß gift'ger Mund nie reine Lüfte einhaucht,
Und so erwürgt da liegen, wann er kommt?
Und leb' ich auch, könnt' es nicht leicht geschehn,
Daß euch das grause Bild von Tod und Nacht,
Zusammen mit den Schrecken jenes Orts,
Dort im Gewölb' in alter Katakombe,
Wo die Gebeine aller meiner Ahnen
Seit vielen hundert Jahren aufgehäuft,
Wo frisch beerdigt erst der blut'ge Tybalt
Im Leichentuch verwes't; wo, wie man sagt,

Romeo und Julia.

In mitternächt'ger Stunde Geister hausen —
Weh, weh! könnt' es nicht leicht geschehn, daß ich
Zu früh erwachend — und nun ekler Dunst,
Gekreisch wie von Alraunen, die man auswühlt,
Das Sterbliche, die's hören, sinnlos macht —
O wach' ich auf, werd' ich nicht rasend werden,
Umringt von all' den gräuelvollen Schrecken,
Und toll mit meiner Väter Gliedern spielen?
Und Tybalt aus dem Leichentuche zerren?
Und in der Wuth, mit eines großen Ahnherrn
Gebein, zerschlagen mein zerrüttet Hirn?
O seht! mich dünkt, ich sehe Tybalts Geist!
Er späht nach Romeo, der seinen Leib
Auf einen Degen spießte. — Weile, Tybalt! —
Ich komme, Romeo! Dies trink' ich dir.

[Act 4, Sc. 3.]

Am rechten Ort, zur rechten Zeit, im rechten Maaß!

Lorenzo. Der Morgen lächelt froh der Nacht ins Angesicht,
Und säumet das Gewölk im Ost mit Streifen Licht.
Die matte Finsterniß flieht wankend, wie betrunken,
Von Titan's Pfad, besprüht von seiner Rosse Funken.
Eh' höher nun die Sonn' ihr glühend Aug' erhebt,
Den Thau der Nacht verzehrt, und neu die Welt belebt,
Muß ich dies Körbchen hier voll Kraut und Blumen lesen;
Voll Pflanzen gift'ger Art, und dienlich zum Genesen.
Die Mutter der Natur, die Erd', ist auch ihr Grab,
Und was ihr Schooß gebar, sinkt todt in ihn hinab.
Und Kinder mannichfalt, so all' ihr Schooß empfangen,
Sehn wir, gesäugt von ihr, an ihren Brüsten hangen;
An vielen Tugenden sind viele drunter reich,
Ganz ohne Werth nicht eins, doch keins dem andern gleich.
O, große Kräfte sind's, weiß man sie recht zu pflegen,

Die Pflanzen, Kräuter, Stein' in ihrem Innern hegen.
Was nur auf Erden lebt, da ist auch Nichts so
  schlecht,
Daß es der Erde nicht besondern Nutzen brächt'.
Doch ist auch Nichts so gut, das, diesem Ziel ent-
  wendet,
Abtrünnig seiner Art, sich nicht durch Mißbrauch
  schändet.
In Laster wandelt sich selbst Tugend, falsch
  geübt,
Wie Ausführung auch wohl dem Laster Würde
  giebt.
Die kleine Blume hier beherbergt gift'ge Säfte
In ihrer zarten Hüll', und milde Heilungskräfte:
Sie labet den Geruch, und dadurch jeden Sinn;
Gekostet, dringt sie gleich zum Herzen tödtend hin.
Zwei Feinde lagern so im menschlichen Gemüthe
Sich immerdar im Kampf: verderbter Will' und Güte;
Und wo das Schlecht're herrscht mit siegender Gewalt,
Dergleichen Pflanze frißt des Todes Wurm gar bald.

[Act 2, Sc. 3.]

Lorenzo. Der Himmel lächle so dem heil'gen Bund,
 Daß künft'ge Tag' uns nicht durch Kummer schelten.
Romeo. Amen, so sei's! Doch laß den Kummer kommen,
 So sehr er mag: wiegt er die Freuden auf,
 Die mir in ihrem Anblick eine flücht'ge
 Minute giebt? Füg' unsre Hände nur
 Durch deinen Segensspruch in eins, dann thue
 Sein Aeußerstes der Liebeswürger Tod:
 Genug, daß ich nur mein sie nennen darf.
Lorenzo. So wilde Freude nimmt ein wildes Ende
 Und stirbt im höchsten Sieg, wie Feu'r und Pulver

Im Kusse sich verzehrt. Die Süßigkeit
Des Honigs widert durch ihr Uebermaaß,
Und im Geschmack erstickt sie unsre Lust.
Drum liebe mäßig; solche Lieb' ist stät:
Zu hastig und zu träge kommt gleich spät.

[Act 2, Sc. 6.]

Der Schlaf der Jugend.

Lorenzo. Die wache Sorge lauscht im Auge jedes Alten,
Und Schlummer bettet nie sich da, wo Sorgen walten.
Doch da wohnt goldner Schlaf, wo mit gesundem Blut
Und grillenfreiem Hirn die frische Jugend ruht.

[Act 2, Sc. 3.]

Aus der nobeln Welt.
Der galante Händelsucher.

Mercutio. Wo Teufel kann der Romeo stecken? Kam er heute Nacht nicht nach Hause?

Benvolio. Nach seines Vaters Hause nicht; ich sprach seinen Bedienten.

. . . .

Tybalt, des alten Capulet Verwandter,
Hat dort in's Haus ihm einen Brief geschickt.

Mercutio. Eine Ausforderung, so wahr ich lebe! .... Ach, der arme Romeo! .... Ist er der Mann danach, es mit dem Tybalt aufzunehmen?

Benvolio. Nun, was ist Tybalt denn Großes?

Mercutio. Kein papierner Held, das kann ich dir sagen. O, er ist ein beherzter Ceremonienmeister der Ehre. Er ficht, wie ihr ein Liedlein singt; hält Tact und Maaß und Ton. Er beobachtet seine Pausen: eins — zwei — drei: dann sitzt euch der Stoß in der Brust. Er bringt euch einen seidenen Knopf unfehlbar um's Leben. Ein Raufer! Ein Raufer! Ein Ritter vom ersten Range, der euch alle Gründe eines

Romeo und Julia.

Ehrenstreits an den Fingern herzuzählen weiß. Ach die göttliche Passade! die doppelte Finte! Der!

Benvolio. Der — was?

Mercutio. Der Henker hole diese phantastischen, gezierten, lispelnden Eisenfresser! Was sie für neue Töne anstimmen! — „Eine sehr gute Klinge! — Ein sehr wohlgewachsner Mann! — Eine sehr gute . . . .! — Ist das nicht ein Elend, Urältervater! daß wir mit diesen ausländischen Schmetterlingen heimgesucht werden, mit diesen Modenarren, diesen Pardonnezmoi, die so stark auf neue Weise halten, ohne jemals weise zu werden?

[Act 2, Sc. 4.]

Ein naturwüchsiger Raufbold. (Mercutio schildert sich selbst, indem er Benvolio anklagt.)

Du bist mir so ein Zeisig, der, sobald er die Schwelle eines Wirthshauses betritt, mit dem Degen auf den Tisch schlägt, und ausruft: Gebe Gott, daß ich dich nicht nöthig habe! Und wenn ihm das zweite Glas im Kopfe spukt, so zieht er gegen den Kellner, wo er es freilich nicht nöthig hätte.

Benvolio. Bin ich so ein Zeisig?

Mercutio. Ja, ja! Du bist in deinem Zorn ein so hitziger Bursch, als einer in ganz Italien; eben so ungestüm in deinem Zorn, und eben so zornig in deinem Ungestüm.

Benvolio. Nun, was weiter?

Mercutio. Ei, wenn es nur zwei gäbe, so hätten wir bald gar keinen, sie brächten sich unter einander um. Du! Wahrhaftig, du zankst mit einem, weil er ein Haar mehr oder weniger im Barte hat, wie du. Du zankst mit einem, der Nüsse knackt, aus keinem andern Grunde, als weil du nußbraune Augen hast. Dein Kopf ist so voll Zänkereien, wie ein Ei voll Dotter, und doch ist dir der Kopf für dein Zanken schon dotterweich geschlagen. Du hast mit einem angebunden, der auf der Straße hustete, weil er deinen Hund aufgeweckt, der in der Sonne schlief. Hast du nicht mit einem Schneider Händel gehabt, weil er sein neues Wamms vor Ostern trug? Mit einem andern, weil er neue Schuhe mit einem alten Bande zuschnürte? Und doch willst du mich über Zänkereien hofmeistern?

Benvolio. Ja, wenn ich so leicht zankte, wie du, so würde Niemand eine Leibrente auf meinen Kopf nur für anderthalb Stunden kaufen wollen.
[Act 4, Sc. 1.]

Aus der Elfenwelt — Frau Mab.

Romeo. Frau Mab, wer ist sie?
Mercutio. Sie ist der Feenwelt Entbinderinn.

Sie kömmt, nicht größer als der Edelstein
Am Zeigefinger eines Aldermanns,
Und fährt mit einem Spann von Sonnenstäubchen
Den Schlafenden quer auf der Nase hin.
Die Speichen sind gemacht aus Spinnenbeinen,
Des Wagens Deck' aus eines Heupferds Flügeln,
Aus feinem Spinngewebe das Geschirr,
Die Zügel aus des Mondes feuchtem Strahl;
Aus Heimchenknochen ist der Peitsche Griff,
Die Schnur aus Fasern; eine kleine Mücke
Im grauen Mantel sitzt als Fährmann vorn,
Nicht halb so groß als wie ein kleines Würmchen,
Das in des Mädchens müß'gem Finger nistet.
Die Kutsch' ist eine hohle Haselnuß,
Vom Tischler Eichhorn oder Meister Wurm
Zurechtgemacht, die seit uralten Zeiten
Der Feen Wagner sind. In diesem Staat
Trabt sie dann Nacht für Nacht; befährt das Hirn
Verliebter, und sie träumen dann von Liebe;

Romeo und Julia.

Des Schranzen Knie, der schnell von Reverenzen,
Des Anwalts Finger, der von Sporteln gleich,
Den schönen Lippen, die von Küssen träumen,
(Oft plagt die böse Mab mit Bläschen diese,
Mit ihren Odem Näscherei verdarb).
Bald trabt sie über eines Hofmanns Nase,
Dann willert er im Traum sich Aemter aus.
Bald kitzelt sie mit eines Zinshahns Federn
Des Pfarrers Nase, wenn er schlafend liegt:
Von einer bessern Pfründe träumt ihm dann.
Bald fährt sie über des Soldaten Nacken:
Der träumt sogleich von Niedersäbeln, träumt
Von Breschen, Hinterhalten, Damaszenern,
Von manchem klaftertiefen Ehrentrunk;
Nun trommelt's ihm ins Ohr; da fährt er auf,
Und flucht in seinem Schreck ein paar Gebete,
Und schläft von neuem. —   [Act 1, Sc. 4.]

Hamlet.

Geist, Gemüth und — Wille.

Wie Geist und Gemüth allein den Ernst des Lebens begrüßen.

Hamlet. Die Zeit ist aus den Fugen: Schmach und Gram,
Daß ich zur Welt, sie einzurichten, kam. [Act 1. Sc. 5.]

Wie man in dieser Stimmung die Welt ansieht.

Hamlet. Ich habe seit Kurzem — ich weiß nicht wodurch — alle meine Munterkeit eingebüßt, meine gewohnten Uebungen aufgegeben, und es steht in der That so übel um meine Gemüthslage, daß die Erde, dieser treffliche Bau, mir nur ein kahles Vorgebirge scheint; seht ihr, dieser herrliche Baldachin, die Luft; dies wackre umwölbende Firmament, dies majestätische Dach mit goldnem Feuer ausgelegt: kommt es mir doch nicht anders vor, als ein verpesteter Hause von Dünsten. Welch ein Meisterwerk ist der Mensch! wie edel durch Vernunft, wie unbegränzt an Fähigkeiten! in Gestalt und Bewegung wie bedeutend und wunderwürdig! im Handeln wie ähnlich einem Engel! im Begreifen wie ähnlich einem Gott! die Zierde der Welt! das Vorbild der Lebendigen! Und doch, was ist mir diese Quintessenz vom Staube? Ich habe keine Lust am Manne — und am Weibe auch nicht, obwohl ihr das durch euer Lächeln zu sagen scheint.

[Act 2. Sc. 2.]

Und wie das aufrichtige Bewußtsein dann zu sich selbst spricht.

Hamlet.   Jetzt bin ich allein.
O welch ein Schurk' und niedrer Sklav' bin ich!
Ist's nicht erstaunlich, daß der Spieler hier
Bei einer bloßen Dichtung, einem Traum
Der Leidenschaft, vermochte seine Seele
Nach eignen Vorstellungen so zu zwingen,
Daß sein Gesicht von ihrer Regung blaßte,
Sein Auge naß, Bestürzung in den Mienen,

Hamlet.

Gebroch'ne Stimm', und seine ganze Haltung
Gefügt nach seinem Sinn. Und Alles das um Nichts!
Um Hekuba!
Was ist ihm Hekuba, was ist er ihr,
Daß er um sie soll weinen? Hätte er
Das Merkwort und den Ruf der Leidenschaft
Wie ich: was würd' er thun? Die Bühn' in Thränen
Ertränken, und das allgemeine Ohr
Mit grauser Red' erschüttern; bis zum Wahnwitz
Die Schuld'gen treiben, und den Freien schrecken,
Unwissende verwirren, ja betäuben
Die Fassungskraft des Auges und des Ohrs,
Und ich,
Ein blöder, schwachgemuther Schurke, schleiche
Wie Hans der Träumer, meiner Sache fremd,
Und kann Nichts sagen, nicht für einen König,
An dessen Eigenthum und theurem Leben
Verdammter Raub geschah. Bin ich 'ne Memme?
Wer nennt mich Schelm? Bricht mir den Kopf entzwei?
Rauft mir den Bart und wirft ihn mir in's Antlitz?
Zwickt an der Nase mich? und straft mich Lügen
Tief in den Hals hinein? Wer thut mir dies?
Ha! nähm' ich's eben doch. — Es ist nicht anders:
Ich hege Taubenmuth, mir fehlt's an Galle,
Die bitter macht den Druck, sonst hätt' ich längst
Des Himmels Gei'r gemästet mit dem Aas
Des Sklaven. Blut'ger, kupplerischer Bube!
Fühlloser, falscher, geiler, schnöder Bube! —
Ha, welch ein Esel bin ich! Trefflich brav,
Daß ich, der Sohn von einem theuren Vater,
Der mir ermordet ward, von Höll' und Himmel
Zur Rache angespornt, mit Worten nur,

Hamlet.

Wie eine Hure, muß mein Herz entladen;
Und mich auf's Fluchen legen, wie ein Weibsbild,
Wie eine Küchenmagd! Pfui drüber!   [Act 2, Sc. 2.]

„Gewissens-Scrupel" und überkräftige Vorsätze: die Lieblings-
hüllen der Schwäche.

Sein oder Nichtsein, das ist hier die Frage:
Ob's edler im Gemüth, die Pfeil' und Schleudern
Des wüthenden Geschicks erdulden, oder
Sich waffnend gegen eine See von Plagen,
Durch Widerstand sie enden. Sterben — schlafen —
Nichts weiter! — und zu wissen, daß ein Schlaf
Das Herzweh und die tausend Stöße endet,
Die unsers Fleisches Erbtheil — 's ist ein Ziel
Auf's innigste zu wünschen. Sterben — schlafen —
Schlafen! Vielleicht auch träumen! — Ja, da liegt's:
Was in dem Schlaf für Träume kommen mögen,
Wenn wir den Drang des Ird'schen abgeschüttelt,
Das zwingt uns still zu stehn. Das ist die Rücksicht,
Die Elend läßt zu hohen Jahren kommen.
Denn wer ertrüg' der Zeiten Spott und Geißel,
Des Mächt'gen Druck, des Stolzen Mißhandlungen,
Verschmähter Liebe Pein, des Rechtes Aufschub,
Den Uebermuth der Aemter, und die Schmach,
Die Unwerth schweigendem Verdienst erweist,
Wenn er sich selbst in Ruhstand setzen könnte
Mit einer Nadel bloß? Wer trüge Lasten,
Und stöhnt' und schwitzte unter Lebensmüh'?
Nur daß die Furcht vor Etwas nach dem Tod —
Das unentdeckte Land, von deß Bezirk
Kein Wandrer wiederkehrt — den Willen irrt,
Daß wir die Uebel, die wir haben, lieber
Ertragen, als zu unbekannten fliehn.

Hamlet.

So macht Gewissen Feige aus uns Allen;
Der angebornen Farbe der Entschließung
Wird des Gedankens Blässe angekränkelt;
Und Unternehmungen voll Kraft und Nachdruck,
Durch diese Rücksicht aus der Bahn gelenkt,
Verlieren so der Handlung Namen. [Act 3, Sc. 1.]

Hamlet. Jetzt könnt' ich's thun, bequem; er ist im Beten,
Jetzt will ich's thun — und so geht er gen Himmel,
Und so bin ich gerächt? Das hieß': ein Bube
Ermordet meinen Vater, und dafür
Send' ich, sein einz'ger Sohn, denselben Buben
Gen Himmel.
Ei, das wär' Sold und Löhnung, Rache nicht.
Er überfiel in Wüstheit meinen Vater,
Voll Speis', in seiner Sünden Maienblüthe.
Wie seine Rechnung steht, weiß nur der Himmel,
Allein nach unsrer Denkart und Vermuthung
Ergeht's ihm schlimm: und ich bin dann gerächt,
Wenn ich in seiner Heiligung ihn fasse,
Bereitet und geschickt zum Uebergang?
Nein.
Hinein, du Schwert! Sei schrecklicher gezückt!
Wann er berauscht ist, schlafend, in der Wuth,
In seines Betts blutschänderischen Freuden,
Beim Doppeln, Fluchen, oder anderm Thun,
Das keine Spur des Heiles an sich hat:
Dann stoß ihn nieder, daß gen Himmel er
Die Fersen bäumen mag, und seine Seele
So schwarz und so verdammt sei wie die Hölle,
Wohin er fährt. Die Mutter wartet mein:
Dies soll nur Frist den siechen Tagen sein.

[Act 3, Sc. 3.]

Hamlet.

Helles Auge bei lahmen Füßen — hilft nicht an's Ziel.

Hamlet. Wie jeder Anlaß mich verklagt, und spornt
Die träge Rache an! Was ist der Mensch,
Wenn seiner Zeit Gewinn, sein höchstes Gut
Nur Schlaf und Essen ist? Ein Vieh, Nichts weiter.
Gewiß, der uns mit solcher Denkkraft schuf,
Voraus zu schaun und rückwärts, gab uns nicht
Die Fähigkeit und göttliche Vernunft,
Um ungebraucht in uns zu schimmeln. Nun,
Sei's viehisches Vergessen, oder sei's
Ein banger Zweifel, welcher zu genau
Bedenkt den Ausgang — ein Gedanke, der,
Zerlegt man ihn, ein Viertel Weisheit nur,
Und stets drei Viertel Feigheit hat — ich weiß nicht,
Weswegen ich noch lebe, um zu sagen:
„Dies muß geschehn", da ich doch Grund und Willen
Und Kraft und Mittel hab', um es zu thun.
Beispiele, die zu greifen, mahnen mich.
So dieses Heer von solcher Zahl und Stärke,
Von einem zarten Prinzen angeführt,
Deß Muth, von hoher Ehrbegier geschwellt,
Die Stirn dem unsichtbaren Ausgang beut,
Und giebt sein sterblich und verletzbar Theil
Dem Glück, dem Tode, den Gefahren Preis,
Für eine Nußschaal'. Wahrhaft groß sein, heißt,
Nicht ohne großen Gegenstand sich regen;
Doch einen Strohhalm selber groß verfechten,
Steht Ehre auf dem Spiel. Wie steh' denn ich,
Den seines Vaters Mord, der Mutter Schande,
Antriebe der Vernunft und des Geblüts,
Den Nichts erweckt? Ich seh' indeß beschämt
Den nahen Tod von zwanzigtausend Mann,

Hamlet.

Die für 'ne Grille, ein Phantom des Ruhms,
Zum Grab gehn wie in's Bett: es gilt ein Fleckchen,
Worauf die Zahl den Streit nicht führen kann;
Nicht Gruft genug und Raum, um die Erschlag'nen
Nur zu verbergen. O von Stund' an trachtet
Nach Blut, Gedanken, oder seid verachtet! [Act 4, Sc. 4.]

Welche aristokratische Moral dabei schließlich herauskommt.

Hamlet.   Laßt uns einsehn,
Daß Unbesonnenheit uns manchmal dient,
Wenn tiefe Plane scheitern; und das lehr' uns,
Daß eine Gottheit unsre Zwecke formt,
Wie wir sie auch entwerfen.

Horatio.   Sehr gewiß.

Hamlet. Aus meinem Schlafgemach,
Den Schiffermantel um mich her geworfen,
Tappt' ich herum nach ihnen, fand sie glücklich,
Griff ihr Packet, und zog mich schließlich wieder
Zurück in die Kajüte; meine Furcht
Vergaß die Höflichkeit, und dreist erbrach
Ich ihren höchsten Auftrag. Hier, Horatio,
Fand ich ein königliches Bubenstück:
Ein streng Geheiß, gespickt mit vielen Gründen,
. . . .
Daß gleich auf Sicht, ohn' alle Zögerung,
Auch nicht so lang', um nur das Beil zu schärfen,
Das Haupt mir abgeschlagen werden sollte.
So rings umstrickt mit Bübereien, fing,
Eh' ich noch den Prolog dazu gehalten,
Mein Kopf das Spiel schon an. Ich setzte mich,
Sann einen Auftrag aus, schrieb ihn in's Reine.
Ich hielt es einst, wie unsre großen Herrn,
Für niedrig, schön zu schreiben, und bemühte

Hamlet.

	Mich sehr, es zu verlernen; aber jetzt
	That es mir Ritterdienste. Willst du wissen,
	Was meine Schrift enthielt?
Horatio.	Ja, bester Herr.
Hamlet.	Die ernstlichste Beschwörung von dem König,
	. . . .
	Wann er den Inhalt dieser Schrift ersehn,
	Möcht' er ohn' alles fernere Bedenken
	Die Ueberbringer schnell zum Tode fördern,
	Selbst ohne Frist zum Beichten.
Horatio.	Wie wurde dies versiegelt?
Hamlet.	Auch darin war des Himmels Vorsicht wach.
	Ich hatt' im Beutel meines Vaters Petschaft,
	Das dieses dän'schen Siegels Muster war.
	Ich faltete den Brief dem andern gleich,
	Dann unterschrieb ich, drückte drauf das Siegel,
	Legt' ihn an seinen Ort; der Wechselbalg
	Ward nicht erkannt. Am nächsten Tage nun
	War unser Seegefecht, und was dem folgte,
	Das weißt du schon.
Horatio.	Und Güldenstern und Rosenkranz gehn drauf.
Hamlet.	Ei, Freund, sie buhlten ja um dies Geschäft,
	Sie rühren mein Gewissen nicht: ihr Fall
	Entspringt aus ihrer eignen Einmischung.
	'S ist mißlich, wenn die schlechtere Natur
	Sich zwischen die entbrannten Degenspitzen
	Von mächt'gen Gegnern stellt. [Act 5, Sc. 2.]

Mensch und Schicksal.

Hamlet.	Du kannst dir nicht vorstellen, wie übel es mir hier um's Herz ist .... Es ist nur Thorheit; aber es ist eine Art von schlimmer Ahndung, die vielleicht ein Weib ängstigen würde.

Horatio. Wenn eurem Gemüth irgend Etwas widersteht, so gehorcht ihm: ich will ihrer Hieherkunft zuvorkommen und sagen, daß ihr nicht aufgelegt seid.

Hamlet. Nicht im Geringsten. Ich trotze allen Vorbedeutungen: es waltet eine besondere Vorsehung über den Fall eines Sperlings. Geschieht es jetzt, so geschieht es nicht in Zukunft; geschieht es nicht in Zukunft, so geschieht es jetzt; geschieht es jetzt nicht, so geschieht es doch einmal in Zukunft. In Bereitschaft sein ist Alles. Da kein Mensch weiß, was er verläßt, was kommt darauf an, frühzeitig zu verlassen? [Act 5, Sc. 2.]

Was der Tod aus uns macht.

Todtengräber. Dieser Schädel da war Yoricks Schädel, des Königs Spaßmacher.

Hamlet. Ach, armer Yorick! — Ich kannte ihn, Horatio, ein Bursche von unendlichem Humor, voll von den herrlichsten Einfällen. Er hat mich tausendmal auf dem Rücken getragen, und jetzt, wie schaudert meine Einbildungskraft davor! mir wird ganz übel. Hier hingen diese Lippen, die ich geküßt habe, ich weiß nicht wie oft. Wo sind nun deine Schwänke? deine Sprünge? deine Lieder, deine Blitze von Lustigkeit, wobei die ganze Tafel in Lachen ausbrach? Ist jetzt keiner da, der sich über dein eignes Grinsen aufhielte? Alles weggeschrumpft? Nun begieb dich in die Kammer der gnäd'gen Frau, und sage ihr, wenn sie auch einen Finger dick auflegt; so'n Gesicht muß sie endlich bekommen; mach sie damit zu lachen. [Act 5, Sc. 1.]

Lebensklugheit.

Polonius. Und diese Regeln präg' in dein Gedächtniß:
Gieb den Gedanken, die du hegst, nicht Zunge,

Hamlet.

Noch einem ungebührlichen die That.
Leutselig sei, doch keineswegs gemein.
Den Freund, der dein, und dessen Wahl erprobt,
Mit ehr'nen Haken klammr' ihn an dein Herz.
Doch härte deine Hand nicht durch Begrüßung
Von jedem neugeheckten Bruder. Hüte dich,
In Händel zu gerathen; bist du drin:
Führ' sie, daß sich dein Feind mag vor dir hüten.
Dein Ohr leih jedem, wen'gen deine Stimme;
Nimm Rath von Allen, aber spar' dein Urtheil.
Die Kleidung kostbar, wie's dein Beutel kann,
Doch nicht ins Grillenhafte; reich, nicht bunt:
Denn es verkündigt oft die Tracht den Mann,
Und die vom ersten Stand und Rang in Frankreich
Sind darin ausgesucht und edler Sitte.
Kein Borger sei und auch Verleiher nicht;
Sich und den Freund verliert das Darlehn oft,
Und Borgen bricht der Wirthschaft Spitze ab.
Dies über Alles: sei dir selber treu,
Und daraus folgt, so wie die Nacht dem Tage,
Du kannst nicht falsch sein gegen irgend wen.

—————— [Act 1, Sc. 3.]

Aus dem Ehren=Codex der Diplomatie.

Polonius. Ihr werdet mächtig klug thun, guter Reinhold,
Euch zu erkund'gen, eh' ihr ihn besucht,
Wie sein Betragen ist....
Erst fragt mir, was für Dänen in Paris sind,
Und wie, wer, auf was Art, und wie sie leben,
Mit wem, was sie verzehren; wenn ihr dann
Durch diesen Umschweif eurer Fragen merkt,
Sie kennen meinen Sohn, so kommt ihr näher.

. . . .

Hamlet.

       Gebt ihm nach Belieben
Erlogne Dinge Schuld; nur, Nichts so Arges,
Das Schand' ihm brächte; davor hütet euch.
Nein, solche wilde, ausgelaßne Streiche,
Als hergebrachter Maaßen die Gefährten
Der Jugend und der Freiheit sind.

Reinhold.   Als spielen.
Polonius. Ja, oder trinken, raufen, fluchen, zanken,
  Verführen — so weit könnt ihr gehn.
Reinhold. Das würd' ihm Schande bringen, gnäd'ger Herr.
Polonius. Mein Treu nicht, wenn ihr's nur zu wenden wißt.
  Ihr müßt ihn nicht in andern Leumund bringen,
  Als übermannt' ihn Unenthaltsamkeit.
  . . . .
  Wenn der Mitunterredner, den ihr aushorchst,
  In vorbenannten Lastern jemals schuldig
  Den jungen Mann gesehn, so seid gewiß,
  Daß selb'ger folgender Gestalt euch beitritt:
  . . . .
      Ich kenn' ihn wohl, den Herrn,
Ich sah ihn gestern, oder neulich 'mal
Oder wann es war, mit dem und dem; und wie ihr sagt,
Da spielt' er hoch; da traf man ihn im Rausch,
Da rauft' er sich beim Ballspiel;" oder auch:
Ich sah ihn gehn in solch ein saubres Haus,
. . . . und mehr dergleichen. — Seht nur,
Eu'r Lügenköder fängt den Wahrheitskarpfen;
So wissen wir, gewitzigt, helles Volk,
Mit Krümmungen und mit verstecktem Angriff
Durch einen Umweg auf den Weg zu kommen;
Und so könnt ihr, wie ich euch Anweisung
Und Rath ertheilet, meinen Sohn erforschen.
          [Act 2, Sc. 1.]

Hamlet.

Ein Hofmann.

Osrick. Geliebtester Prinz, wenn eure Hoheit Muße hätte, so wünschte ich euch Etwas von Seiner Majestät mitzutheilen.

Hamlet. Ich will es mit aller Aufmerksamkeit empfangen, Herr. Eure Mütze an ihre Stelle: sie ist für den Kopf.

Osrick. Ich danke eurer Hoheit, es ist sehr heiß.

Hamlet. Nein, auf mein Wort, es ist sehr kalt; der Wind ist nördlich.

Osrick. Es ist ziemlich kalt, in der That, mein Prinz.

Hamlet. Aber doch dünkt mich, es ist ungemein schwül und heiß, oder mein Temperament —

Osrick. Außerordentlich, gnädiger Herr, es ist sehr schwül — auf gewisse Weise, — ich kann nicht sagen wie. Gnädiger Herr, Seine Majestät befahl mir, euch wissen zu lassen, daß er eine große Wette auf euren Kopf angestellt hat. Die Sache ist folgende, Herr:

Hamlet. Ich bitte euch, vergeßt nicht!
(Hamlet nöthigt ihn, sich zu bedecken.)

Osrick. Erlaubt mir, werthester Prinz, zu meiner eigenen Bequemlichkeit. .... [Act 5, Sc. 2.]

Wo findet Schmeichelei ihren Markt?

Hamlet. Nein, glaub' nicht, daß ich schmeichle.
Was für Beförd'rung hofft' ich wohl von dir,
Der keine Rent' als seinen muntern Geist
Um sich zu nähren, und zu kleiden hat?
Weswegen doch dem Armen schmeicheln? Nein,
Die Honigzunge lecke dumme Pracht.
Es benge sich des Knie's gelenke Angel,
Wo Kriecherei Gewinn bringt. [Act 3, Sc. 2.]

Ein ächter Mann — ein ächter Freund.

Hör' mich an.
Seit meine theure Seele Herrin war
Von ihrer Wahl, und Menschen unterschied,

Hamlet.

hat sie dich auserkoren. Denn du warst
Als littst du Nichts, indem du Alles littest;
Ein Mann, der Stöß' und Gaben vom Geschick
Mit gleichem Dank genommen: und gesegnet,
Weß Blut und Urtheil sich so gut vermischt,
Daß er zur Pfeife nicht Fortunen dient,
Den Ton zu spielen, den ihr Finger greift.
Gebt mir den Mann, den seine Leidenschaft
Nicht macht zum Sclaven, und ich will ihn hegen
Im Herzensgrund, ja in des Herzens Herzen,
Wie ich dich hege. [Act 5, Sc. 1.]

Ein Wort über Pietät und Nachruhm.

Hamlet. Was kann ein Mensch Besseres thun als lustig sein? Denn seht nur, wie fröhlich meine Mutter aussieht, und doch starb mein Vater vor noch nicht zwei Stunden.

Ophelia. Nein, vor zweimal zwei Monaten, mein Prinz.

Hamlet. So lange schon? Ei so mag der Teufel schwarz gehn: ich will einen Zobelpelz tragen. O Himmel! Vor zwei Monaten gestorben und noch nicht vergessen! So ist Hoffnung da, daß das Andenken eines großen Mannes sein Leben ein halbes Jahr überleben kann. Aber, bei unsrer lieben Frauen! Kirchen muß er stiften, sonst denkt man nicht an ihn, es geht ihm wie dem Steckenpferde, dessen Grabschrift ist:

„Denn o! denn o!
Vergessen ist das Steckenpferd!" [Act 3, Sc. 2]

Nach Verdienst.

Polonius. Gnädiger Herr, ich will sie nach ihrem Verdienst behandeln.

Hamlet. Potz Wetter, Mann, viel besser. Behandelt jeden Menschen nach seinem Verdienst, und wer ist vor Schlägen sicher? [Act 2, Sc. 2.]

Hamlet.

Mädchenehre.

Laertes. Das scheuste Mädchen ist verschwend'risch noch,
Wenn sie dem Monde ihren Reiz enthüllt.
Selbst Tugend nicht entgeht Verleumdertücken,
Es nagt der Wurm des Frühlings Kinder an,
Zu oft noch eh' die Knospe sich erschließt,
Und in der Früh' und frischem Thau der Jugend
Ist gift'ger Anhauch am gefährlichsten.
Sei denn behutsam! Furcht giebt Sicherheit,
Auch ohne Feind hat Jugend innern Streit.
[Act 1, Sc. 3.]

Königs Heil — Landes Wohl.

Rosenkranz. Schon das Besondre, einzle Leben muß
Mit aller Kraft und Rüstung des Gemüths
Vor Schaden sich bewahren; doch viel mehr
Der Geist, an dessen Heil das Leben Vieler
Beruht und hängt. Der Majestät Verscheiden
Stirbt nicht allein: es zieht gleich einem Strudel
Das Nahe mit. Sie ist ein mächtig Rad,
Befestigt auf des höchsten Berges Gipfel,
An dessen Riesenspeichen tausend Dinge
Gekittet und gefugt sind: wenn es fällt,
So theilt die kleinste Zuthat und Umgebung
Den ungeheuren Sturz. Kein König seufzte je
Allein und ohn' ein allgemeines Weh.
[Act 3, Sc. 3.]

Maaß und Wahrheit — die Seele der darstellenden Kunst.

Hamlet. Seid so gut und haltet die Rede, wie ich sie euch vorsagte,
leicht von der Zunge weg; aber wenn ihr den Mund so
voll nehmt, wie viele unsrer Schauspieler, so möchte ich
meine Verse ebenso gern von dem Ausrufer hören. Sägt
auch nicht zu viel mit den Händen durch die Luft, so —

sondern behandelt Alles gelinde. Denn mitten in dem Strom, Sturm und, wie ich sagen mag, Wirbelwind eurer Leidenschaft müßt ihr euch eine Mäßigung zu eigen machen, die ihr Geschmeidigkeit giebt. O es ärgert mich in der Seele, wenn solch ein handfester, haarbuschiger Geselle eine Leidenschaft in Fetzen, in rechte Lumpen zerreißt, um den Gründlingen im Parterre an die Ohren zu donnern, die meistens von Nichts wissen, als verworren stummen Pantomimen und Lärm. Ich möchte solch einen Kerl für sein Bramarbasiren prügeln lassen; es übertyrannt den Tyrannen. Ich bitte euch, vermeidet das. — Seid auch nicht allzuzahm, sondern laßt euer eignes Urtheil euren Meister sein: paßt die Gebehrde dem Wort, das Wort der Gebehrde an; wobei ihr sonderlich darauf achten müßt, niemals die Bescheidenheit der Natur zu überschreiten. Denn Alles, was so übertrieben wird, ist dem Vorhaben des Schauspielers entgegen, dessen Zweck sowohl anfangs als jetzt war und ist, der Natur gleichsam den Spiegel vorzuhalten: der Tugend ihre eignen Züge, der Schmach ihr eignes Bild, und dem Jahrhundert und Körper der Zeit den Abdruck seiner Gestalt zu zeigen. Wird dies nun übertrieben oder zu schwach vorgestellt, so kann es zwar den Unwissenden zum Lachen bringen, aber den Einsichtsvollen muß es verdrießen; und der Tadel von Einem solchen muß in eurer Schätzung ein ganzes Schauspielhaus voll von Andern überwiegen. —

[Act 3, Sc. 2.]

Ophelia's Tod.

Königinn. Es neigt ein Weidenbaum sich über'n Bach,
Und zeigt im klaren Strom sein graues Laub,
Mit welchem sie phantastisch Kränze wand

Hamlet.

Von Hahnfuß, Nesseln, Maaßließ, Kuckucksblumen.
Dort, als sie aufklomm, um ihr Laubgewinde
An den gesenkten Aesten aufzuhängen,
Zerbrach ein falscher Zweig, und nieder fielen
Die rankenden Trophäen und sie selbst
Ins weinende Gewässer. Ihre Kleider
Verbreiteten sich weit, und trugen sie
Sirenengleich ein Weilchen noch empor,
Indeß sie Stellen alter Weisen sang,
Als ob sie nicht die eigne Noth begriffe,
Wie ein Geschöpf, geboren und begabt
Für dieses Element. Doch lange währt' es nicht,
Bis ihre Kleider, die sich schwer getrunken,
Das arme Kind von ihren Melodien
Hinunterzogen in den schlamm'gen Tod.   [Act 4, Sc. 7.]

Aus der Geisterwelt.

Hamlet beschwört den Geist seines Vaters.

Hamlet. Engel und Boten Gottes steht uns bei!
Sei du ein Geist des Segens, sei ein Kobold,
Bring' Himmelsdüfte oder Dampf der Hölle,
Sei dein Beginnen boshaft oder liebreich,
Du kommst in so fragwürdiger Gestalt,
Ich rede doch mit dir; ich nenn' dich, Hamlet,
Fürst, Vater, Dänenkönig: o gieb Antwort!
Laß mich in Blindheit nicht vergehn! Nein sag':
Warum dein fromm Gebein, verwahrt im Tode
Die Leinen hat gesprengt? Warum die Gruft,
Worin wir ruhig eingeruht dich sahn,
Geöffnet ihre schweren Marmorkiefern,
Dich wieder auszuwerfen? Was bedeutet's,
Daß, todter Leichnam, du in vollem Stahl

Hamlet.

>Auf's Neu' des Mondes Dämmerschein besuchst.
>Die Nacht entstellend; daß wir Narren der Natur
>So furchtbarlich uns schütteln mit Gedanken,
>Die unsre Seele nicht erreichen kann? [Act 1, Sc. 4.]

Des Geistes Antwort.

Geist. Schon naht sich meine Stunde,
Wann ich den schwefflichten, qualvollen Flammen
Mich übergeben muß.

Hamlet. Ach, armer Geist!

Geist. Beklag' mich nicht, doch leih dein ernst Gehör
Dem, was ich kund will thun.

Hamlet. Sprich, mir ist's Pflicht zu hören.

Geist. Zu rächen auch, sobald du hören wirst.

Hamlet. Was?

Geist. Ich bin deines Vaters Geist:
Verdammt auf eine Zeitlang, Nachts zu wandern,
Und Tags gebannt, zu fasten in der Gluth,
Bis die Gebrechen meiner Zeitlichkeit
Hinweggeläutert sind. Wär' mir's nicht untersagt
Das Innre meines Kerkers zu enthüllen,
So höb' ich eine Kunde an, von der
Das kleinste Wort die Seele dir zermalmte,
Dein junges Blut erstarrte, deine Augen
Wie Stern' aus ihren Kreisen schießen machte,
Dir die verworrnen, kraußen Locken trennte,
Und sträubte jedes einzle Haar empor,
Wie Nadeln an dem zorn'gen Stachelthier:
Doch diese ew'ge Offenbarung faßt
Kein Ohr von Fleisch und Blut. — [Act 1, Sc. 5.]

Eifersucht.

Ihr Fluch.

Jago.   O, bewahrt euch, Herr, vor Eifersucht,
        Dem grünäugigen Scheusal, das besudelt

Othello.

Die Speise, die es nährt — Heil dem Betrog'nen,
Der, seiner Schmach bewußt, die Falsche haßt!
Doch welche Qualminuten zählt der Mann,
Der liebt, verzweifelt; argwohnt und vergöttert!
Arm und vergnügt ist reich und überreich;
Doch Cröfus' Reichthum ist so arm als Winter
Für den, der immer fürchtet, er verarme —
O Himmel, schütz' all' meiner Freunde Herz
Vor Eifersucht!
            [Act 3, Sc. 3.]
        Ihre Verblendung.
Jago. Ich will bei Cassio dieses Tuch verlieren,
Da soll er's finden. Dinge, leicht wie Luft
Sind für die Eifersucht Beweis, so stark
Wie Bibelsprüche . . . . .
Gefährliche Gedanken sind gleich Giften,
Die man zuerst kaum wahrnimmt am Geschmack,
Doch die nach kurzer Wirkung auf das Blut
Gleich Schwefelminen glühn.   [Act 3, Sc. 3.]
    Wie ihr Verstand und Charakter erliegen.
Othello. Gieb sprechende Beweise, daß sie falsch.
Jago. Ich hasse dies Geschäft:
Doch weil ich hierin schon so weit gegangen —
Verlockt durch Lieb' und dumme Redlichkeit, —
So fahr' ich fort. — Ich schlief mit Cassio jüngst,
Und da ein arger Schmerz im Zahn mich quälte,
Konnt' ich nicht ruhn.
Nun giebt es Menschen von so schlaffem Geist,
Daß sie im Traum ausschwatzen, was sie thun,
Und Cassio ist der Art.
Im Schlafe seufzt' er: süße Desdemona!
Sei achtsam, unsre Liebe halt' geheim!
Und dann ergriff und drückt' er meine Hand,

Rief: süßes Kind! — und küßte mich mit Inbrunst,
Als wollt' er Küsse mit der Wurzel reißen
Aus meinen Lippen, legte dann das Bein
Auf meines, seufzt' und küßte mich und rief:
Verwünschtes Loos, das dich dem Mohren gab!

Othello. O gräulich! gräulich!
Jago. Nun, dies war nur Traum.
Othello. Doch er bewies vorangegangne That.
Jago. Ein schlimm Bedenken ist's, sei's auch nur Traum;
Und dient vielleicht zur Stütze and'rer Proben,
Die schwach beweisen.
Othello. In Stücke reiß' ich sie!
Jago. Nein, mäßigt euch, noch sehn wir Nichts gethan;
Noch kann sie schuldlos sein. Doch sagt dies Eine, —
Saht ihr nie sonst in eures Weibes Hand
Ein feines Tuch, mit Erdbeer'n bunt gestickt?
Othello. So eines gab ich ihr, mein erst Geschenk.
Jago. Das wußt' ich nicht. Allein mit solchem Tuch
(Gewiß war es das ihre) sah ich heut
Cassio den Bart sich wischen.
Othello. Wär' es das, —
Jago. Das, oder sonst eins; kam's von ihr, so zeugt
Es gegen sie nebst jenen andern Zeichen.
Othello. O! daß der Sclav zehntausend Leben hätte!
Eins ist zu arm, zu schwach für meine Rache!
Nun seh' ich, es ist wahr. Blick her, o Jago,
So blas' ich meine Lieb' in alle Winde:
Hin ist sie. —
Auf, schwarze Rach'! aus deiner tiefen Hölle!
Gieb, Liebe, deine Kron' und Herzensmacht
Tyrann'schem Haß! dich sprenge deine Last,
O Busen, angefüllt mit Natterzungen!

Jago.   Ich bitt' euch, ruhig.
Othello.   Blut, o Jago, Blut!
Jago.   Geduld, vielleicht noch ändert ihr den Sinn.
Othello. Nie, Jago, nie! So wie des Pontus Meer,
Deß eis'ger Strom und fortgewälzte Fluth
Nie rückwärts ebben mag, nein, unaufhaltsam
In die Propontis rollt und Hellespont:
So soll mein blut'ger Sinn in wüth'gem Gang
Nie umschaun, noch zur sanften Liebe ebben,
Bis eine vollgenügend weite Rache
Ihn ganz verschlang. (Er kniet nieder.) Nun, beim kryftallnen
                    Aether,
Mit schuld'ger Ehrfurcht vor dem heil'gen Eid,
Verpfänd' ich hier mein Wort.

Jago (kniet auch). Bezeugt's ihr ewig glühn'den Lichter dort!
Ihr Elemente, die ihr uns umschließt!
Bezeugt, daß Jago hier sich meiht mit allem,
Was sein Verstand, was Herz und Hand vermag,
Othello's Schmach zu ahnden! Er gebiete,
Und zu gehorchen sei mir Liebespflicht,
Wie blutig auch die That.

Othello.   Ich grüße deine Liebe
Mit eitlem Dank nicht, nein, mit freud'gem Ja,
Und augenblicklich führ' ich dich an's Werk:
Laß in drei Tagen mich von dir vernehmen,
Daß Caffio nicht mehr lebt.

Jago.   Mein Freund ist todt; ihr wollt's, es ist geschehn. —
Sie aber schont.

Othello. Verdammt, verdammt sei sie, die büb'sche Dirne!
Komm, folge heimlich mir, ich will im Stillen
Ein schnelles Todesmittel mir verschaffen

Für diesen schönen Teufel. — Nun bist du mein Lieutnant.

Jago. Ich bin auf ewig euer. [Act 3, Sc. 3.]

Desdemona's Todesahnung.

Emilia. Wie geht's nun? Er scheint milder als zuvor.
Desdemona. Er sagt, er werde hier sein ungesäumt;
Er gab mir den Befehl, zu Bett zu gehn,
Und hieß mir, dich entlassen.
Emilia. Mich entlassen?
Desdemona. Ich will es also; darum, gutes Kind,
Gieb mir mein Nachtgewand, und lebe wohl!
Wir dürfen ihn jetzt nicht erzürnen.
Emilia. Hättet ihr ihn doch nie gesehn!
Desdemona. Das wollt' ich nicht, mein Herz hängt so an ihm,
Daß selbst sein Zorn, sein Trotz, sein Eigensinn —
Komm, steck' mich los — mir lieb und reizend dünkt.
Emilia. Die Tücher legt' ich auf, wie ihr's befahlt.
Desdemona. 'S ist Alles Eins. — Ach, was wir thöricht sind!
Sterb' ich vor dir, so bitt' dich, hülle mich
In eins von diesen Tüchern.
Emilia. Kommt, ihr schwatzt!
Desdemona. Meine Mutter hatt' ein Mädchen. — Bärbel hieß sie —
Die war verliebt, und treulos ward ihr Schatz,
Und lief davon. Sie hatt' ein Lied von Weide,
Ein altes Ding, doch paßt' es für ihr Leid;
Sie starb, indem sie's sang. Das Lied heut Nacht
Kommt mir nicht aus dem Sinn; ich hab' zu schaffen,
Daß ich nicht auch den Kopf so häng' und singe
Wie's arme Bärbel. Bitt' dich, mach geschwind.
Emilia. Soll ich eu'r Nachtkleid holen?
Desdemona. Nein, steck' mich hier nur los.
. . . . (Sie singt.)

Das Mägdlein saß singend am Feigenbaum früh,
   Singt Weide, grüne Weide!
Die Hand auf dem Busen, das Haupt auf dem Knie,
   Singt Weide, Weide, Weide!
Das Bächlein, es murmelt und stimmet mit ein;
   Singt Weide, grüne Weide!
Heiß rollt ihr die Thrän' und erweicht das Gestein;
Leg' dies bei Seite —
   Singt Weide, Weide, Weide!
Bitt' dich, mach' schnell, er kommt sogleich —
   Von Weiden all' flecht' ich mir nun den Kranz —
O scheltet ihn nicht, sein Zorn ist mir recht, —
   Nein, das kommt später, — horch! wer klopft da?

Emilia. Es ist der Wind.
Desdemona. Ich nannt' ihn: du Falscher! was sagt' er dazu?
   Singt Weide, grüne Weide!
      Seh' ich nach den Mädeln, nach den Buben siehst du.
So geh nun fort; gute Nacht! Mein Auge juckt,
Bedeutet das wohl Thränen?

Emilia.   Ei, mit nichten!
Desdemona. Ich hört' es so. — Die Männer! o die Männer!

[Act 4, Sc. 3.]

Wie eine praktische Frau über diese tragischen Conflicte denkt.

Desdemona. Glaubst du, auf dein Gewissen sprich, Emilia,
   Daß wirklich Weiber sind, die ihre Männer
   So gröblich täuschen?
Emilia.   Solche giebt's, kein Zweifel.
. . . .
Desdemona. Thätst du dergleichen um die ganze Welt?
Emilia. Die Welt ist mächtig weit; der Lohn wär' groß,
   Klein der Verstoß.
Desdemona.   Gewiß, du thät'st es nicht!

Emilia. Gewiß, ich thäte es, und machte es wieder ungethan, wenn ich's gethan hätte. Nun, freilich thäte ich so etwas nicht für einen Fingerring, noch für einige Ellen Battist, noch für Mäntel, Röcke und Hauben, oder solchen armseligen Kram; aber für die ganze Welt, — ei, wer hätte da nicht Lust, dem Manne Hörner aufzusetzen, und ihn zum Weltkaiser zu machen? Dafür wagte ich das Fegefeuer.

Desdemona. Ich will des Todes sein, thät' ich solch Unrecht
Auch um die ganze Welt.

Emilia. Ei nun, das Unrecht ist doch nur ein Unrecht in der Welt, und wenn euch die Welt für eure Mühe zu Theil wird, so ist's ein Unrecht in eurer eignen Welt. Ihr könnt es geschwind zu Recht machen.

Desdemona. Ich glaube doch, es giebt kein solches Weib.

Emilia. Ei, zehn für eins, und noch so viel in Kauf,
Die Welt, um die sie spielten, gleich zu füllen.
Allein mich dünkt, es ist der Männer Schuld,
Daß Weiber fallen. Wenn sie pflichtvergessen
In fremdem Schooß vergeuden unsern Schatz;
Wenn sie, verkehrt in launn'scher Eifersucht,
An's Haus uns fesseln; wenn sie gar uns schlagen,
Wenn sie in Leichtsinn unser Gut verthun,
Dann schwillt auch uns die Galle; wir sind fromm,
Doch nicht von Rachsucht frei. Sie sollens wissen,
Wir haben Sinne auch, wir sehn und riechen,
Und haben einen Gaum für süß und herbe,
Wie unsre Männer. Was bezwecken sie,
Wenn sie uns Andre vorziehn? Ist es Lust?
Ich denke, ja; treibt sie die Leidenschaft?
Ich denke, ja; ist's Schwachheit, die sie thört?
Gewiß; und haben wir nicht Leidenschaft?
Nicht Hang zur Lust? Und Schwachheit gleich den Männern?

Drum, wenn der Mann sich treulos von uns kehrte,
War's seine Bosheit, die uns Böses lehrte.
[Act 4, Sc. 3.]

Othello vor der That.

Othello. Die Sache will's, die Sache will's, mein Herz!
Laßt sie mich euch nicht nennen, keusche Sterne!
Die Sache will's. — Doch nicht ihr Blut vergieß' ich;
Noch ritz' ich diese Haut, so weiß wie Schnee,
Und sanft wie eines Denkmals Alabaster. —
Doch sterben muß sie, sonst betrügt sie Andre.
Thu' aus das Licht, und dann — thu' aus das Licht, —
Ja, lösch' ich dich, du flammenheller Diener —
Kann ich dein vorig Licht dir wiedergeben,
Sollt' ich's bereu'n; — doch dein Licht ausgethan,
Du reizend Muster herrlichster Natur,
Nie find' ich den Prometheusfunken wieder,
Dein Licht zu zünden. Pflückt' ich deine Rose,
Nie kann ich ihr den Lebenswuchs erneun,
Sie muß, muß welken; dufte mir vom Stamm! —
(Er küßt sie).
O würz'ger Hauch, der selbst Gerechtigkeit
Ihr Schwert zu brechen zwingt! — Noch einen! einen!
Sei wann du todt bist so, dann tödt' ich dich,
Und liebe dich nachher — noch einen und den letzten!
So süß war nie so tödtlich. Ich muß weinen.
Doch sind's grausame Thränen; dieser Schmerz
Ist, wie des Himmels, strafend, wo er liebt.
[Act 5, Sc. 2.]

Othello nach der That.

Othello. Sieh' her, ich hab' ein Schwert!
Ein Beß'res hat noch nie geschmückt die Hüfte
Eines Soldaten. Wohl war einst der Tag,

Othello.

       Wo mir der kleine Arm, dies gute Schwert
       Den Ausgang schaffte durch mehr Hinderniß,
       Als zwanzig Mal dein Zwang. Doch eitles Prahlen!
       Wer lenkt sein Schicksal? Das ist jetzt vorbei. —
       Seid nicht erschreckt, ob ihr bewehrt mich seht;
       Hier ist mein Reiseziel, mein Ankerplatz,
       Die fernste Seemark für mein ruhend Schiff.
       Trittst du zurück in Furcht? Du bangst umsonst;
       Zück' nur ein Schilfrohr auf Othello's Brust,
       Er weicht ihm. Wohin sollt' Othello gehn?
       Ach, wie siehst du nun aus, o Kind des Jammers,
       Bleich, wie dein Tuch! Wenn wir am Thron erscheinen,
       Wird dies, dein Bild, mich fort vom Himmel schleudern,
       Wo Furien euch ergreifen. Kalt, mein Mädchen?
       Wie deine Keuschheit!
       O du verfluchter Sclav! Peitscht mich, ihr Teufel,
       Weg von dem Anblick dieser Himmelsschönheit!
       Stürmt mich in Wirbeln! Röstet mich in Schwefel,
       Wascht mich in tiefen Schlünden flüß'ger Gluth!
       O Desdemona, Desdemona, todt?
       . . . .

Lodovico. Ihr müßt mit uns jetzt dieses Haus verlassen,
       Gewalt und Vollmacht sind euch abgenommen;
       Cassio befiehlt in Cypern. — Dieser Bube — (auf Jago)
       Giebt's irgend eine recht geschärfte Marter,
       Die lang' ihn hinhält und erfindrisch quält,
       Die sei für ihn. Ihr bleibt in strenger Haft,
       Bis über eure That berichtet ward
       Dem Staat Venedigs. Geht, und führt ihn weg.
Othello. Gemach! — nur noch zwei Worte, eh' ihr geht.
       Ich that Venedig manchen Dienst, man weiß es:
       Nichts mehr davon. — In euren Briefen, bitt' ich,

Othello.

Wenn ihr von diesem Unheil Kunde gebt,
Sprecht von mir, wie ich bin — verkleinert Nichts,
Noch setzt in Bosheit zu. Dann müßt ihr melden
Von einem, der nicht klug, doch zu sehr liebte;
Nicht leicht argwöhnte, doch einmal erregt
Unendlich ras'te: Von einem, dessen Hand,
Dem niedern Juden gleich, die Perle wegwarf,
Mehr werth, als all' sein Volk; deß überwundnes Auge;
Sonst nicht gewöhnt zu schmelzen, sich ergeußt
In Thränen, wie Arabiens Bäume thau'n
Von heilungskräft'gem Balsam — schreibt das Alles;
Und fügt hinzu: daß in Aleppo, wo
Ein gift'ger Türk' in hohem Turban einst
'Nen Venetianer schlug und schalt den Staat, —
Ich den Beschnittnen Hund am Hals' ergriff
Und traf ihn — so! (Er ersticht sich.)

Lodovico. O Blut'ges Ende!

. . . .

Othello. Ich küßte dich,
Eh' ich dir Tod gab — nun sei dies der Schluß:
Mich selber tödtend sterb' ich so im Kuß.

. . . . [Act 5, Sc. 2.]

Wie Selbstsucht dient.

Jago. Ich dien' ihm, um mir's einzubringen; ei, wir können
Nicht Alle Herrn sein, nicht kann jeder Herr
Getreue Diener haben. Seht ihr doch
So manchen pflicht'gen, kniegebeugten Schuft,
Der, ganz verliebt in seine Sclavenfessel,
Ausharrt, recht wie die Esel seines Herrn,
Ums Heu, und wird im Alter fortgejagt. —
Peitscht mir solch redlich Volk! Dann giebt es Andre,
Die ausstaffirt mit Blick und Form der Demuth,

Othello.

Ein Herz bewahren, das nur sich bedenkt;
Die nur Scheindienste leisten ihren Obern,
Durch sie gedeihn, und wann ihr Pelz gefüttert,
Sich selbst Gebieter sind. Die Burschen haben Witz,
Und dieser Zunft zu folgen ist mein Stolz.

[Act 1, Sc. 1.]

Ohnmächtige Klage verschlimmert das Unheil.

Herzog. Wem Nichts mehr hilft, der muß nicht Gram verschwenden,
Und wer das Schlimmste sah, die Hoffnung enden;
Unheil beklagen, das nicht mehr zu bessern,
Heißt um so mehr das Unheil nur vergrößern.
Was nicht zu retten, laß dem falschen Glück,
Und gieb Geduld für Kränkung ihm zurück.
Zum Raube lächeln, heißt den Dieb bestehlen,
Doch selbst beraubst du dich durch nutzlos Quälen.

[Act 1, Sc. 3.]

Der Wille macht den Character.

Jago. In uns selber liegt's, ob wir so sind, oder anders. Unser Körper ist ein Garten, und unser Wille der Gärtner, so daß, ob wir Nesseln drin pflanzen wollen oder Salat bauen, Ysop aufziehn oder Thymian ausjäten; ihn dürftig mit einerlei Kraut besetzen, oder mit mancherlei Gewächs aussaugen; ihn müßig verwildern lassen, oder fleißig in Zucht halten — ei, das Vermögen dazu und die bessernde Macht liegt durchaus in unserm Willen. Hätte der Wagbalken unsers Lebens nicht eine Schale von Vernunft, um eine andre von Sinnlichkeit aufzuwiegen, so würde unser Blut und die Bösartigkeit unsrer Triebe uns zu den ausschweifendsten Verkehrtheiten führen; aber wir haben die Vernunft, um die tobenden Leidenschaften, die fleischlichen Triebe, die zügellosen Lüste zu kühlen.

[Act 1, Sc. 3.]

Othello.

Zieh' den alten Kittel an!
Volkslied.

Jago.
Königl Stephan war ein wackrer Held,
Eine Krone kostet ihm sein Rock;
Das fand er um sechs Grot gepreßt,
Und schalt den Schneider einen Bock.

Und war ein Fürst von großer Macht,
Und du bist solch geringer Mann:
Stolz hat manch Haus zu Fall gebracht,
Drum zieh' den alten Kittel an. [Act 2, Sc. 3.]

Seesturm.

Montano. Mir scheint, der Wind blies überlaut vom Ufer;
Nie traf so voller Sturm die Außenwerke.
Wenn's eben so rumort hat auf der See:
Welch eichner Kiel, wenn Berge niederstürzen,
Bleibt festgefügt? Was werden wir noch hören?
Zweiter Edelmann. Zerstreuung wohl des türkischen Geschwaders.
Denn, stellt euch nur an den beschäumten Strand,
Die zorn'ge Woge sprüht bis an die Wolken;
Die sturmgepeitschte Fluth will mächt'gen Schwalls
Den Schaum hinwerfen auf die glühn'den Bären,
Des ewig festen Poles Wacht zu löschen.
Nie sah ich so verderblichen Tumult
Des zorn'gen Meers. [Act 2, Sc. 1.]

König Lear.

Eines „Narren" Meinung über die Erfolge der Wahrheit.

Narr. Wahrheit ist ein Hund, der ins Loch muß und hinaus-
gepeitscht wird, während Madame Schooßhündinn am Feuer
stehen und stinken darf.   [Act 1, Sc. 4.]

Ein Beispiel dazu.

Lear. Sagt mir, meine Töchter,
(Da wir uns jetzt entäußern der Regierung,
Des Landbesitzes und der Staatsgeschäfte), —
Welche von euch liebt uns nun wohl am meisten?
Daß wir die reichste Gabe spenden, wo
Verdienst sie und Natur heischt. Goneril,
Du Erstgeborne, sprich zuerst!

Goneril. Mein Vater,
Mehr lieb' ich euch, als Worte je umfassen,
Weit inniger als Licht und Luft und Freiheit,
Weit mehr, als was für reich und selten gilt,
Wie Schmuck des Lebens, Wohlsein, Schönheit, Ehre,
Wie je ein Kind geliebt, ein Vater Liebe fand.
Der Athem dünkt mich arm, die Sprache stumm,
Weit mehr, als alles das, lieb' ich euch noch.

Cordelia. Was thut Cordelia nun? Sie liebt und schweigt.

Lear. All' dies Gebiet, von dem zu jenem Strich,
An schatt'gen Forsten und Gefilden reich,
An vollen Strömen und weit grünen Triften,
Beherrsche du: dir und Albaniens Stamm
Sei dies auf ewig. Was sagt unsre zweite Tochter,
Die theure Regan, Cornwall's Gattinn? Sprich!

Regan. Ich bin vom selben Stoff wie meine Schwester,
Und schätze mich ihr gleich. Mein treues Herz
Fühlt, all mein Lieben hat sie euch genannt;
Nur bleibt sie noch zurück: denn ich erkläre

König Lear.

        Mich als die Feindinn jeder andern Lust,
        Die in der Sinne reichstem Umkreis wohnt,
        Und fühl' in eurer theuren Hoheit Liebe
        Mein einzig Glück.

Cordelia.   Arme Cordelia dann!
        Und doch nicht arm; denn meine Lieb', ich weiß,
        Wiegt schwerer als mein Wort.

Lear.   Dir und den Deinen bleib' als Erb' auf immer
        Dies zweite Drittheil unsers schönen Reichs,
        An Umfang, Werth und Anmuth minder nicht,
        Als was ich Gon'ril gab. Nun unf're Freude,
        Die jüngste, nicht geringste, deren Liebe
        Die Weine Frankreichs und die Milch Burgunds
        Nachstreben; was sagst du, dir zu gewinnen
        Ein reicheres Drittheil, als die Schwestern? Sprich!

Cordelia. Nichts, gnäd'ger Herr!
Lear.   Nichts?
Cordelia. Nichts.
Lear.   Aus Nichts kann Nichts entstehn. Sprich noch einmal.
Cordelia. Ich Unglücksel'ge, ich kann nicht mein Herz
        Auf meine Lippen heben; ich lieb' eu'r Hoheit,
        Wie's meiner Pflicht geziemt, nicht mehr, nicht minder.
Lear.   Wie? Wie? Cordelia! Beff're deine Rede,
        Sonst schad'st du deinem Glück.

Cordelia.   Mein theurer Herr,
        Ihr zeugtet, pflegtet, liebtet mich; und ich
        Erwiedr' euch diese Wohlthat, wie ich muß,
        Gehorch' euch, lieb' euch und verehr' euch hoch.
        Wozu den Schwestern Männer, wenn sie sagen,
        Sie lieben euch nur? Würd' ich je vermählt,
        So folgt dem Mann, der meinen Schwur empfing,
        Halb meine Treu', halb meine Lieb' und Pflicht.

König Lear.

     Gewiß, nie werd' ich frei'n wie meine Schwestern,
     Den Vater nur allein zu lieben.
Lear. Und kommt dir das von Herzen?
Cordelia.   Ja, mein Vater!
Lear. So jung, und so unzärtlich?
Cordelia. So jung, mein Vater, und so wahr.
Lear. Sei's drum. Nimm deine Wahrheit dann zur Mitgift:
     Denn bei der Sonne heil'gem Strahlenkreis,
     Bei Hekates Verderben, und der Nacht,
     Bei allen Kräften der Planetenbahn,
     Durch die wir leben und dem Tod verfallen,
     Sag' ich mich los hier aller Vaterpflicht,
     Aller Gemeinsamkeit und Blutsverwandtschaft,
     Und wie ein Fremdling meiner Brust und mir
     Sei du von jetzt auf ewig!   [Act 1, Sc. 1.]

Wie eitle Selbstüberhebung den Undank ihrer Schmeichler erträgt.

Kent. Wer ist da, außer schlechtem Wetter?
Ritter. Ein Mann, gleich diesem Wetter, höchst bewegt.
Kent. Ich kenn' euch; wo ist der König?
Ritter. Im Kampf mit dem erzürnten Element.
     Er heißt den Sturm die Erde weh'n ins Meer,
     Oder die krause Fluth das Land ertränken,
     Daß Alles wandle oder untergeh':
     Rauft aus sein weißes Haar, das wüth'ge Windsbraut
     Mit blindem Grimm erfaßt und macht zu Nichts.
     Er will in seiner kleinen Menschenwelt
     Des Sturms und Regens Wettkampf übertrotzen.
     In dieser Nacht, wo bei den Jungen gern
     Die ausgesogne Bärinn bleibt, der Löwe
     Und hungergrimm'ge Wolf gern trocken halten

König Lear.

Ihr seßt, rennt er mit unbedecktem Haupt,
Und heißt, was immer will, hinnehmen Alles.
[Act 3, Sc. 1.]

Lear im Sturm.

Lear. Blas't, Wind', und sprengt die Backen! Wüthet! Blas't! —
Ihr Cataract' und Wolkenbrüche, speit,
Bis ihr die Thürm' ersäuft, die Höh'n ertränkt!
Ihr schweflichten, gedankenschnellen Blitze,
Vortrab dem Donnerkeil, der Eichen spaltet,
Versengt mein weißes Haupt! Du Donner schmetternd,
Schlag' flach das mächt'ge Rund der Welt; zerbrich
Die Formen der Natur, vernicht' auf Eins
Den Schöpfungskeim des undankbaren Menschen.

Narr. Ach Gevatter, Hofweihwasser in einem trocknen Hause ist
besser, als dies Regenwasser draußen. Lieber Gevatter,
hinein und bitt' um deiner Töchter Segen; das ist 'ne Nacht,
die sich weder des Weisen noch des Thoren erbarmt.

Lear. Rasse nach Herzenslust! Spei' Feuer, fluthe Regen;
Nicht Regen, Wind, Blitz, Donner, sind meine Töchter:
Euch schelt' ich grausam nicht, ihr Elemente:
Euch gab ich Kronen nicht, nannt' euch nicht Kinder,
Euch bindet kein Gehorsam; darum büßt
Die grause Lust: Hier steh' ich, euer Sclav',
Ein alter Mann, arm, elend, siech, verachtet:
Und dennoch knecht'sche Helfer nenn' ich euch,
Die ihr im Bund mit zwei verruchten Töchtern
Thürmt eure hohen Schlachtreih'n auf ein Haupt
So alt und weiß, als dies. O, o, 's ist schändlich!

. . . .

Jetzt, große Götter,
Die ihr so wild ob unsern Häuptern wettert,
Sucht eure Feinde auf: Zittre, du Frevler,

Auf dem verborgne Unthat ruht, vom Richter
Noch ungestraft! — Versteck' dich, blut'ge Hand:
Meineid'ger Schalk, und du, o Tugendheuchler,
Der in Blutschande lebt! Zerscheitre Sünder,
Der unterm Mantel frommer Ehrbarkeit
Mord stiftete! Ihr tief verschloss'nen Gräu'l,
Sprengt den verhüll'nden Zwinger, fleht um Gnade
Die graufen Mahner. — Ich bin ein Mann, an dem
Man mehr gefündigt, als er fündigte......
     Mein Geift beginnt zu schwindeln.
Wie geht's, mein Junge? Komm, mein Junge! Friert dich?
Mich selber friert. Wo ist die Streu, Kam'rad?
Die Kunst der Noth ist wundersam; sie macht
Selbst Schlechtes köstlich. Nun zu deiner Hürde. —
Du armer Schelm und Narr, mir blieb ein Stückchen
Vom Herzen noch, und das bedauert dich.

Narr. Wem der Witz nur schwach und gering bestellt,
   Hop heisa bei Regen und Wind,
   Der füge sich still in den Lauf der Welt,
   Denn der Regen, der regnet jeglichen Tag.

          [Act 3, Sc. 2.]

Vater und Tochter.
Cordelia's Schmerz.

Kent. Reizten eure Briefe die Königinn nicht zu Aeußerungen des
   Schmerzes?

Edelmann. Ja wohl, sie nahm sie, las in meinem Beisein,
   Und dann und wann rollt' eine volle Thräne
   Die zarte Wang' herab; es schien, daß sie
   Als Kön'ginn ihren Schmerz regierte der
   Rebellisch wollt' ihr König sein.

Kent.   O dann
   Ward sie bewegt.

Edelmann. Doch nicht zum Zorn. Geduld und Kummer stritten,
 Wer ihr den stärksten Ausdruck lieh. Ihr saht
 Regen zugleich und Sonnenschein: ihr Lächeln
 Und ihre Thränen war wie Frühlingstag.
 Dies sel'ge Lächeln, das die frischen Lippen
 Umspielte, schien, als wiss' es um die Gäste
 Der Augen nicht, die so von diesen schieden,
 Wie Perlen von Demanten tropfen. Kurz,
 Der Gram würd' als ein Schatz gesucht, wenn jeden
 Er also schmückte.
Kent.   Hat sie Nichts gesprochen?
Edelmann. Ja, mehrmals seufzte sie den Namen Vater
 Stöhnend hervor, als preßt' er ihr das Herz:
 Rief: Schwestern! Schwestern! Was, in Sturm und Nacht?
 Glaubt an kein Mitleid mehr! Dann strömten ihr
 Die heil'gen Thränen aus den Himmelsaugen
 Und netzten ihren Laut; sie stürzte fort,
 Allein mit ihrem Gram zu sein.   [Act 4, Sc. 3.]

Das Wiedersehn.

Cordelia. Mein theurer Vater! O Genesung, gieß
 Heilkräfte meinen Lippen; dieser Kuß
 Lindre den grimmen Schmerz, mit dem die Schwestern
 Dein Alter kränkten!
Kent.   Güt'ge, liebe Fürstinn!
Cordelia. Warst du ihr Vater nicht — dies Silberhaar
 Verlangte Mitleid. O war dies ein Haupt,
 Dem Sturm der Elemente preis zu geben?
 Dem lauten, furchtbar'n Donner? — Stand zu halten
 Dem höchst grau'nvollen, schnell beschwingten Flug
 Gekreuzter Blitze? Meines Feindes Hund,
 Und hätt' er mich gebissen, durft' in jener Nacht

König Lear.

        An meinem Feuer stehn — und dir, mein Vater,
        Genügte sauses, kurzes Stroh bei Schweinen
        Und vogelfreiem Volk! Ach Gott! ach Gott!
        Ein Wunder, daß dein Leben nicht zugleich
        Mit deinen Sinnen schied. Er wacht: sprecht zu ihm!

Arzt. Thut ihr's, Mylady; 's ist am Besten.

Cordelia. Was macht mein königlicher Herr? Wie geht's
        Eu'r Majestät?

Lear. 'S ist Unrecht, daß ihr aus dem Grab mich nehmt.
        Du bist ein sel'ger Geist, ich bin gebunden
        Auf einem Feuerrad, das meine Thränen
        Durchglühn, wie flüssig Blei.

Cordelia.   Herr, kennt ihr mich?

Lear. Du bist ein Geist, ich weiß es wohl, — wann starbst du?

Cordelia. Noch immer weit, weit weg!

Arzt. Er ist kaum wach, laßt ihn ein Weilchen ruhig.

Lear. Wo war ich denn? wo bin ich? — Heller Tag? —
        Man täuscht mich arg — ich stürbe wohl vor Mitleid,
        Erblickt' ich Andre so — wie ist mir doch?
        Ich will nicht schwören, dies sei meine Hand —
        Laß seh'n! ich fühle diesen Nadelstich.
        Wär' ich doch überzeugt von meinem Zustand!

Cordelia. O, seht auf mich, Mylord!
        Hebt eure Hand zum Segen über mich!
        Nein, Herr, ihr müßt nicht knieen.

Lear.   Spottet meiner nicht!
        Ich bin ein schwacher, kind'scher, alter Mann,
        Achtzig und drüber: keine Stunde mehr
        Noch wen'ger, und grad' heraus,
        Ich fürchte fast, ich bin nicht recht bei Sinnen.
        Mich dünkt, ich kenn' euch, kenn' auch diesen Mann,
        Doch zweifl' ich noch, denn ich begreif es nicht,

König Lear.

             An welchem Ort ich bin; all' mein Verstand
             Entsinnt sich dieser Kleider nicht, noch weiß ich,
             Wo ich die Nacht schlief. Lacht nicht über mich,
             Denn so gewiß ich lebe,
             Die Dame halt' ich für mein Kind Cordelia.
Cordelia. Das bin ich auch! Ich bin's! —
Lear.   Sind deine Thränen naß? Ja, wirklich! Bitte,
          O weine nicht!
          Wenn du Gift für mich hast, so will ich's trinken,
          Ich weiß, du liebst mich nicht; denn deine Schwestern,
          So viel ich mich erinnre, kränkten mich;
          Du hattest Grund, sie nicht.
Cordelia. Kein Grund! Kein Grund!
Lear.   Bin ich in Frankreich?
Cordelia. In eurem eignen Königreich, Mylord!
Lear.   Betrügt mich nicht!
Arzt.   Seid ruhig, hohe Frau!
          Die große Wuth ist, wie ihr seht, geheilt;
          Doch wär's gefährlich, die verlorne Zeit
          Ihm zu erklären. Führt ihn jetzt hinein!
          Und stört ihn nicht, bis er sich mehr erholt.
Cordelia. Beliebt es euch, hineinzugehn, mein König?
Lear.   O habt Geduld mit mir! Bitte, vergeßt,
          Vergeßt, denn ich bin alt und kindisch. [Act 4, Sc. 7.]

Der Triumph des Herzens über das Schicksal.
(Lear und Cordelia als Gefangene.)

Edmund.   Hauptleute, führt sie weg! In strenge Haft,
          Bis deren höchster Wille wird verkündet,
          Die ihre Richter.
Cordelia.   Ich bin nicht die Erste,
          Die, Gutes wollend, dulden muß das Schwerste.

König Lear.

	Dein Unglück, Vater, beugt mir ganz den Muth,
	Sonst übertrotzt' ich wohl des Schicksals Wuth.
	Sehn wir nicht diese Töchter? Diese Schwestern?
Lear.	Nein, nein, nein, nein! Kommt fort! Zum Kerker, fort! —
	Da laß uns singen, wie Vögel in dem Käsig.
	Bitt'st du um meinen Segen, will ich knie'n
	Und dein Verzeihn erflehn; so woll'n wir leben,
	Beten und singen, Mährchen uns erzählen,
	Und über goldne Schmetterlinge lachen.
	Wir hören armes Volk vom Hofe plaudern,
	Und schwatzen mit; wer da gewinnt, verliert;
	Wer in, wer aus der Gunst; und thun so tief
	Geheimnißvoll, als wären wir Propheten
	Der Gottheit: und so überdauern wir
	Im Kerker Ränk' und Spaltungen der Großen,
	Die ebben mit dem Mond und fluthen.
Edmund.	Führt sie fort!
Lear.	Auf solche Opfer, o Cordelia, streun
	Die Götter selbst den Weihrauch. Hab' ich dich?
	Wer uns will trennen, muß mit Himmelsbränden
	Uns scheuchen; wie die Füchse. Weine nicht!
	Die Pest soll sie verzehren, Fleisch und Haut,
	Eh' sie uns weinen machen — nein, eh' sollen sie
	Verschmachten! Komm! [Act 5, Sc. 3.]

Das verheiß'ne Ende.

(Lear kommt, seine Tochter Cordelia todt in den Armen tragend.)

Lear.	Heult, heult, heult, heult! O ihr seid All' von Stein!
	Hätt' ich eu'r Aug' und Zunge nur, mein Jammer
	Sprengte des Himmels Wölbung! — Hin auf immer!
	Ich weiß, wenn Einer todt und wenn er lebt:
	Todt wie die Erde. Gebt 'nen Spiegel her;

König Lear.

Und wenn ihr Hauch die Fläche trübt und kreist,
Dann lebt sie.

Kent Ist dies das verheiß'ne Ende?
Edgar. Sind's Bilder jenes Grau'ns?
Albanien. Brich, Welt, vergeh!
Lear. Die Feder regte sich, sie lebt! O lebt sie,
So ist's ein Glück, das allen Kummer tilgt,
Den ich jemals gefühlt.......
Fluch über euch, Verräther, Mörder, All'! —
Ich konnt' sie retten; nun dahin auf immer!
Cordelia! Cordelia! Wart' ein wenig, ha!
Was sprachst du? — Ihre Stimme war stets sanft,
Zärtlich und mild; ein köstlich Ding an Frau'n —
Ich schlug den Sclaven todt, der dich gehängt.
. . . .
Und todt mein armes Närrchen? — Nein! Kein Leben!
Ein Hund, ein Pferd, 'ne Maus soll Leben haben,
Und du nicht einen Hauch? — O, du kehrst nimmer wieder,
Niemals, niemals, niemals, niemals, niemals! —
Ich bitt' euch, knöpft hier auf! — Ich dank' euch, Herr!
Seht ihr dies? Seht sie an! — Seht ihre Lippen,
Seht hier, — seht hier! — (Er stirbt.) [Act 5, Sc. 3.]

Religion der Verzweiflung.

Gloster. Was Fliegen sind
Den müß'gen Knaben, das sind wir den Göttern;
Sie tödten uns zum Spaß. [Act 4, Sc. 1.]

Schuld und Unglück nicht des Schicksals Werk, sondern des Willens.

Edmund. Das ist die ausbündige Narrheit dieser Welt, daß, wenn
wir am Glück krank sind, — oft durch die Uebersättigung

unsres Wesens — wir die Schuld unsrer Unfälle auf Sonne, Mond und Sterne schießen, als wenn wir Schurken wären durch Nothwendigkeit; Narren durch himmlische Einwirkung; Schelme, Diebe und Verräther durch die Uebermacht der Sphären; Trunkenbolde, Lügner und Ehebrecher durch erzwungene Abhängigkeit von planetarischem Einfluß; und Alles, worin wir schlecht sind, durch göttlichen Anstoß. Eine herrliche Ausflucht für den Lüderlichen, seine hitzige Natur den Sternen zur Last zu legen! — Mein Vater ward mit meiner Mutter einig unterm Drachenschwanz, und meine Nativität fiel unter ursa major; und so folgt denn, ich müsse rauh und verbuhlt sein. Ei was, ich wäre geworden, was ich bin, wenn auch der jungfräulichste Stern am Firmament auf meine Bastardisirung geblickt hätte.

[Act 1, Sc. 2.]

Die Gerechtigkeit der Welt.

Lear. Kann man doch sehn, wie es in der Welt hergeht, ohne Augen. Schau mit dem Ohr; sieh, wie jener Richter auf jenen einfältigen Dieb schmält. Horch — unter uns — den Platz gewechselt und die Hand gedreht: wer ist Richter, wer Dieb? Sahst du wohl eines Pächters Hund einen Bettler anbellen?

Gloster. Ja, Herr!

Lear. Und der Wicht lief vor dem Köter: da konntest du das große Bild des Ansehens erblicken; dem Hund im Amt gehorcht man.
Du schuft'ger Büttel, weg die blut'ge Hand!
Was geißelst du die Dirne? Peitsch' dich selbst!
Dich lüstet heiß mit ihr zu thun, wofür
Dein Arm sie stäupt. Der Wuchrer hängt den Gauner;
Zerlumptes Kleid bringt kleinen Fehl ans Licht,
Talar und Pelz birgt Alles. Hüll' in Gold die Sünde,

Der starke Speer des Rechts bricht machtlos ab; —
In Lumpen, — des Pygmäen Halm durchbohrt sie.
Kein Mensch ist sündig; keiner, sag' ich, keiner;
Und ich verbürg' es, wenn — versteh', mein Freund, —
Er nur des Klägers Mund versiegeln kann.
[Act 4, Sc. 6.]

Die Gerechtigkeit Gottes.

Edgar. Die Götter sind gerecht: aus unsern Lüsten
Erschaffen sie das Werkzeug, uns zu geißeln.
[Act 5, Sc. 3.]

Was Schmeichler werth sind.

Lear. Sie schmeichelten mir, wie Hunde, und erzählten mir, ich hätte weiße Haare im Bart, ehe die schwarzen kamen. — Ja und Nein zu sagen zu Allem, was ich sagte! Ja und Nein zugleich! Das war keine gute Theologie. Als der Regen einst kam, mich zu durchnässen, und der Wind mich schauern machte, und der Donner auf mein Geheiß nicht schweigen wollte, da fand ich sie, da spürte ich sie aus. Nichts da, es ist kein Verlaß auf sie; sie sagten mir, ich sei Alles; das ist eine Lüge, ich bin nicht fieberfest.
[Act 4, Sc. 6.]

Bedürfniß und Ueberfluß.

Lear. O streite nicht, was nöthig sei. Der schlechtste Bettler
Hat bei der größten Noth noch Ueberfluß.
Gieb der Natur nur das, was nöthig ist,
So gilt des Menschen Leben, wie des Thiers.
Du bist 'ne Edelfrau;
Wenn warm gekleidet gehn schon prächtig wäre,
Nun, der Natur thut deine Pracht nicht noth,
Die kaum dich warm hält; doch für wahre Noth —
Gebt, Götter mir Geduld, Geduld thut noth!
[Act 2, Sc. 4.]

König Lear.

Eine Lebensregel, die von den Narren gegeben, aber von den Klugen befolgt wird.

Narr. Laß ja die Hand los, wenn ein großes Rad den Hügel hinabrollt, damit dirs nicht den Hals breche, wenn du ihm folgst; wenn aber das große Rad den Hügel hinaufgeht, dann laß dich's nachziehn. Wenn dir ein Weiser einen besseren Rath giebt, so gieb mir meinen zurück; ich möchte nicht, daß Andere als Schelmen ihm folgten, da ein Narr ihn giebt.

Herr, wer euch dient für Gut und Geld
Und nur gehorcht zum Schein,
Packt ein, sobald ein Regen fällt,
Läßt euch im Sturm allein.
Doch ich bin treu; der Narr verweilt,
Läßt fliehn der Weisen Schaar:
Der Schelm wird Narr, der falsch enteilt,
Der Narr kein Schelm fürwahr. [Act 2, Sc. 4.]

Der Stein der Weisen.

Narr. Gieb Acht! Gevatter!
Halt', was du verheiß'st,
Verschweig', was du weißt,
Hab' mehr, als du leihst,
Reit' immer zumeist,
Sei wachsam im Geist,
Nicht würfle zu dreist,
Laß Dirnen und Wein
Und Tanz und Schalmei'n,
So find'st du den Stein
Der Weisen allein. [Act 1, Sc. 4.]

Eines Ehrenmannes Beruf.

Kent. Mein Beruf ist, nicht weniger zu sein, als ich scheine; dem

König Lear.

treu zu dienen, der's mit mir versuchen will; den zu lieben,
der ehrlich ist; mit dem zu verkehren, der Verstand hat
und wenig spricht; den guten Leumund zu achten und zu
fechten, wenn ich's nicht ändern kann.   [Act 1, Sc. 4.]

Das Glaubensbekenntniß der genialen Selbstsucht.

Edmund. Natur, du meine Göttinn! deiner Satzung
Gehorch' ich einzig. Weßhalb sollt' ich dulden
Die Plagen der Gewohnheit, und gestatten,
Daß mich der Völker Eigensinn enterbt,
Weil ich ein zwölf, ein vierzehn Mond' erschien
Nach einem Bruder? — Was Bastard? Weßhalb unächt?
Wenn meiner Glieder Maaß so stark gefügt,
Mein Sinn so frei, so adlig meine Züge,
Als einer Ehgemahsinn Frucht! Warum
Mit unächt uns brandmarken? Bastard? Unächt?
Uns, die im heißen Diebstahl der Natur
Mehr Stoff empfahn und kräft'gern Feuergeist,
Als in verdumpftem, trägem, schalem Bett
Verwandt wird auf ein ganzes Heer von Tröpfen,
Halb zwischen Schlaf gezeugt und Wachen? Drum,
Aechtbürt'ger Edgar! Mein wird noch dein Land: —
Des Vaters Liebe hat der Bastard Edmund
Wie der Aechtbürt'ge. Schönes Wort: ächtbürtig!
Wohl, mein Aechtbürt'ger, wenn dies Brieflein wirkt
Und mein Erfinden glückt, stürzt den Aechtbürt'gen
Der Bastard Edmund. Ich gedeih', ich wachse!
Nun, Götter, schirmt Bastarde!   [Act 1, Sc. 2.]

Biedre Schurken.
            Das ist ein Bursch,
Der, einst gelobt um Derbheit, sich befleißt
Vorwitz'ger Rohheit, und sein Wesen zwängt

König Lear.

Zu fremdem Schein: der kann nicht schmeicheln, der!
Ein ehrlich, grad Gemüth — spricht nur die Wahrheit!
Geht's durch, nun gut, wenn nicht — so ist er grade.
Ich kenne Schurken, die in solche Gradheit
Mehr Arglist hüllen, mehr verruchten Plan,
Als zwanzig fügsam unterthän'ge Schranzen,
Die schmeichelnd ihre Pflicht noch überbieten.

[Act 3, Sc. 3.]

Solamen miseris socios habuisse malorum.

Edgar. Sehn wir den Größern tragen unsern Schmerz,
Kaum rührt das eigne Leid noch unser Herz.
Wer einsam duldet, fühlt die tiefste Pein,
Fern jeder Lust, trägt er den Schmerz allein:
Doch kann das Herz viel Leiden überwinden,
Wenn sich zur Qual und Noth Genossen finden.

[Act 3, Sc. 6.]

Schilderung der Dower-Klippe.

Edgar. Kommt, Herr, hier ist der Ort: steht still! wie grau'nvoll
Und schwindelnd ist's, so tief hinab zu schaun!
Die Kräh'n und Dohlen, die die Mitt' umflattern,
Sehn kaum wie Käfer aus — halbwegs hinab
Hängt Einer, Feuchel sammelnd, — schrecklich Handwerk!
Mich dünkt, er scheint nicht größer, als sein Kopf.
Die Fischer, die am Strande gehn entlang,
Sind Mäusen gleich; das hohe Schiff am Anker
Verjüngt zu einem Boot; das Boot zum Tönnchen,
Beinah zu klein dem Blick; die dumpfe Brandung,
Die murmelnd auf zahllosen Kieseln tobt,
Schallt nicht bis hier. — Ich will nicht mehr hinabsehn,
Daß nicht mein Hirn sich dreht, mein wirrer Blick
Mich taumelnd stürzt hinab.

[Act 4, Sc. 6.]

Versuchung.

Banquo. Oft, uns in eignes Elend zu verloßen,
 Erzählen Wahrheit uns des Dunkels Schergen,

Macbeth.

            Verlocken uns durch schuldlos Spielwerk, uns
            Dem tiefsten Abgrund zu verrathen. . . . .
Macbeth. Die Anmaßung von jenseits der Natur
            Kann schlimm nicht sein, — kann gut nicht sein: — wenn
                                          schlimm, —
            Was giebt sie mir ein Handgeld des Erfolgs,
            Wahrhaft beginnend? Ich bin Than von Cawdor: —
            Wenn gut, — warum besängt mich die Versuchung?
            Deren entsetzlich Bild aufsträubt mein Haar,
            So daß mein festes Herz ganz unnatürlich
            An meine Rippen schlägt. — Erlebte Greuel
            Sind schwächer, als das Graun der Einbildung.
            Mein Traum, deß Mord nur noch ein Hirngespinnst,
            Erschüttert meine schwache Menschheit so,
            Daß jede Lebenskraft in Ahnung schwindet,
            Und Nichts ist, als was nicht ist.
Banquo.   Seht den Freund,
            Wie er verzückt ist.
Macbeth.   Will das Schicksal mich
            Als König, nun, mag mich das Schicksal krönen,
            Thu' ich auch Nichts.
Banquo.   Die neue Würde engt ihn,
            Wie fremd Gewand sich auch nur durch Gewohnheit
            Dem Körper fügt.
Macbeth.   Komme, was kommen mag;
            Die Stund' und Zeit durchläuft den rauhsten Tag.
                                                     [Act. 1, Sc. 3.]

Dämonische Größe entschlossener Selbstsucht.

Lady Macbeth (allein). Glamis bist du; und Cawdor; und sollst werden,
            Was dir verheißen ward: — doch fürcht' ich dein Gemüth;
            Es ist zu voll von Milch der Menschenliebe,

Das Nächste zu erfassen. Groß möcht'st du sein,
Bist ohne Ehrgeiz nicht; doch fehlt die Bosheit,
Die ihn begleiten muß. Was recht du möchtest,
Das möcht'st du rechtlich; möchtest falsch nicht spielen,
Und unrecht doch gewinnen: möchtest gern
Das haben, großer Glamis, was dir zuruft:
„Dies mußt du thun, wenn du es haben willst!"
Und was du mehr dich scheust zu thun, als daß
Du ungethan es wünschest. Eil' hieher,
Auf daß ich meinen Muth in's Ohr dir gieße;
Und Alles weg mit tapfrer Zunge geißle,
Was von dem goldnen Zirkel dich zurückdrängt,
Womit Verhängniß dich und Zaubermacht
Im voraus schon gekrönt zu haben scheint.
          (Ein Diener tritt auf).
Was giebt es Neues?

Diener. Noch vor Abend kommt der König.

Lady Macbeth.   Tolle Rede sprichst du;
Ist nicht dein Herr bei ihm? der, wär' es so,
Der Anstalt wegen es gemeldet hätte.

Diener. Verzeiht, es ist doch wahr. Der Than kommt gleich,
Denn ein Kam'rad von mir ritt ihm voraus;
Fast todt von großer Eil' hatt' er kaum Athem
Die Botschaft zu bestellen.

Lady Macbeth.   Sorgt für ihn,
Ihr bringt uns große Zeitung. (Der Diener geht ab).
                    Selbst der Rab' ist heiser,
Der Duncans schicksalsvollen Einzug krächzt
Unter mein Dach. — Kommt, Geister, die ihr lauscht
Auf Mordgedanken, und entweibt mich hier;
Füllt mich vom Wirbel bis zur Zeh', randvoll,
Mit wilder Grausamkeit! verdickt mein Blut;

Macbeth.

Sperrt jeden Weg und Eingang dem Erbarmen,
Daß kein anklopfend Mahnen der Natur
Den grimmen Vorsatz lähmt; noch friedlich hemmt
Vom Mord die Hand! Kommt an die Weibesbrust,
Trinkt Galle statt der Milch, ihr Morddämonen!
Wo ihr auch harrt in unsichtbarer Kraft
Auf Unheil der Natur! Komm, schwarze Nacht,
Umwölk' dich mit dem dicksten Dampf der Hölle,
Daß nicht mein scharfes Messer sieht die Wunde,
Die es geschlagen; noch der Himmel,
Durchschauend aus des Dunkels Vorhang, rufe:
Halt! Halt!

(Macbeth tritt auf).

O großer Glamis! Edler Cawdor!
Größer als Beides durch das künft'ge Heil!
Dein Brief hat über das armsel'ge Heut
Mich weit verzückt, und ich empfinde nun
Das Künftige im Jetzt.

Macbeth.   Mein theures Leben,
Duncan kommt heut noch.

Lady Macbeth.   Und wann geht er wieder?

Macbeth. Morgen, so denkt er —

Lady Macbeth.   O nie soll die Sonne
Den Morgen sehn! Dein Angesicht, mein Thau,
Ist wie ein Buch, wo wunderbare Dinge
Geschrieben stehen — Die Zeit zu täuschen, scheine
So wie die Zeit; den Willkomm' trag' im Auge,
In Zung' und Hand; blick' harmlos wie die Blume,
Doch sei die Schlange drunter. Wohl versorgt
Muß der sein, der uns naht; und meiner Hand
Vertrau' das große Werk der Nacht zu enden,

Macbeth.

Daß alle künft'gen Tag' und Nächt' uns lohne
Allein'ge Königsmacht und Herrscherkrone. [Act 1, Sc. 5.]

Wie die Moral der Phantasie und des Gemüths in der Versuchung besteht.

Wär's abgethan, so wie's gethan ist, dann wär's gut,
Man thät' es eilig: — Wenn der Meuchelmord
Aussperren könnt' aus seinem Netz die Folgen,
Und nur Gelingen aus der Tiefe zöge:
Daß mit dem Stoß, einmal für immer, Alles
Sich abgeschlossen hälte, — hier, nur sind —
Auf dieser Schülerbank der Gegenwart —
So setzt' ich weg mich über's künft'ge Leben. —
Doch immer wird bei solcher That uns schon
Vergeltung hier: daß, wie wir ihn gegeben,
Den blut'gen Unterricht, er, kaum gelernt,
Zurück schlägt, zu bestrafen den Erfinder.
Dies Recht, mit unabweislich fester Hand,
Setzt unsern selbstgemischten, gift'gen Kelch
Uns an die Lippen. —
Er kommt hieher, zweifach geschirmt. — Zuerst
Weil ich sein Vetter bin und Unterthan,
Beides hemmt stark die That; dann, ich — sein Wirth,
Der gegen seinen Mörder schließen müßte
Das Thor, nicht selbst das Messer führen. —
Dann hat auch dieser Duncan seine Würde
So mild getragen, bließ im großen Amt
So rein, daß seine Tugenden, wie Engel
Posaunenzüngig, werden Rache schrein
Dem tiefen Höllengräuel seines Mords;
Und Mitleid, wie ein nacktes, neugebornes Kind,
Auf Sturmwind reitend, oder Himmels Cherubim,

Zu Roß auf unsichtbaren, luft'gen Rennern,
Blasen die Schreckensthat in jedes Auge,
Bis Thränenfluth im Wind ertränkt. —
  Ich habe keinen Stachel,
Die Saiten meines Wollens anzuspornen,
Als einzig Ehrgeiz, der, zum Aufschwung eilend,
Sich überspringt, und jenseits niederfällt. —
      (Lady Macbeth tritt auf).
Wie nun, was giebt's?

Lady Macbeth.   Er hat fast abgespeist.
Warum hast du den Saal verlassen?
. . . .

Macbeth. Wir woll'n nicht weiter gehn in dieser Sache;
Er hat mich jüngst belohnt, und goldne Achtung
Hab' ich von Leuten aller Art gekauft,
Die will getragen sein im neusten Glanz,
Und nicht so plötzlich weggeworfen.

Lady Macbeth.   War
Die Hoffnung trunken, worin du dich hülltest?
Schlief sie seitdem, und ist sie nun erwacht,
So bleich und krank das anzuschauen, was sie
So fröhlich that? — Von jetzt an denk' ich
Von deiner Liebe so. Bist du zu feige,
Derselbe Mann in That zu sein und Muth,
Der du in Wünschen bist? Möcht'st du erlangen,
Was du den Schmuck des Lebens schätzen mußt,
Und Memme sein in deiner eignen Schätzung?
Muß dir „Ich fürchte" folgen dem „Ich möchte",
Der armen Katz' im Sprüchwort gleich?

Macbeth.   Sei ruhig!
Ich wage Alles, was dem Menschen ziemt;
Wer mehr wagt, der ist keiner.

Lady Macbeth.   Welch ein Thier
          Hieß dich von deinem Vorsatz mit mir reden?
          Als du es wagtest, da warst du ein Mann;
          Und mehr sein, als du warst, das machte dich
          Nur um so mehr zum Mann. Nicht Zeit, nicht Ort
          Traf damals zu, du wolltest Beide machen:
          Sie machen selbst sich, und ihr hurt'ger Dienst
          Macht dich zu Nichts. Ich hab' gesäugt, und weiß,
          Wie süß, das Kind zu lieben, das ich tränke;
          Ich hätt', indem es mir entgegen lächelte,
          Die Brust gerissen aus den weichen Kiefern,
          Und ihm den Kopf geschmettert an die Wand,
          Hätt' ich's geschworen, wie du dieses schwurst.
Macbeth. Wenn's uns mißlänge, —
Lady Macbeth.   Uns mißlingen! —
          Schraub' deinen Muth nur bis zum Punkt des Halts,
          Und es mißlingt uns nicht. Wenn Duncan schläft,
          Wozu so mehr des Tages starke Reise
          Ihn einlädt — seine beiden Kämmerlinge
          Will ich mit würz'gem Weine so betäuben,
          Daß des Gehirnes Wächter, das Gedächtniß,
          Ein Dunst sein wird, und der Vernunft Behältniß
          Ein Dampfhelm nur — Wenn nun im vieh'schen Schlaf
          Ertränkt ihr Dasein liegt, so wie im Tode,
          Was können du und ich dann nicht vollbringen
          Am unbewachten Duncan? was nicht schieben
          Auf die Berauschten Diener, die die Schuld
          Des großen Mordes trifft?
Macbeth.   Gebähr' mir Söhne nur!
          Aus deinem unbezwungnen Stoffe können
          Nur Männer sprossen. Wird man es nicht glauben,
          Wenn wir mit Blut die zwei Schlaftrunknen färben,

Macbeth.

    Die Kämmerling', und ihre Dolche brauchen,
    Daß sie's gethan?
Lady Macbeth.   Wer darf was Andres glauben,
    Wenn unsers Grames lauter Schrei ertönt
    Bei seinem Tode?
Macbeth.   Ich bin fest; gespannt
    Zu dieser Schreckensthat ist jeder Nerv.
    Komm, täuschen wir mit heiterm Blick die Stunde:
    Birg, falscher Schein, des falschen Herzens Kunde!
                [Act 2, Sc. 1.]

    Verbrecher-Wahnsinn vor der That.
Macbeth. Ist das ein Dolch, was ich vor mir erblicke,
    Der Griff mir zugekehrt? Komm, laß dich packen —
    Ich faß' dich nicht, und doch seh' ich dich immer.
    Bist du, Unglücksgebild, so fühlbar nicht
    Der Hand, gleich wie dem Aug'? oder bist du nur
    Ein Dolch der Einbildung, ein nichtig Blendwerk,
    Das aus dem heiß gequälten Hirn erwächst?
    Ich seh' dich noch, so greifbar von Gestalt,
    Wie der, den jetzt ich zücke.
    Du gehst vor mir den Weg, den ich will schreiten,
    Und eben solche Waffe wollt' ich brauchen.
    Mein Auge ward der Narr der andern Sinne,
    Oder mehr als alle werth. — Ich seh' dich stets,
    Und dir an Griff und Klinge Tropfen Bluts,
    Was erst nicht war. — Es ist nicht wirklich da:
    Es ist die blut'ge Arbeit, die mein Auge
    So in die Lehre nimmt. — Jetzt auf der halben Erde
    Scheint todt Natur, und den verhangnen Schlaf
    Quälen Versucherträume; Hexenkunst
    Begeht den Dienst der bleichen Hekate,

Macbeth.

Und dürrer Mord,
Durch seine Schildwacht aufgeschreckt, den Wolf,
Der ihm das Wachtwort heult, — so dieb'schen Schrittes,
Wie wild entbrannt Tarquin dem Ziel entgegen,
Schreitet gespenstisch. —
Du festgefugte Erde, leicht verwundbar,
Hör' meine Schritte nicht, wo sie auch wandeln,
Daß nicht ausschwatzen selber deine Steine
Mein Wohinans, und von der Stunde nehmen
Den jetz'gen stummen Graus, der so ihr ziemt. —
Hier droh' ich, er lebt dort;
Für heiße That zu kalt das müss'ge Wort!
(Die Glocke wird angeschlagen.)
Ich geh', und 's ist gethan; die Glocke mahnt.
Hör' sie nicht, Duncan, 's ist ein Grabgeläut,
Das dich zu Himmel oder Höll' entbeut.

[Act 2. Sc. 1.]

Nach der That.

Macbeth. Ich hab' die That gethan — hört'st du nicht was?
Lady Macbeth. Die Eule hört' ich schrei'n und Heimchen zirpen.
  Sprachst du Nichts?
Macbeth.   Wann?
Lady Macbeth.   Jetzt.
Macbeth.   Wie ich 'runter kam?
Lady Macbeth. Ja.
Macbeth.   Horch! wer schläft im zweiten Zimmer?
Lady Macbeth.   Donalbain.
Macbeth. Dort sieht's erbärmlich aus.
Lady Macbeth.   Wie wunderlich,
  Erbärmlich das zu nennen!
Macbeth. Der Eine lacht' im Schlaf — und Mord! schrie Einer,
  Daß sie einander weckten; ich stand und hört' es,

Sie aber sprachen ihr Gebet, und legten
Zum Schlaf sich wieder.

Lady MacBeth. Dort wohnen zwei Beisammen.

MacBeth. Der schrie, Gott sei uns gnädig! jener Amen!
Als sähn sie mich mit diesen Henkershänden.
Behorchend ihre Angst konnt' ich nicht sagen
Amen, als jener sprach: Gott sei uns gnädig!

Lady MacBeth. Denkt nicht so tief darüber.

MacBeth. Doch warum
Konnt' ich nicht Amen sprechen? War mir doch
Die Gnad' am meisten noth, und Amen stockte
Mir in der Kehle.

Lady MacBeth. Dieser Thaten muß
Man nicht so denken; so macht es uns toll.

MacBeth. Mir war, als rief es: „Schlaft nicht mehr, MacBeth
Mordet den Schlaf!" Ihn, den unschuld'gen Schlaf;
Schlaf, der des Grams verworr'n Gespinnst entwirrt,
Den Tod von jedem Lebenstag, das Bad
Der wunden Müh', den Balsam kranker Seelen,
Den zweiten Gang im Gastmahl der Natur,
Das nährendste Gericht beim Fest des Lebens.

Lady MacBeth. Was meinst du?

MacBeth. Stets rief es: „Schlaft nicht mehr!" durchs ganze Haus;
„Glamis mordet den Schlaf!" und drum wird Cawdor
Nicht schlafen mehr, MacBeth nicht schlafen mehr.

Lady MacBeth. Wer war es, der so rief? Mein würd'ger Than,
Du läßt den edeln Muth erschlaffen, denkst du
So hirnkrank drüber nach. Nimm etwas Wasser,
Und wasch von deiner Hand das garst'ge Zeugniß. —
Was brachtest du die Dolche mit herunter?
Dort liegen müssen sie; geh, bring' sie hin,
Und färb' mit Blut die Kämm'rer, wie sie schlafen.

Macbeth.

Macbeth. Ich gehe nicht mehr hin, ich bin entsetzt,
Denk' ich, was ich gethan: es wieder schaun —
Ich wag' es nicht!
Lady Macbeth. O schwache Willenskraft!
Gieb mir die Dolche. Schlafende und Todte
Sind Bilder nur; der Kindheit Aug' allein
Scheut den gemalten Teufel. Wenn er blutet,
Färb' ich damit der Diener Kleider roth;
So tragen sie des Mords Livrei.
(Sie geht ab. Man hört klopfen.)
Macbeth. Woher das Klopfen?
Wie ist's mit mir, daß jeder Ton mich schreckt?
Was sind das hier für Hände? Ha, sie reißen
Mir meine Augen aus —
Kann wohl des großen Meergotts Ocean
Dies Blut von meiner Hand rein waschen? Nein;
Weit eh'r kann diese meine Hand mit Purpur
Die unermeßlichen Gewässer färben,
Und Grün in Roth verwandeln. — [Act 2, Sc. 1.]

Wie die Natur im Gemüth des Verbrechers sich spiegelt.

Lady Macbeth. O, laß gut sein!
Mein liebster Mann, die Runzeln glätte weg;
Sei froh und munter heut mit deinen Gästen.
Macbeth. Das will ich, Lieb'; und, bitte, sei es auch;
Vor Allen wend' auf Banquo deine Sorgfalt,
Und schenk' ihm Auszeichnung mit Wort und Blick.
Unsicher noch sind wir genöthigt, so
Zu baden uns're Würd' in Schmeichelströmen,
Daß unser Antlitz Larve wird des Herzens,
Zu bergen, was es ist.
Lady Macbeth. Du mußt das lassen.

Macbeth. O! von Scorpionen voll ist mein Gemüth:
  Du weißt, Geliebte, Banquo lebt und Fleance.
Lady Macbeth. Doch schuf Natur sie nicht für ew'ge Dauer.
Macbeth. Ja, das ist Trost; man kann noch an sie kommen:
  Drum sei du fröhlich. Eh' die Fledermaus
  Geendet ihren klösterlichen Flug,
  Eh', auf den Ruf der dunkeln Hekate,
  Der hornbeschwingte Käfer, schläfrig summend,
  Die nächt'ge Schlummerglocke hat geläutet,
  Ist eine That geschehn furchtbarer Art.
Lady Macbeth. Was hast du vor?
Macbeth. Unschuldig bleibe, Kind, und wisse Nichts,
  Bis du der That kannst Beifall rufen. Komm
  Mit deiner dunkeln Binde, Nacht; verschließe
  Des mitleidvollen Tages zartes Auge;
  Durchstreich' mit unsichtbarer, blut'ger Hand,
  Und reiß' in Stücke jenen großen Schuldbrief,
  Der meine Wangen bleicht! — Das Licht wird trübe;
  Zum dampfenden Wald erhebt die Kräh' den Flug;
  Die Tagsgeschöpfe schläfrig niederkauern,
  Und schwarze Nachtunhold' auf Beute lauern.
  Du staunst mich an? Still! — Sündensproßne Werke
  Erlangen nur durch Sünden Kraft und Stärke.
  [Act 3, Sc. 2.]

Ein Strafgericht des Gewissens.

Lady Macbeth.   Mein königlicher Herr,
  Ihr seid kein heitrer Wirth. Das Fest ist feil,
  Wird nicht das Mahl durch Freundlichkeit gewürzt,
  Durch Willkomm erst geschenkt. Man speist am Besten
  Daheim; doch auswärts macht die Höflichkeit
  Den Wohlgeschmack der Speisen, nüchtern wäre
  Gesellschaft sonst.

Macbeth.   Du holde Mahnerinn!
            Nun, auf die Eßlust folg' ein gut Verdauen,
            Gesundheit Beiden!
Lenox.   Gefällt es Eurer Hoheit, sich zu setzen?
            (Banquo's Geist kommt und setzt sich auf Macbeth's Platz.)
Macbeth. Beisammen wär' uns hier des Landes Adel,
            Wenn unser Freund nicht, unser Banquo, fehlte;
            Doch möcht' ich lieber unfreundlich ihn schelten,
            Als eines Unfalls wegen ihn bedauern.
Lenox.   Da er nicht kommt, verletzt er sein Versprechen.
            Gefäll's En'r Majestät, uns zu beglücken,
            Indem Ihr Platz in unsrer Mitte nehmt?
Macbeth. Die Tafel ist voll.
Lenox.   Hier ist ein Platz noch.
Macbeth.   Wo?
Lenox.   Hier, theurer König. Was erschreckt En'r Hoheit?
Macbeth. Wer von euch that das?
Lords.   Was, mein guter Herr?
Macbeth. Du kannst nicht sagen, daß ich's that. O, schüttle
            Nicht deine blut'gen Locken gegen mich.
Rosse.   Steht auf, ihr Herrn, dem König ist nicht wohl.
Lady Macbeth. Bleibt sitzen, Herrn, der König ist oft so,
            Und war's von Jugend an — o, steht nicht auf!
            Schnell geht der Anfall über; augenblicks
            Ist er dann wohl. Beachtet ihr ihn viel,
            So reizt ihr ihn, und länger währt das Uebel.
            Eßt, seht ihn gar nicht an. — Bist du ein Mann?
Macbeth. Ja, und ein kühner, der das wagt zu schaun,
            Wovor der Teufel blaß wird.
Lady Macbeth.   Schönes Zeug!
            Das sind die wahren Bilder deiner Furcht;
            Das ist der luft'ge Dolch, der, wie du sagtest,

Macbeth.

Zu Duncan dich geführt! — Ha! dieses Zucken,
Dies Starr'n, Nachäffung wahren Schrecks, sie paßten
Zu einem Weibermährchen am Kamin,
Bestätigt von Großmütterchen. — O, schäme dich!
Was machst du für Gesichter! denn am Ende
Schaust du nur auf 'nen Stuhl.

Macbeth. Ich bitt' dich, sieh! Blick' auf! schau an! Was sagst du?
Ha! meinethalb! wenn du kannst nicken, sprich auch.
Wenn Grab und Beingewölb' uns wieder schickt,
Die wir begruben, sei der Schlund der Geier
Uns Todtengruft!

(Der Geist geht fort.)

Lady Macbeth. Was! ganz entmannt von Thorheit!

Macbeth. So wahr ich leb', ich sah ihn!

Lady Macbeth. O der Schmach!

Macbeth. Blut ward auch sonst vergossen, schon vor Alters,
Eh' menschlich Recht den frommen Staat verklärte;
Ja, auch seitdem geschah so mancher Mord,
Zu schrecklich für das Ohr: da war's Gebrauch,
Daß, war das Hirn heraus, der Mann auch starb,
Und damit gut.
Doch heut zu Tage stehn sie wieder auf,
Mit zwanzig Todeswunden an den Köpfen,
Und stoßen uns von unsern Stühlen: das
Ist wohl seltsamer noch, als solch ein Mord.

Lady Macbeth. Mein König, ihr entzieht euch euren Freunden.

Macbeth. Ha! ich vergaß. —
Staunt über mich nicht, meine würd'gen Freunde;
Ich hab' ein seltsam Uebel, das Nichts ist
Für jene, die mich kennen.
Wohlan! Lieb' und Gesundheit trink' ich Allen,

Macbeth.

Dann setz' ich mich. Ha! Wein her! voll den Becher!
(Der Geist kommt.)
So trink' ich auf das Wohl der ganzen Tafel,
Und Banquo's, unsers Freunds, den wir vermissen.
Wär' er doch hier! Sein Wohlergeh,n, wie Aller
Trink' ich: Ihm, Euch!

Lords. Wir danken pflichtergeben.

Macbeth. Hinweg! — Aus meinen Augen! — Laß
Die Erde dich verbergen!
Marklos ist dein Gebein, dein Blut ist kalt;
Du hast kein Anschaun mehr in diesen Augen,
Mit denen du so stierst.

Lady Macbeth. Nehmt dies, ihr Herrn,
Als was Alltägliches, Nichts weiter ist's;
Nur daß es uns des Abends Lust verdirbt.

Macbeth. Was Einer wagt, wag' ich:
Komm' du mir nah als zott'ger Russ'scher Bär,
Geharn'scht Rhinoceros, Hyrkan'scher Tiger —
Nimm jegliche Gestalt, nur diese nicht —
Nie werden meine festen Nerven beben.
Oder sei lebend wieder; fordre mich
In eine Wüst' auf's Schwert; verkriech' ich mich
Dann zitternd, ruf' mich aus als Dirnenpuppe.
Hinweg! gräßlicher Schatten!
Unkörperliches Blendwerk, fort! — Ha! so. —
(Geist entweicht.)
Du nicht mehr da, nun bin ich wieder Mann. —
Ich bitte, steht nicht auf. [Act 3. Sc. 4.]

Die Wirkung.

Morgen will ich hin,
Und in der Frühe zu den Zauberschwestern:

Macbeth.

Sie sollen mehr mir sagen; denn gespannt
Bin ich, das Schlimmst' auf schlimmstem Weg zu wissen.
Zu meinem Vortheil muß sich Alles fügen;
Ich bin einmal so tief in Blut gestiegen,
Daß, wollt' ich nun im Waten stille stehn,
Rückkehr so schwierig wär', als durchzugehn.
Seltsames glüht im Kopf, es will zur Hand,
Und muß gethan sein, eh' noch recht erkannt.

Lady Macbeth. Dir fehlt die Würze aller Wesen, Schlaf.
Macbeth. Zu Bett! — Daß selbstgeschaffnes Grau'n mich quält,
Ist Furcht des Neulings, dem die Uebung fehlt —
Wahrlich, wir sind zu jung nur. —   [Act 3, Sc. 4.]

Verbrechergröße am Ende des Weges.

Macbeth. Ich lebte lang' genug: mein Lebensweg
Gerieth ins Dürre, ins verwelkte Laub:
Und was das hohe Alter soll begleiten,
Gehorsam, Liebe, Ehre, Freundestrost,
Danach darf ich nicht aussehn; doch, statt dessen
Flüche, nicht laut, doch tief, Munddienst und Hauch,
Was gern das arme Herz mir weigern möchte,
Und wagt's nicht. — Seyton!

    (Seyton kommt.)

Seyton.   Was befiehlt mein Herrscher?
Macbeth. Was giebt es Neues?
Seyton.   Alles wird bestätigt,
Was das Gerücht verkündet.
Macbeth.   Ich will fechten,
Bis mir das Fleisch gehackt ist von den Knochen.
Gebt meine Rüstung mir!
Seyton.   Noch thut's nicht noth.
Macbeth. Ich leg' sie an.

Macbeth.

Mehr Reiter sendet aus, durchstreift das Land;
Wer Furcht nennt, wird gehängt. — Bringt mir die Rüstung!
Was macht die Kranke*), Arzt?

Arzt. Nicht krank sowohl,
Als durch gedrängte Phantasiegebilde
Gestört, der Ruh' beraubt.

Macbeth. Heil' sie davon.
Kannst Nichts ersinnen für ein krank Gemüth?
Tief wurzelnd Leid aus dem Gedächtniß reuten?
Die Qualen löschen, die ins Hirn geschrieben?
Und mit Vergessens süßem Gegengift
Die Brust entled'gen jener gift'gen Last,
Die schwer das Herz bedrückt?

Arzt. Hier muß der Kranke selbst das Mittel finden.

Macbeth. Wirf deine Kunst den Hunden vor, ich mag sie nicht. —
Legt mir die Rüstung an; den Stab her!
. . . .
Nicht Tod und nicht Verderben sicht mich an,
Kommt Birnams Wald nicht her zum Dunsinan!
[Act 5, Sc. 3.]

Macbeth. Verloren hab' ich fast den Sinn der Furcht.
Es gab 'ne Zeit, wo kalter Schau'r mich faßte,
Wenn der Nachtvogel schrie; das ganze Haupthaar
Bei einer schrecklichen Geschicht' empor
Sie richtete, als wäre Leben drin.
Ich habe mit dem Grau'n zu Nacht gespeist;
Entsetzen, meines Mordsinns Hausgenoß,
Schreckt nun mich nimmermehr. — Weßhalb das Wehschrei'n.

Seyton. Die Kön'ginn, Herr, ist todt.

Macbeth. Sie hätte später sterben können; — es hätte
Die Zeit sich für ein solches Wort gefunden. —
Morgen, und morgen, und dann wieder morgen,

---
*) Lady Macbeth.

Macbeth.

Kriecht mit so kleinem Schritt von Tag zu Tag,
Zur letzten Sylb' auf unserm Lebensblatt;
Und alle unsre Gestern führten Narr'n
Den Pfad des stäub'gen Tods. — Aus! kleines Licht!
Leben ist nur ein wandelnd Schattenbild;
Ein armer Komödiant, der spreizt und knirscht
Sein Stündchen auf der Bühn', und dann nicht mehr
Vernommen wird; ein Mährchen ist's, erzählt
Von einem Dummkopf, voller Klang und Wuth,
Das Nichts bedeutet.
    (Ein Bote kommt.)
Du hast was auf der Zunge: schnell heraus!
. . . .

Bote.   Als ich den Wachtdienst auf dem Hügel that, —
Ich schau' nach Birnam zu, und sieh, mir däucht,
Der Wald fängt an zu gehn.

Macbeth.   Lügner und Sclav'!
    (Schlägt ihn.)

Bote.   Laßt euren Zorn mich fühlen, ist's nicht so;
Drei Meilen weit könnt ihr ihn kommen sehn;
Ein geh'nder Wald, — wahrhaftig!

Macbeth.   Sprichst du falsch,
Sollst du am nächsten Baum lebendig hangen,
Bis Hunger dich verschrumpft hat; sprichst du wahr,
Magst du mir meinethalb dasselbe thun. —
Einzieh' ich die Entschlossenheit, beginne
Den Doppelsinn des bösen Feinds zu merken,
. . . .
Das Sonnenlicht will schon verhaßt mir werden;
O! fiel' in Trümmern jetzt der Bau der Erden!
Auf, läutet Sturm! Wind blas'! Heran, Verderben!
Den Harnisch auf dem Rücken will ich sterben.

            [Act 5, Sc. 5.]

Macbeth.

Eine altmodische Bemerkung über Meineide und Hängen.
(Lady Macduff und ihr Sohn.)

Sohn. Was ist ein Verräther?

Lady Macduff. Nun, Einer, der schwört, und es nicht hält.

Sohn. Und sind alle Verräther, die das thun?

Lady Macduff. Jeder, der das thut, ist ein Verräther, und muß aufgehängt werden.

Sohn. Müssen denn Alle aufgehängt werden, die schwören und es nicht halten?

Lady Macduff. Ja wohl.

Sohn. Wer muß sie denn aufhängen?

Lady Macduff. Nun, die ehrlichen Leute.

Sohn. Dann sind die, welche schwören und es nicht halten, rechte Narren; denn ihrer sind so viele, daß sie die ehrlichen Leute schlagen könnten und aufhängen dazu.

Eine Freundschaftsphantasie bei Tische.

Timon. O, zweifelt nicht, meine theuern Freunde, die Götter selbst haben gewiß dafür gesorgt, daß ihr mir noch dereinst sehr nützlich werden könnt: wie wäret ihr auch sonst meine Freunde? Weßhalb führt ihr vor tausend Andern diesen liebevollen Namen, wenn ihr meinem Herzen nicht die Nächsten wäret? Ich habe mir selbst mehr von euch gesagt, als ihr mit Bescheidenheit zu eurem Besten sagen könnt, und das steht fest bei mir.

Timon von Athen.

O, ihr Götter, denk' ich, was bedürfen wir irgend der Freunde, wenn wir ihrer niemals bedürften? sie wären ja die unnützesten Geschöpfe auf der Welt, wenn wir sie nie gebrauchten, und glichen lieblichen Instrumenten, die in ihren Kasten an der Wand hängen und ihre Töne für sich selbst behalten. Wahrlich, ich habe oft gewünscht, ärmer zu sein, um euch näher zu stehn. Wir sind dazu geboren, wohlthätig zu sein, und was können wir wohl mit besserm Anspruch unser eigen nennen, als den Reichthum unserer Freunde? O, welch ein tröstlicher Gedanke ist es, daß so Viele, Brüdern gleich, einer über des Andern Vermögen gebieten kann! O Freude, die schon stirbt, ehe sie geboren wird! Meine Augen können die Thränen nicht zurückhalten: um ihren Fehl vergessen zu machen, trinke ich euch zu.

[Act 1, Sc. 2.]

Randgloſſen dazu, von dem mißgünſtigen Elend gezeichnet.

Apemantus. Selbst machen wir zu Narr'n uns, uns zu freun;
Vergeuden Schmeicheln, auszutrinken Menschen,
Auf deren Alter wir es wieder speien,
Mit Haß und Hohn vergiftet. Wer lebt, der nicht
Gekränkt ist oder kränkt? Wer stirbt, und nimmt
Nicht eine Wund' ins Grab von Freundeshand?
Die vor mir tanzen jetzt, ich würde fürchten,
Sie stampfen einst auf mich; es kam schon vor;
Man schließt beim Sonnenuntergang das Thor.

[Act 1, Sc. 2.]

Apemantus. Dein Mahl verschmäh' ich; es erwürgt mich, denn
Nie würd' ich schmeicheln. — Götter! welche Schaar
Verzehrt den Timon, und er sieht sie nicht!
Mich quält es, daß so Viel' ihr Brod eintauchen
In Eines Mannes Blut; und größre Tollheit,
Er muntert sie noch auf.

Timon von Athen.

Mich wundert, wie doch Mensch dem Menschen traut:
Sie sollten nur sich laben ohne Messer;
Gut für das Mahl, und für das Leben besser.
Das zeigt sich oft; der Bursche ihm zunächst,
Der mit ihm Brod bricht, ihm Gesundheit bringt,
Mit seinem Athem im getheilten Trunk,
Er ist der nächst', ihn zu ermorden. So
Geschah's schon oft; wär' ich ein großer Herr,
Ich wagte bei der Mahlzeit nicht zu trinken,
Sonst könnte man erspähn der Kehle Schwächen;
Nur halsgepanzert sollten Große zechen.
 [Act 1, Sc. 2.]

Wie aufopfernde Freigebigkeit auf den Kredit wirkt.

Lucullus (beiseit). Einer von Timons Dienern? gewiß ein Geschenk. Ha, ha, das trifft ein; mir träumte heute Nacht von Silber-Becken und Kanne. (Laut.) Flaminius, ehrlicher Flaminius; du bist ganz ansehnend sehr willkommen. — (Zum Diener) Geh, bring' Wein. (Diener geht ab.) Und was macht der hochachtbare, unübertreffliche, großmüthige Ehrenmann Athens, dein höchst gütiger Herr und Gebieter?

Flaminius. Seine Gesundheit ist gut, Herr.

Lucullus. Das freut mich recht, daß seine Gesundheit gut ist. Und was hast du da unter deinem Mantel, mein artiger Flaminius?

Flaminius. Wahrlich, Mylord, Nichts als eine leere Büchse, die ich Euer Gnaden für meinen Herrn zu füllen ersuche; er ist in den Fall gekommen, dringend und augenblicklich funfzig Talente zu brauchen, und schickt zu Euer Gnaden, ihm damit auszuhelfen, indem er durchaus nicht an enrer schnellen Bereitwilligkeit zweifelt.

Lucullus. La, la, er zweifelt nicht, sagst du? ach, der gute Lord! er ist ein edler Mann, wollte er nur nicht ein so großes Haus machen. Vief und oftmals habe ich bei ihm zu Mittag gespeist, und es ihm gesagt; und bin zum Abendessen wieder gekommen, bloß in der Absicht, ihn zur Sparsamkeit zu bewegen: aber er wollte keinen Rath annehmen, und sich durch mein wiederholtes Kommen nicht warnen lassen. Jeder Mensch hat seinen Fehler, und Großmuth ist der seinige; das habe ich ihm gesagt, aber ich konnte ihn nicht davon zurück bringen.

(Der Diener kommt mit Wein.)

Diener. Gnädiger Herr, hier ist der Wein.

Lucullus. Flaminius, ich habe dich immer für einen klugen Mann gehalten. Ich trinke dir zu.

Flaminius. Euer Gnaden beliebt es so zu sagen.

Lucullus. Ich habe an dir einen raschen, umfassenden Geist bemerkt, — nein, es ist wirklich so — und du weißt, was vernünftiges Betragen ist; du bist der Zeit willfährig, wenn die Zeit dir willfährig ist: Alles gute Eigenschaften. — Mach dich davon, Mensch (zum Diener, der abgeht). — Tritt näher, ehrlicher Flaminius. Dein Herr ist ein wohlthätiger Mann; aber du bist klug, und weißt wohl, obgleich du zu mir kommst, daß jetzt keine Zeit ist, um Geld auszuleihen; besonders auf bloße Freundschaft, ohne Sicherheit. Hier hast du drei Goldstücke für dich, guter Junge, drück' ein Auge zu, und sage, du habest mich nicht getroffen. Lebe wohl!

[Act 3, Sc. 1.]

Sempronius. Bestürmen muß er mich vor allen Andern?
Den Lucius und Lucullus konnt' er angehn;
Und auch Ventidius ist nun reich geworden,
Den er vom Kerker losgekauft! Sie alle
Verdanken ihren Wohlstand ihm.

Diener. Mylord,

Timon von Athen.

     Geprüft sind sie, und falsches Gold gefunden;
     Sie weigerten ihm alle.
Sempronius.   Weigern ihm?
     Ventidius und Lucullus weigern ihm?
     Nun schickt er her zu mir? Und sie? Hm, hm! —
     Das zeigt in ihm nur wenig Lieb' und Urtheil.
     Ich, letzter Trost? Die Freunde sind wie Aerzte
     Beschenkt, und lassen ihn: Ich soll ihn heilen?
     Sehr hat er mich gekränkt; ich bin ihm böse,
     Daß er mich so verkennt: Kein Grund und Sinn,
     Weßhalb er mich zuerst nicht angesprochen,
     Denn ich, auf mein Gewissen, war der erste,
     Der Gaben je von ihm empfangen hat:
     Und stellt er mich nun in den Hintergrund,
     Daß er zuletzt mir traute? Nein, dies würde
     Nur Gegenstand des Spotts für all' die Andern,
     Ein Thor nur ständ' ich da vor all den Lords.
     Dreimal die ganze Summe gäb' ich lieber,
     War ich der Erst', nur um mein Zartgefühl;
     So schwoll mein Herz ihm Gutes zu erweisen!
     Zum Nein der Andern sei das Wort gesellt:
     Wer meine Ehre kränkt, sieht nie mein Geld.
              [Act 3, Sc. 3.]

Der Gemüthsmensch auf dem Prüfstein herber Erfahrung.

Timon. (Zu den noch einmal in Erwartung eines glänzenden Mahles bei ihm versammelten, falsch erfundenen Freunden.) Ein Jeder an seinen Platz, mit der Gier, wie er zu den Lippen seiner Geliebten eilen würde: an allen Plätzen werdet ihr gleich bedient. Macht kein Ceremonien-Gastmahl daraus, daß die Gerichte kalt werden, ehe wir über den ersten Platz einig sind: setzt euch, setzt euch! Die Götter fordern unsern Dank.

Timon von Athen.

„O ihr großen Wohlthäter! sprengt auf unsre Gesellschaft Dankbarkeit herab. Theilt uns von euren Gaben mit und erwerbt euch Preis; aber behaltet zurück für künftige Gabe, damit eure Gottheiten nicht verachtet werden. Verleiht einem Jeden genug, damit Keiner vom Andern zu leihen braucht: denn zwänge die Noth eure Gottheit, von den Menschen zu borgen, so würden die Menschen die Götter verlassen. Macht das Gastmahl beliebter, als den Mann, der es giebt. Laßt keine Gesellschaft von zwanzig ohne eine Stiege Bösewichter sein; wenn zwölf Frauen an einem Tische sitzen, so laßt ein Dutzend von ihnen sein — wie sie sind. — Den Rest eures Zehntens, o ihr Götter! — Die Senatoren von Athen, zusammt der gemeinen Hefe des Pöbels, — was in ihnen noch Hoffnung zuläßt, ihr Götter, macht zum Verderben reif! Was diese meine gegenwärtigen Freunde betrifft, — da sie mir Nichts sind, so segnet sie in Nichts, und so sind sie mir zu Nichts willkommen."

(Die Schüsseln werden aufgedeckt, sie sind alle voll warmen Wassers.)

Mehrere zugleich. Was meint der edle Herr?
Andere. Ich weiß es nicht.
Timon. Mögt ihr ein beßres Gastmahl nimmer sehn,
Ihr Maulfreund'-Rotte! Dampf und lauwarm Wasser
Ist eure Tugend. Dies ist Timon's Letztes;
Der euch bis jetzt mit Schmeicheleien schminkte,
Wäscht so sie ab, euch eig'ne Bosheit rauchend
Ins Antlitz sprühend.

(Er gießt ihnen Wasser ins Gesicht.)

Stets lächelnde, abscheuliche Schmarozer,
Höfliche Mörder, sanfte Wölfe, freundliche Bären,
Ihr Narr'n des Glücks, Tischfreunde, Tagesfliegen,
Scharrfüß'ge Sclaven, Wolken, Wetterhähne!
Von Mensch und Vieh die unzählbare Krankheit

Timon von Athen.

Sie überschupp' euch ganz! — Was, gehst du fort?
Nimm dein' Arznei erst mit, auch du, und du.
  (Er wirft ihnen die Schüsseln nach und treibt sie hinaus.)
Bleibt, ich will Geld euch leihn, von euch nicht borgen. —
Wie', All' im Lauf? — Kein Mahl sei mehr genommen,
An dem ein Schurke nicht als Gast willkommen!
Verbrenne, Haus; versink', Athen! verhaßt nun seid
Dem Timon Mensch und alle Menschlichkeit!
[Act 3, Sc. 6.]

Des Lobes Werth durch den Werth des Lobers bestimmt.

Dichter. Wenn wir um Lohn den Schändlichen gepriesen,
Dämpft es den Glanz des wohlgelungnen Reimes,
Deß Kunst den Edeln singt. [Act 1, Sc. 1.]

....

Bilder und Menschen.

Timon. Das Bildwerk ist beinah der wahre Mensch;
Denn seit Ehrlosigkeit mit Menschen schachert,
Ist er nur Außenseite: diese Färbung
Ist, was sie vorgießt. [Act 1, Sc. 1.]

....

Mißtrauen, die bittere Frucht der Erfahrung.

Ihr Götter, nicht um Geld bitt' ich,
Für Niemand bet' ich, als für mich;
Gebt, daß ich nie so thöricht sei,
Zu trau'n der Menschen Schwur und Treu';
Noch der Dirne, wenn sie weint,
Noch dem Hund, der schlafend scheint,
Noch dem Schließer im Gefängniß,
Noch dem Freunde in Bedrängniß.
Amen.
[Act 1, Sc. 2.]

Timon von Athen.

Die Macht des Goldes.

Timon.   Erde,
Gieb Wurzeln mir! (Er gräbt.)
Wer Beſſ'res in dir ſucht, dem würz' den Gaumen
Mit deinem ſchärfſten Gift! Was find' ich hier?
Gold? Koſtbar, flimmernd, rothes Gold? Nein, Götter!
Nicht eitel fleh' ich. Wurzeln, reiner Himmel!
So viel hievon macht ſchwarz weiß, häßlich ſchön,
Schlecht gut, alt jung, feig tapfer, niedrig edel.
Ihr Götter! warum dies? warum dies, Götter?
Ha! dies lockt euch den Prieſter vom Altar,
Reißt Halbgeneſ'nen weg das Schlummerkiſſen.
Ja, dieſer rothe Sclave löſt und bindet
Geweihte Bande; ſegnet den Verfluchten.
Er macht den Ausſatz lieblich, ehrt den Dieb
Und giebt ihm Rang, gebeugtes Knie und Einfluß
Im Rath der Senatoren; dieſer führt
Der überjähr'gen Wittwe Freier zu;
Sie, von Spital und Wunden giftig eiternd,
Mit Ekel fortgeſchickt, verjüngt balſamiſch
Zu Maienjugend dies. Verdammt Metall,
Gemeine Hure du der Menſchen, die
Die Völker thört. Komm, ſei das was du biſt!
                    [Act 4, Sc. 3.]

Der Segen freiwilliger Entſagung.

Apemantus.   Freiwillig Elend
Krönt ſelbſt ſich, überlebt unſich're Pracht:
Die füllt ſich ſelber an und wird nie voll;
Doch jenes g'nügt ſich ſelbſt: der höchſte Stand
Iſt unzufrieden, kläglich und voll Jammer,
Noch ſchlimmer als der ſchlimmſte, der zufrieden.
                    [Act 4, Sc. 3.]

Versprechen und Halten.

Maler. Versprechen ist die Sitte der Zeit, es öffnet die Augen der Erwartung: Vollziehen erscheint um so dümmer, wenn es eintritt; und, die einfältigen, geringen Leute ausgenommen, ist die Bethätigung des Wortes völlig aus der Mode. Versprechen ist sehr hofmännisch und guter Ton. Vollziehen ist eine Art von Instrument, das von gefährlicher Krankheit des Verstandes bei dem zeugt, der es macht.

Timon. Trefflicher Künstler! Du kannst einen Menschen nicht so schlecht malen, als du selbst bist. [Act 5, Sc. 1.]

Die Römerdramen.

Julius Cäsar

Wie Tyrannen entstehen.

Warum denn wäre Cäsar ein Tyrann?
Der arme Mann! Ich weiß, er wär' kein Wolf,
Wenn er nicht säh', die Römer sind nur Schafe.
Er wär' kein Leu, wenn sie nicht Rehe wären.
Wer eilig will ein mächtig Feuer machen,
Nimmt schwaches Stroh zuerst: was für Gestrüpp

Julius Cäsar.

Ist Rom, und was für Plunder, wenn es dient
Zum schlechten Stoff, der einem schnöden Dinge
Wie Cäsar Licht verleiht? [Act 1, Sc. 3.]

Wohlgesinnte und Wühler.

Cäsar. Laßt wohlbeleibte Männer um mich sein,
Mit glatten Köpfen, und die Nachts gut schlafen.
Der Cassius dort hat einen hohlen Blick;
Er denkt zu viel: die Leute sind gefährlich.
Antonius. O fürchtet den nicht: er ist nicht gefährlich.
Er ist ein edler Mann und wohlbegabt.
Cäsar. Wär' er nur fetter! — Zwar ich fürcht' ihn nicht;
Doch wäre Furcht nicht meinem Namen fremd,
Ich kenne Niemand, den ich eher miede
Als diesen hagern Cassius. Er liest viel;
Er ist ein großer Prüfer, und durchschaut
Das Thun der Menschen ganz; er liebt kein Spiel,
Wie du, Antonius; hört nicht Musik;
Er lächelt selten, und auf solche Weise,
Als spott' er sein, verachte seinen Geist,
Den irgend was zum Lächeln bringen konnte.
Und solche Menschen haben nimmer Ruh,
So lang sie Jemand größer sehn als sich.
[Act. 1, Sc. 2.]

Heldensinn und Herrscherwürde.

Calpurnia. Was meint ihr, Cäsar? Denkt ihr auszugehn?
Ihr müßt heut keinen Schritt vom Hause weichen.
. . . .
Kometen sieht man nicht, wann Bettler sterben:
Der Himmel selbst flammt Fürstentod herab.
Cäsar. Der Feige stirbt schon vielmal, eh' er stirbt,

Julius Cäsar.

       (Die Tapfern kosten einmal nur den Tod.
       Von allen Wundern, die ich je gehört,
       Scheint mir das größte, daß sich Menschen fürchten,
       Da sie doch sehn, der Tod, das Schicksal Aller,
       Kommt, wann er kommen soll.   [Act 2, Sc. 2]

Cäsar. Ich ließe wohl mich rühren, glich' ich euch:
        Mich rührten Bitten, bät' ich nm zu rühren.
        Doch ich bin standhaft wie des Nordens Stern,
        Deß unverrückte, ewig stete Art
        Nicht ihres Gleichen hat am Firmament.
        Der Himmel prangt mit Funken ohne Zahl,
        Und Feuer sind sie all' und jeder leuchtet,
        Doch einer nur behauptet seinen Stand.
        So in der Welt auch: sie ist voll von Menschen,
        Und Menschen sind empfindlich, Fleisch und Blut;
        Doch in der Menge weiß ich Einen nur,
        Der unbesiegbar seinen Platz bewahrt,
        Vom Andrang unbewegt; daß ich der bin,
        Auch hierin laßt es mich ein wenig zeigen,
        Daß ich auf Cimbers Banne fest bestand,
        Und drauf besteh', daß er im Banne bleibe.
Cinna. O Cäsar!
Cäsar. Fort, sag' ich! Willst du den Olymp versetzen?
Decius. Erhabner Cäsar!
Cäsar.   Kniet nicht Brutus auch umsonst?
Casca. Dann, Hände, sprecht für mich!
        (Casca sticht Cäsarn mit dem Dolch in den Nacken. Cäsar fällt
        ihm in den Arm. Er wird alsdann von verschiedenen andern
        Verschworenen, und zuletzt vom Marcus Brutus, mit Dolchen
        durchstochen.
Cäsar. Brutus, auch du? So falle, Cäsar.
                       [Act 3, Sc. 1.]

Julius Cäsar.

Wie der Ehrgeiz die Freiheit liebt.

Cassius. Ich weiß es nicht, wie ihr und andre Menschen
Von diesem Leben denkt; mir, für mich selbst,
Wär' es so lieb, nicht da sein, als zu leben
In Furcht vor einem Wesen wie ich selbst.
Ich kam wie Cäsar, frei zur Welt, so ihr,
Wir nährten uns so gut, wir können Beide
So gut wie er des Winters Frost ertragen.
Denn einst, an einem rauhen, stürm'schen Tage,
Als wild die Tiber an ihr Ufer tobte,
Sprach Cäsar zu mir: Wagst du, Cassius, nun
Mit mir zu springen in die zorn'ge Fluth,
Und bis dorthin zu schwimmen? — Auf dies Wort,
Bekleidet, wie ich war, stürzt' ich hinein,
Und hieß ihn folgen; wirklich that er's auch.
Der Sturm brüllt' auf uns ein; wir schlugen ihn
Mit wackern Sehnen, warfen ihn bei Seit',
Und hemmten ihn mit einer Brust des Trotzes.
Doch eh' wir das gewählte Ziel erreicht,
Rief Cäsar: Hilf mir, Cassius, ich sinke.
Ich, wie Aeneas, unser großer Ahn,
Aus Troja's Flammen einst auf seinen Schultern
Den alten Vater trug, so aus den Wellen
Zog ich den müden Cäsar. — Und der Mann
Ist nun zum Gott erhöht, und Cassius ist
Ein arm Geschöpf, und muß den Rücken beugen,
Nickt Cäsar nur nachlässig gegen ihn.

. . . .

Ja, er beschreitet, Freund, die enge Welt,
Wie ein Colossus, und wir kleinen Leute,
Wir wandeln unter seinen Riesenbeinen,
Und schau'n umher nach einem schnöden Grab.

Julius Cäsar.

Der Mensch ist manchmal seines Schicksals Meister:
Nicht durch die Schuld der Sterne, lieber Brutus,
Durch eigne Schuld nur sind wir Schwächlinge.
Brutus und Cäsar — was steckt doch in dem Cäsar,
Daß man den Namen mehr als euren spräche?
Schreibt sie zusammen: ganz so schön ist eurer;
Sprecht sie: er steht den Lippen ganz so wohl;
Wägt sie: er ist so schwer; beschwört mit ihnen:
Brutus ruft Geister auf so schnell wie Cäsar.
[Act 1, Sc. 2.]

Wie ein Mann einer Sache sich hingiebt.

Brutus. Nein, keinen Eid! Wenn nicht der Menschen Antlitz,
Das innre Seelenleid, der Zeit Verfall —
Sind diese Gründe schwach, so brecht nur auf,
Und jeder fort zu seinem trägen Bett!
Laßt frechgesinnte Tyrannei dann schalten,
Bis jeder nach dem Loose fällt. Doch tragen
Sie Feuer gnug in sich, wie offenbar,
Um Feige zu entflammen, und mit Muth
Des Weibes schmelzendes Gemüth zu stählen:
O denn, Mitbürger! welchen andern Sporn
Als unsre Sache braucht es, uns zu stacheln
Zur Herstellung? Was für Gewähr als diese:
Verschwiegne Römer, die das Wort gesprochen
Und nicht zurückziehn? Welchen andern Eid,
Als Redlichkeit mit Redlichkeit im Bund,
Daß dies gescheh', wo nicht, dafür zu sterben?
Laßt Priester, Memmen, Schriftgelehrte schwören,
Verdorrte Greis' und solche Jammerseelen,
Die für das Unrecht danken; schwören laßt
Bei bösen Händeln Volk, dem man nicht traut.
Entehrt nicht so den Gleichmuth unsrer Handlung

Julius Cäsar.

Und unsern unbezwinglich festen Sinn,
Zu denken, unsre Sache, unsre That
Brauch' einen Eid; da jeder Tropfe Bluts,
Der edel fließt in eines Römers Adern,
Sich seines ächten Stamms verlustig macht,
Wenn er das kleinste Theilchen nur verletzt
Von irgend einem Worte, das er gab. [Act 2, Sc. 1.]

        Wie solche Hingabe belohnt wird.

Brutus.   Mitbürger, meinem Herzen
Ist's Wonne, daß ich noch im ganzen Leben
Nicht Einen fand, der nicht getreu mir war.
Ich habe Ruhm von diesem Unglückstage,
Mehr als Octavius und Marc Anton
Durch diesen schnöden Sieg erlangen werden.
So lebt zusammen wohl! Denn Brutus Zunge
Schließt die Geschichte seines Lebens bald.
Nacht deckt mein Auge, mein Gebein will Ruh,
Es strebte längst schon dieser Stunde zu.
Clitus. Flieht, Herr! o flieht!
Brutus.   Nur fort! Ich will euch folgen. —
           (Clitus ꝛc. ab).
Ich bitt' dich, Strato, bleib bei deinem Herrn.
Du bist ein Mensch von redlichem Gemüth,
In deinem Leben war ein Funken Ehre.
Halt denn mein Schwert, und wende dich hinweg,
Indeß ich drein mich stürze. Willst du, Strato?
Strato. Gebt erst die Hand mir. Herr, gehabt euch wohl!
Brutus. Leb wohl, mein Freund! — Besänft'ge, Cäsar, dich!
Nicht halb so gern bracht' ich dich um, als mich.
          (Er stürzt sich in sein Schwert.)

Antonius. Dies war der beste Römer unter allen:

Julius Cäsar.

Denn jeder der Verschwornen, bis auf ihn,
That, was er that, aus Mißgunst gegen Cäsar.
Nur er verband aus reinem Biedersinn
Und zum gemeinen Wohl sich mit den Andern.
Sanft war sein Leben und so mischten sich
Die Element' in ihm, daß die Natur
Aufstehen durfte und der Welt verkünden:
Dies war ein Mann! [Act 5, Sc. 5.]

Ein Mann und sein Weib — eine Geschichte aus alten Tagen.

Porcia. Auf meinen Knie'n
Fleh' ich bei meiner einst gepries'nen Schönheit,
Bei allen euren Liebesschwüren, ja
Bei jenem großen Schwur, durch welchen wir
Einander einverleibt und eins nur sind:
Enthüllt mir, eurer Hälfte, eurem Selbst,
Was euch bekümmert . . . . .

Brutus. O kniet nicht, liebe Porcia!

Porcia. Ich braucht' es nicht, wär't ihr mein lieber Brutus.
Ist's im Vertrag der Ehe, sagt mir, Brutus,
Bedingung, kein Geheimniß sollt' ich wissen,
Das euch gehört? Und bin ich euer Selbst
Nur gleichsam, mit gewissen Einschränkungen?
Beim Mahl um euch zu sein, en'r Bett zu theilen,
Auch wohl mit euch zu sprechen. Wohn' ich denn
Nur in der Vorstadt eurer Zuneigung?
Ist es nur das, so ist ja Porcia
Des Brutus Buhle nur, und nicht sein Weib.

Brutus. Ihr seid mein ächtes, ehrenwerthes Weib,
So theuer mir, als wie die Purpurtropfen,
Die um mein trauernd Herz sich drängen.

Porcia. Wenn dem so wär', so wüßt' ich dies Geheimniß.

Julius Cäsar.

Ich bin ein Weib, gesteh' ich, aber doch
Ein Weib, das Brutus zur Gemahlinn nahm.
Ich bin ein Weib, gesteh' ich, aber doch
Ein Weib von gutem Rufe, Cato's Tochter.
Denkt ihr, ich sei so schwach wie mein Geschlecht,
Aus solchem Stamm erzeugt, und so vermählt?
Sagt mir, was ihr beschloßt: ich will's bewahren.
Ich habe meine Stärke hart erprüft,
Freiwillig eine Wunde mir versetzend
Am Schenkel hier: ertrüg' ich das geduldig,
Und das Geheimniß meines Gatten nicht?

Brutus. Ihr Götter, macht mich werth des edeln Weibes!
(Man klopft.)
Horch! horch! man klopft; geh' eine Weil' hinein,
Und unverzüglich soll dein Busen theilen,
Was noch mein Herz verschließt.
Mein ganzes Bündniß will ich dir enthüllen,
Und meiner festen Stirne Zeichenschrift. [Act 2, Sc. 1.]

Der Demagog und sein Publicum.

(Das römische Volk jubelt Brutus und den andern Mördern Cäsar's Beifall zu und ist im Begriffe, Brutus im Triumphe nach Hause zu geleiten, als dieser dem Marcus Antonius das Wort ertheilt.)

Antonius. Mitbürger! Freunde! Römer! hört mich an:
Begraben will ich Cäsar'n, nicht ihn preisen.
Was Menschen Uebles thun, das überlebt sie,
Das Gute wird mit ihnen oft begraben.
So sei es auch mit Cäsar'n! Der edle Brutus
Hat euch gesagt, daß er voll Herrschsucht war;
Und war er das, so war's ein schwer Vergehn,
Und schwer hat Cäsar auch dafür gebüßt.
Hier, mit des Brutus Willen und der Andern,
(Denn Brutus ist ein ehrenwerther Mann,

Das sind sie alle, alle ehrenwerth)
Komm' ich, bei Cäsar's Leichenzug zu reden.
Er war mein Freund, war mir gerecht und treu,
Doch Brutus sagt, daß er voll Herrschsucht war,
Und Brutus ist ein ehrenwerther Mann.
Er brachte viel Gefangne heim nach Rom,
Wofür das Lösegeld den Schatz gefüllt.
Sah das der Herrschsucht wohl am Cäsar gleich?
Wenn Arme zu ihm schrie'n, dann weinte Cäsar:
Die Herrschsucht sollt' aus härterm Stoff bestehn.
Doch Brutus sagt, daß er voll Herrschsucht war,
Und Brutus ist ein ehrenwerther Mann.
Ihr Alle saht, wie am Lupercus-Fest
Ich dreimal ihm die Königskrone bot,
Die dreimal er geweigert. War das Herrschsucht?
Doch Brutus sagt, daß er voll Herrschsucht war,
Und ist gewiß ein ehrenwerther Mann.
Ich will, was Brutus sprach, nicht widerlegen,
Ich spreche hier von dem nur, was ich weiß.
Ihr liebtet All' ihn einst nicht ohne Grund:
Was für ein Grund wehrt euch, um ihn zu trauern?
O Urtheil! Du entflohst zum blöden Vieh,
Der Mensch ward unvernünftig! — Habt Geduld!
Mein Herz ist in dem Sarge hier beim Cäsar,
Und ich muß schweigen, bis es mir zurückkommt.

Erster Bürger. Mich dünkt, in seinen Reden ist viel Grund.
Zweiter Bürger. Wenn man die Sache recht erwägt, ist Cäsar'n
Groß Unrecht widerfahren.
Dritter Bürger. Meint ihr, Bürger?
Ich fürcht', ein Schlimmrer kommt an seine Stelle.
Vierter Bürger. Habt ihr gehört? Er nahm die Krone nicht,
Da sieht man, daß er nicht herrschsüchtig war.

Julius Cäsar.

Erster Bürger. Wenn dem so ist, so wird es Manchem theuer
　　　　　　　Zu stehen kommen.
Zweiter Bürger. 　　　　Ach, der arme Mann!
　　　　　　　Die Augen sind ihm feuerroth vom Weinen.
Dritter Bürger. Antonius ist der bravste Mann in Rom.
Vierter Bürger. Gebt Acht, er fängt von Neuem an zu reden.
Antonius. Noch gestern hält' umsonst dem Worte Cäsar's
　　　　Die Welt sich widersetzt: nun siegt er da,
　　　　Und der Geringste neigt sich nicht vor ihm.
　　　　O Bürger! strebt' ich, Herz und Muth in euch
　　　　Zur Wuth und zur Empörung zu entflammen,
　　　　So thät ich Cassius und Brutus Unrecht,
　　　　Die ihr als ehrenwerthe Männer kennt.
　　　　Ich will nicht ihnen Unrecht thun, will lieber
　　　　Dem Todten Unrecht thun, mir selbst und euch,
　　　　Als ehrenwerthen Männern, wie sie sind.
　　　　Doch seht dies Pergament mit Cäsar's Siegel,
　　　　Ich fand's bei ihm, es ist sein letzter Wille.
　　　　Vernähme nur das Volk dies Testament,
　　　　(Das ich, verzeiht mir, nicht zu lesen denke)
　　　　Sie gingen hin und küßten Cäsar's Wunden,
　　　　Und tauchten Tücher in sein heil'ges Blut,
　　　　Ja, bäten um ein Haar zum Angedenken,
　　　　Und sterbend nannten sie's im Testament,
　　　　Und hinterließen's ihres Leibes Erben
　　　　Zum köstlichen Vermächtniß.
Vierter Bürger. Wir wollen's hören: Les't das Testament'
　　　　　　　Les't, Marc Anton.
Bürger. 　　　　　　　Ja, ja, das Testament!
　　　　　　　Laßt Cäsar's Testament uns hören.
Antonius. Seid ruhig, lieben Freund', ich darf's nicht lesen,
　　　　Ihr müßt nicht wissen, wie euch Cäsar liebte.

Julius Cäsar.

            Ihr seid nicht Holz, nicht Stein, ihr seid ja Menschen;
            Drum, wenn ihr Cäsar's Testament erführt,
            Es setzt' in Flammen euch, es macht' euch rasend.
            Ihr dürft nicht wissen, daß ihr ihn beerbt,
            Denn wüßtet ihr's, was würde draus entstehn?

Bürger. Lest das Testament! Wir wollen's hören, Marc Anton.

           . . . .

Antonius. So zwingt ihr mich, das Testament zu lesen?
            Schließt einen Kreis um Cäsar's Leiche denn.
            Ich zeig' euch den, der euch zu Erben machte.
            Erlaubt ihr mir's? Soll ich hinuntersteigen?

Bürger. Ja, kommt nur!

           . . . .

Antonius. Wofern ihr Thränen habt, bereitet euch
            Sie jetzo zu vergießen. Diesen Mantel,
            Ihr kennt ihn alle; noch erinnr' ich mich
            Des ersten Males, da ihn Cäsar trug,
            In seinem Zelt, an einem Sommerabend —
            Er überwand den Tag die Nervier —
            Hier, schauet! fuhr des Cassius Dolch herein;
            Seht, welchen Riß der tück'sche Casca machte!
            Hier stieß der vielgeliebte Brutus durch.
            Und als er den verfluchten Stahl hinwegriß,
            Schaut her, wie ihm das Blut des Cäsar folgte,
            Als stürzt' es vor die Thür, um zu erfahren,
            Ob wirklich Brutus so unfreundlich klopfte.
            Denn Brutus, wie ihr wißt, war Cäsar's Engel. —
            Ihr Götter, urtheilt, wie ihn Cäsar liebte!
            Kein Stich von allen schmerzte so wie der.
            Denn als der edle Cäsar Brutus sah,
            Warf Undank, stärker als Verrätherwaffen,
            Ganz nieder ihn: da brach sein großes Herz,

Julius Cäsar.

Und in den Mantel sein Gesicht verhüllend,
Grad am Gestell der Säule des Pompejus,
Vor der das Blut rann, fiel der große Cäsar.
O, meine Bürger, welch ein Fall war das!
Da fielet ihr und ich; wir alle fielen
Und über uns frohlockte blut'ge Tücke.
O ja, nun weint ihr, und ich merk', ihr fühlt
Den Drang des Mitleids: dies sind milde Tropfen.
Wie? weint ihr, gute Herzen, seht ihr gleich
Nur unsers Cäsar's Kleid verletzt? Schaut her!
Hier ist er selbst, geschändet von Verräthern.
. . . .

Bürger. Wir wollen Rache, Rache! Auf und sucht!
Sengt! brennt! schlagt! mordet! laßt nicht Einen leben!
. . . .

Antonius. Ihr guten, lieben Freund', ich muß euch nicht
Hinreißen zu des Aufruhrs wildem Sturm.
Die diese That gethan, sind ehrenwerth.
Was für Beschwerden sie persönlich führen,
Warum sie's thaten, ach! das weiß ich nicht.
Doch sind sie weis' und ehrenwerth, und werden
Euch sicherlich mit Gründen Rede stehn.
Nicht euer Herz zu stehlen komm' ich, Freunde:
Ich bin kein Redner, wie es Brutus ist,
Nur, wie ihr alle wißt, ein schlichter Mann,
Dem Freund' ergeben, und das wußten die
Gar wohl, die mir gestattet, hier zu reden.
Ich habe weder Schriftliches noch Worte,
Noch Würd' und Vortrag, noch die Macht der Rede,
Der Menschen Blut zu reizen; nein, ich spreche
Nur gradezu, und sag' euch, was ihr wißt.
Ich zeig' euch des geliebten Cäsar's Wunden,

Julius Cäsar.

    Die armen, stummen Munde, heiße die
    Statt meiner reden. Aber wär' ich Brutus,
    Und Brutus Marc Anton, dann gäb' es einen,
    Der eure Geister schürt', und jeder Wunde
    Des Cäsar eine Zunge ließ, die selbst
    Die Steine Roms zum Aufstand würd' empören.
Dritter Bürger. Empörung!
Erster Bürger.   Steckt des Brutus Haus in Brand!
    . . . .
Antonius. Nun, Freunde, wißt ihr selbst auch, was ihr thut?
    Wodurch verdiente Cäsar eure Liebe?
    Ach nein! ihr wißt nicht. — Hört es denn! Vergessen
    Habt ihr das Testament, wovon ich sprach.
Bürger. Wohl wahr! Das Testament! Bleibt, hört das Testament!
Antonius. Hier ist das Testament mit Cäsar's Siegel.
    Darin vermacht er jedem Bürger Roms,
    Auf jeden Kopf euch fünf und siebzig Drachmen.
    . . . .
    Auch läßt er alle seine Lustgehege,
    Verschloßne Lauben, neugepflanzte Gärten,
    Diesseits der Tiber, euch und euren Erben
    Auf ew'ge Zeit, damit ihr euch ergehn
    Und euch gemeinsam dort ergötzen könnt.
    Das war ein Cäsar: wann kommt seines Gleichen?
Bürger. Nimmer! nimmer! — Kommt! Hinweg! hinweg!
    Verbrennt den Leichnam auf dem heil'gen Platze,
    Und mit den Bränden zündet den Verräthern
    Die Häuser an. Nehmt denn die Leiche auf!
    . . . .
Antonius. Nun wirk' es fort. Unheil, du bist im Zuge;
    Nimm, welchen Lauf du willst! —
              [Act 3, Sc. 2.]

Julius Cäsar.

Zwischen Vorsatz und That.

Bis zur Vollführung einer furchtbar'n That
Vom ersten Antrieb, ist die Zwischenzeit
Wie ein Phantom, ein grauenvoller Traum.
Der Genius und die sterblichen Organe
Sind dann im Rath vereint; und die Verfassung
Des Menschen, wie ein kleines Königreich,
Erleidet dann den Zustand der Empörung.

[Act 2, Sc. 1.]

Liebe und Höflichkeit.

Merke stets,
Lucilius, wenn Lieb' erkrankt und schwindet,
Nimmt sie gezwungne Höflichkeiten an.
Einfält'ge schlichte Treu weiß Nichts von Künsten;
Doch Gleißner sind wie Pferde, heiß im Anlauf:
Sie prangen schön mit einem Schein von Kraft,
Doch sollen sie den blut'gen Sporn erdulden,
So sinkt ihr Stolz, und falschen Mähren gleich
Erliegen sie der Prüfung.

[Act 4, Sc. 2.]

Wie Kleopatra den Antonius gewann.

Enobarbus. Als sie den Marc Anton das erste Mal
sah, stahl sie ihm sein Herz; es war auf
dem Flusse Cydnus.
Agrippa. Dort zeigte sie sich ihm in der That, oder mein Bericht-
erstatter hat Viel für sie ersunden.
Enobarbus. Ich will's berichten.
  Die Bark', in der sie saß, ein Feuerthron,

Antonius und Kleopatra.

Brannt' auf dem Strom: getriebnes Gold der Spiegel,
Die Purpursegel duftend, daß der Wind
Entzückt nachzog; die Ruder waren Silber,
Die nach der Flöten Ton Tact hielten, daß
Das Wasser, wie sie's trafen, schneller strömte,
Verliebt in ihren Schlag; doch sie nun selbst, —
Zum Bettler wird Bezeichnung: sie lag da,
In ihrem Zelt, das ganz aus Gold gewirkt,
Noch farbenstrahlender, als jene Venus,
Wo die Natur der Malerei erliegt.
Zu beiden Seiten ihr holdselge Knaben,
Mit Wangengrübchen, wie Cupido lächelnd,
Mit bunten Fächern, deren Wehn durchglühte
(So schien's) die zarten Wangen, die sie küßten;
Anzündend, statt zu löschen.
Die Dienerinnen, wie die Nereiden,
Spannten, Sirenen gleich, nach ihr die Blicke,
Und Schmuck ward jede Beugung; eine Meerfrau
Lenkte das Steuer; seidnes Tauwerk schwoll
Dem Druck so blumenreicher Händ' entgegen,
Die frisch den Dienst versahn. Der Bark' entströmend
Betäubt' ein würz'ger Wohlgeruch die Sinne
Der nahen Uferdämme; sie zu sehn
Ergießt die Stadt ihr Volk; und Marc Anton,
Hochthronend auf dem Marktplatz, saß allein,
Und pfiff der Luft, die, wär' ein Leeres möglich,
Sich auch verlor, Kleopatra zu schaun,
Und einen Riß in der Natur zurückließ.
Als sie gelandet, bat Antonius sie
Zur Abendmahlzeit; sie erwiederte,
Ihr sei willkommner, ihn als Gast zu sehn,
Und lud ihn. — Unser höflicher Anton,

Der keiner Frau noch jemals Nein gesagt,
Zehnmal recht schmuck barbirt, geht zu dem Fest,
Und dort muß nun sein Herz die Zeche zahlen,
Wo nur sein Auge zehrte.
Sie ließ des großen Cäsar's Schwert zu Bett gehn,
Er pflügte, wo sie erntete. [Act 2, Sc. 2.]

Wie es kleinen Leuten in hoher Sphäre bisweilen ergeht.
(Zechgelage der Triumvirn an Bord von des Sextus Pompejus Galeere).

Erster Diener. Gleich werden sie hier sein, Kamrad; ein Paar von diesen edeln Bäumen sind nicht mehr im Boden festgewurzelt; der kleinste Wind kann sie umwerfen.

Zweiter Diener. Lepidus ist schon hochroth.

Erster Diener. Der hat trinken müssen, wie Keiner mehr mochte. —

Zweiter Diener. Das kommt dabei heraus, in großer Herren Gesellschaft Kamrad zu sein; eben so gern hätte ich ein Schilfrohr, das mir Nichts mehr nutzen kann, als eine Hellebarde, die ich nicht regieren könnte.

Erster Diener. In eine große Sphäre berufen zu sein und sich nicht darin bewegen können, ist wie Löcher, wo Augen sein sollten; was das Gesicht jämmerlich entstellt. [Act 2, Sc. 7.]

Wie es der Ehrlichkeit der Schwäche, und zwar mit Recht, zu ergehn pflegt.
(Auf des Pompejus Galeere, wo die von ihm geladenen Triumvirn, seine Feinde, den eben geschlossenen Frieden feiern.)

Menas (Offizier des Pompejus zu seinem Feldherrn).
   Willst Herr der ganzen Welt sein?

Pompejus. Wie sollte das geschehn?

Menas.   Sei willig nur;
Und schein' ich noch so arm, ich bin der Mann,
Der dir die ganze Welt giebt.

Antonius und Kleopatra.

Pompejus.   Bist du trunken?
Menas. Mein Feldherr, vor dem Becher wahrt' ich mich;
Du bist, wenn du's nur wagst, der Erde Zeus,
Und was das Meer umgränzt, umwölbt der Himmel,
Ist dein, wenn du's nur willst.
Pompejus.   So sag' mir, wie?
Menas. Diese drei Weltentheiler, die Triumvirn,
Faßt unser Schiff; ich kappe jetzt das Tau,
Wir stoßen ab, ich greif' an ihre Kehle,
Und dein ist Alles.
Pompejus.   Ah! Hätt'st du's gethan,
Und nicht gesagt! In mir ist's Büberei,
Von dir getreuer Dienst. Vergiß es nie,
Mein Vortheil nicht geht meiner Ehre vor,
Die Ehre ihm. Bereu' es, daß dein Mund
So deine That verrieth. Thatst du's geheim,
Dann hätt' ich's, wenn's geschehn, als gut erkannt,
Doch nun muß ich's verdammen. — Vergiß und trink!
Menas. Hinfort
Folg' ich nie wieder deinem morschen Glück!
Wer sucht, und greift nicht, was ihm einmal zuläuft,
Findet's nie wieder.   [Act 2, Sc. 7.]

Für Carrière-Macher.

Silius.   Würdiger Ventidius!
Weil noch vom Partherblute raucht dein Schwert,
Folge den flücht'gen Parthern schnell durch Medien,
Mesopotamien und in alle Schluchten,
Wohin die Flucht sie trieb. Dann hebt dein Feldherr
Antonius auf den Siegeswagen dich,
Und kränzt dein Haupt mit Lorbeern.
Ventidius.   Silius! Silius!

Antonius und Kleopatra.

Ich that genug. Ein Untergeb'ner, merk' es,
Glänzt leicht zu hell; denn wisse dies, o Silius:
Besser Nichts thun, als zu viel Ruhm erwerben
Durch tapfre That, wenn unsre Obern fern.
Cäsar und Marc Anton gewannen stets
Durch Diener mehr, als durch sich selber. Sossius,
(Sein Hauptmann, der vor mir in Syrien stand),
Verlor, weil ihn zu schnell der Ruf erhob,
Den er erlangt im Umsehn, seine Gunst.
Wer mehr im Krieg thut, als sein Feldherr kann,
Wird seines Feldherrn Feldherr; und der Ehrgeiz,
Des Kriegers Tugend, wählt Verlust wohl lieber
Als Sieg, der ihn verdunkelt.   [Act 2, Sc. 1.]

Verblendung, der Fluch der Sünde.

Antonius. Wenn wir in der Sünde uns verhärtet,
O Jammer! dann verblenden unsre Augen
Mit eignem Schmutz die Götter; trüben uns
Das klare Urtheil, daß wir unsern Irrthum
Anbeten; lachen über uns, wenn wir
Zum Tode hin stolzieren!   [Act 3, Sc. 11.]

Was Tollkühnheit werth ist.

Enobarbus.   Tollkühn sein,
Heißt aus der Furcht geschreckt sein: so gelaunt,
Hackt auf den Strauß die Taub'; und immer seh' ich,
Wie unserm Feldherrn der Verstand entweicht,
Wächst ihm das Herz. Zehrt Muth das Urtheil auf,
Frißt er das Schwert, mit dem er kämpft.
                                  [Act 3, Sc. 11.]

Coriolan

Wie ein aufrichtiger Aristokrat sich um die Volksgunst bewirbt.

Menenius. Ich bitte!
  Verderbt nicht Alles, sprecht sie an; doch, bitt' ich,
  Anständ'ger Weis.
    (Es kommen zwei Bürger.)
Coriolanus. Heiß' ihr Gesicht sie waschen,
  Und ihre Zähne rein'gen. Ach! da kommt so'n Paar!
  Ihr wißt den Grund, weshalb ich hier bin, Freund.
Erster Bürger. Ja wohl; doch sagt, was mich dazu gebracht?
Coriolanus. Mein eigner Werth?
Zweiter Bürger. Euer eigner Werth?

Coriolanus. Ja. Nicht
  Mein eigner Wunsch.
Erster Bürger. Ihr müßt denken,
  Wenn wir euch Etwas geben, ist's in Hoffnung
  Durch euch auch zu gewinnen.
Coriolanus. Gut, sagt mir denn den Preis des Consulats.
Erster Bürger. Der Preis ist: Freundlich drum zu bitten.
Coriolanus. Freundlich?
  Ich bitte, gönnt mir's. Wunden kann ich zeigen,
  Wenn wir allein sind — eure Stimme, Herr!
  Was sagt ihr?
Zweiter Bürger. Würd'ger Mann, ihr sollt sie haben.
Coriolanus. Geschloss'ner Kauf!
  Zwei edle Stimmen also schon erbettelt.
  Eure Pfenn'ge hab' ich! — Geht!
Erster Bürger. Doch das ist seltsam.
Zweiter Bürger. Müßt' ich sie nochmals geben — doch — mein'thalb.
  (Zwei andere Bürger kommen.)

Coriolanus. Ich bitte euch nun, wenn sich's zu dem Tone eurer
  Stimmen paßt, daß ich Consul werde; ich habe hier den
  üblichen Rock an.
Dritter Bürger. Ihr habt euch edel um euer Vaterland verdient gemacht, und habt euch auch nicht edel verdient gemacht.
Coriolanus. Euer Räthsel?
Dritter Bürger. Ihr waret eine Geißel für seine Feinde; ihr waret
  eine Ruthe für seine Freunde. Ihr habt, die Wahrheit zu
  sagen, das gemeine Volk nicht geliebt.
Coriolanus. Ihr solltet mich für um so tugendhafter halten, da ich
  meine Liebe nicht gemein gemacht habe. Freund, ich will
  meinem geschworenen Bruder, dem Volk, schmeicheln, um
  eine bess're Meinung von ihm zu eruten; es ist ja eine Eigen-
  schaft, die sie hoch anrechnen. Und da der Weisheit ihrer

Wahl mein Hut lieber ist, als mein Herz, so will ich mich
auf die einschmeichelnde Verbeugung üben und mich mit ihnen
abfinden auf ganz nachäffende Art. Das heißt, Freund,
ich will die Bezauberungskünste irgend eines Volksfreundes
nachäffen, und den Verlangenden höchst freigebig mittheilen.
Deshalb bitt' ich euch: laßt mich Consul werden.

Vierter Bürger. Wir hoffen, uns in euch einen Freund zu erwerben,
und geben euch darum unsre Stimmen herzlich gern.

Dritter Bürger. Ihr habt auch mehrere Wunden für das Vaterland
empfangen.

Coriolanus. Ich will eure Kenntniß nicht dadurch besiegeln, daß ich
sie euch zeige. Ich will eure Stimmen sehr hoch schätzen, und
euch nun nicht länger zur Last fallen.

Beide Bürger. Die Götter geben euch Freude: das wünschen wir
aufrichtig.   (Die Bürger gehn ab.)

Coriolanus.   O süße Stimmen!
Lieber verhungert, lieber gleich gestorben,
Als Lohn erbetteln, den wir erst erworben.
Warum soll hier mit Wolfsgeheul ich stehn,
Um Hinz und Kunz und jeden anzuflehn
Um nutzlos Fürwort? Weil's der Brauch verfügt.
Doch wenn sich Alles vor Gebräuchen schmiegt,
Wird nie der Staub des Alters abgestreift,
Berghoher Irrthum wird so aufgehäuft,
Daß Wahrheit nie ihn überragt. Eh' zahm,
Noch Narr ich bin, sei aller Ehrenkram
Dem, den's gelüstet. — Halb ist's schon geschehn,
Viel überstanden, mag's nun weiter gehn.   [Act 2, Sc. 3.]

Was die Standesgenossen dazu meinen.

Menenius. Sein Sinn ist viel zu edel für die Welt.
Er kann Neptun nicht um den Dreizack schmeicheln,

Coriolanus.

Nicht Zeus um seine Donner: Mund und Herz ist Eins.
Was seine Brust nur schafft, kommt auf die Zunge,
Und ist er zornig, so vergißt er gleich,
Daß man den Tod je nannte.
[Act 3, Sc. 1.]

Eine aristokratische Familienscene.

Coriolanus. Mich wundert, wie die Mutter
Mein Thun nicht billigt, die doch sumpf'ge Sclaven
Sie stets genannt; Geschöpfe, nur gemacht,
Daß sie mit Pfenn'gen schachern; baarhaupt stehn
In der Versammlung, gähnen, staunen, schweigen,
Wenn Einer meines Ranges sich erhebt,
Redend von Fried' und Krieg.
(Zu Volumnia.)
Ich sprach von euch.
Weshalb wünscht ihr mich milder? Soll ich falsch sein
Der eignen Seele? Lieber sagt, ich spiele
Den Mann nur, der ich bin.

Volumnia. O! Sohn, Sohn, Sohn!
Hätt'st deine Macht du doch erst angelegt,
Eh' du sie abgenutzt.

Coriolanus. Sie fahre hin!

Volumnia. Du konntest mehr der Mann sein, der du bist,
Wenn du es wen'ger zeigtest; schwächer waren
Sie deinem Sinn entgegen, hehltest du
Nur etwas mehr, wie du gesinnt, bis ihnen
Die Macht gebrach, um dich zu kreuzen.

Coriolanus. Hängt sie!

Volumnia. Ja, und verbrennt sie!
. . . .
O! laß dir rathen.
Ich hab' ein Herz, unbeugsam, wie das deine,

Coriolanus.

          Doch auch ein Hirn, das meines Zornes Ausbruch
          Zu besserm Vortheil senkt.
          . . . .

Coriolanus. Was muß ich thun?
          . . . .

Volumnia.   Du bist zu herrisch.
          Magst du auch hierin nie zu edel sein,
          Gebietet Noth doch auch. — Du selbst oft sagtest:
          Wie Ehr' und Politik als treue Freunde
          Im Krieg zusammen gehn. Ist dies, so sprich,
          Wie sie im Frieden wohl sich schaden können,
          Daß sie in ihm sich trennen?
          . . . .

          Weil jetzt dir obliegt, zu dem Volk zu reden,
          Nicht nach des eignen Sinnes Unterweisung,
          Noch in der Art, wie dir dein Herz befiehlt;
          Mit Worten nur, dir auf die Zunge wachsen,
          Bastard-Geburten, Lauten nur und Silben,
          Die nicht des Herzens Wahrheit sind verpflichtet.
          Dies, wahrlich, kann so wenig dich entehren,
          Als eine Stadt durch sanftes Wort erobern,
          Wo sonst dein Glück entscheiden müßt' und Wagniß
          Von vielem Blutvergießen. —
          Ich wollte meine Art und Weise bergen,
          Wenn Freund' und Glück es in Gefahr verlangten,
          Und blieb' in Ehr'. — Ich steh' hier auf dem Spiel,
          Dein Weib, dein Sohn, die Edeln, der Senat,
          Und du willst lieber unserm Pöbel zeigen,
          Wie du kannst finster sehn, als einmal lächeln,
          Um ihre Gunst zu erben, und zu schützen,
          Was ohne sie zu Grund' geht.
          . . . .

Coriolanus.

Ich bitte dich, mein Sohn,
Geh hin, mit dieser Mütz' in deiner Hand,
So streck' sie aus, tritt nah an sie heran,
Dein Knie berühr' die Stein'; in solchem Thun ist
Geberd' ein Redner, und der Einfalt Auge
Gelehrter als ihr Ohr. Den Kopf so wiegend
Und oft auch so dein stolzes Herz bestrafend,
Sei sanft, so wie die Maulbeer' überreif,
Die jedem Drucke weicht. Dann sprich zu ihnen:
Du seist ihr Krieger, im Gelärm erwachsen,
Hab'st nicht die sanfte Art, die, wie du einsäh'st,
Dir nöthig sei, die sie begehren dürften,
Wärb'st du um ihre Gunst; doch wollt'st du sicher
Dich künftig wandeln zu dem Ihrigen,
So weit Natur und Kraft in dir nur reichten.

. . . .

Coriolanus.   Ich muß es thun.
Fort, meine Sinnesart! Komm über mich,
Geist einer Metze! Mein Kriegsschrei sei verwandelt,
Der in die Trommeln rief, jetzt in ein Pfeifchen,
Dünn wie des Hämmlings, wie des Mädchens Stimme,
Die Kinder einlullt; eines Buben Lächeln
Wohn' auf der Wange mir; Schulknaben-Thränen
Verdunkeln mir den Blick; des Bettlers Zunge
Reg' in dem Mund sich; mein bepanzert Knie,
Das nur im Bügel krumm war, benge sich
Wie deß, der Pfenn'ge steht. — Ich will's nicht thun,
Nicht so der eignen Wahrheit Ehre schlachten,
Und durch des Leibs Gebehrdung meinen Sinn
In ew'ger Schand' abrichten.

Volumnia.   Wie du willst.
Von dir zu betteln ist mir größre Schmach,

Coriolanus.

Als dir von ihnen. Fall' Alles denn in Trümmer!
Mag lieber deinen Stolz die Mutter fühlen,
Als stets Gefahr von deinem Starrsinn fürchten.
Den Tod verlach' ich, großgeherzt wie du.
Mein ist dein Muth, ja, den sogst du von mir,
Dein Stolz gehört dir selbst.

Coriolanus.   Sei ruhig, Mutter,
Ich bitte dich! — Ich gehe auf den Markt;
Schilt mich nicht mehr. Als Taschenspieler nun
Stehl' ich jetzt ihre Herzen, kehre heim
Von jeder Zunft geliebt. Siehst du, ich gehe.
Grüß' meine Frau. Ich kehr' als Consul wieder;
Sonst glaube nur, daß meine Zung' es weit
Im Weg des Schmeichelns bringt.
                                                  [Act 3, Sc. 2.]

Die historischen Stücke.

Richard II.

"Von Gottes Gnaden".

König Richard.   Vor Freude wein' ich,
Noch 'mal auf meinem Königreich zu stehn. —
Ich grüße mit der Hand dich, theure Erde,
Verwunden schon mit ihrer Rosse Hufen
Rebellen dich; wie eine Mutter, lange
Getrennt von ihrem Kinde, trifft sie's wieder,
Mit Thränen und mit Lächeln zärtlich spielt:
So weinend, lächelnd, grüß' ich dich, mein Land,
Und schmeichle dir mit königlichen Händen.
Nähr' deines Herren Feind nicht, liebe Erde,
Dein Süßes laß' ihm nicht den Räubersinn.
Nein, laß sich Spinnen, die dein Gift einsaugen,
Und träge Kröten in den Weg ihm legen,
Zu plagen die verrätherischen Füße,

Die dich mit unrechtmäß'gen Tritten stampfen.
Beut scharfe Nesseln meinen Feinden dar,
Und, pflücken sie von deinem Busen Blumen,
Laß, bitt' ich, Naltern lauernd sie bewahren,
Die mit der Doppelzunge gift'gem Stich
Den Tod auf deines Herren Feinde schießen.
Lacht nicht der unempfundenen Beschwörung!
Die Erde fühlt, und diese Steine werden
Bewehrte Krieger, eh' ihr ächter König
Des Aufruhrs schnöden Waffen unterliegt.

Carlisle. Herr, fürchtet nicht! Der euch zum König setzte,
Hat Macht, dabei trotz allem euch zu schützen.
Des Himmels Beistand muß ergriffen werden
Und nicht versäumt; sonst, wenn der Himmel will,
Und wir nicht wollen, so verweigern wir
Sein Anerbieten, Hülf' und Herstellung.

Aumerle. Er meint, mein Fürst, daß wir zu lässig sind,
Da Bolingbroke durch unsre Sicherheit
Stark wird und groß an Mitteln und an Freunden.

König Richard. Entmuthigender Vetter! Weißt du nicht,
Wenn hinterm Erdball sich das sprühn'de Auge
Des Himmels birgt, der untern Welt zu leuchten,
Dann schweifen Dieb' und Räuber, ungesehn,
In Mord und Freveln blutig hier umher:
Doch wenn er, um den ird'schen Ball hervor,
Im Ost der Fichten stolze Wipfel glüht,
Und schießt sein Licht durch jeden schuld'gen Winkel:
Dann stehn Verrath, Mord, Grenel, weil der Mantel
Der Nacht gerissen ist von ihren Schultern,
Bloß da und nackt, und zittern vor sich selbst.
So, wenn der Dieb, der Meuter Bolingbroke
Der all die Zeit her nächtlich hat geschwärmt,

Indeß wir bei den Antipoden weilten,
Uns auf sicht steigen in des Ostens Thron,
Wird sein Verrath das Antlitz ihm erröthen,
Er wird des Tages Anblick nicht ertragen,
Und selbsterschreckt, vor seiner Sünde zittern.
Nicht alle Fluth im wüsten Meere kann
Den Balsam vom gesalbten König waschen;
Der Odem ird'scher Männer kann des Herrn
Geweihten Stellvertreter nicht entsetzen.
Für jeden Mann, den Bolingbroke gepreßt,
Den Stahl zu richten auf die goldne Krone,
Hat Gott für seinen Richard einen Engel
In Himmelssold: mit Engeln im Gefecht
Besteht kein Mensch; der Himmel schützt das Recht.

[Act 3, Sc. 3.]

Wie dieser Zauber bisweilen in Gefahr und Unglück besteht.

Scroop. Mehr Glück und Heil begegne meinem Herrn,
Als meine Noth-gestimmte Zung' ihm bringt!
. . . .
Gleich wie ein stürmisch ungestümer Tag
Die Silberbäch' aus ihren Ufern schwellt,
Als wär' die Welt in Thränen aufgelöst:
So über alle Schranken schwillt die Wuth
Des Bolingbroke; eu'r banges Land bedeckend
Mit hartem Stahl und mit noch härtern Herzen.
Graubärte decken ihre kahlen Schädel
Mit Helmen wider deine Majestät;
Und weiberstimm'ge Knaben müh'n sich, rauh
Zu sprechen, stecken ihre zarten Glieder
In steife Panzer wider deinen Thron;
Selbst deine Pater lernen ihre Bogen
Von Eiben, doppelt tödtlich, auf dich spannen.
Ja, Kunkelweiber führen rost'ge Piken

Zum Streit mit dir; empört ist Kind und Greis
Und schlimmer geht's, als ich zu sagen weiß.
Aumerle. Wo ist mein Vater York mit seiner Macht?
König Richard. Das ist gleichviel; vom Troste rede Niemand,
Von Gräbern sprecht, von Würmern, Leichensteinen!
Macht zum Panier den Staub, und auf den Busen
Der Erde schreib' ein regnicht Auge Jammer.
Vollzieher wählt, und sprecht von Testamenten;
Nein, doch nicht: — denn was können wir vermachen,
Als unsern abgelegten Leib dem Boden?
Hat Bolingbroke doch unser Land und Leben,
Und Nichts kann unser heißen, als der Tod,
Und jenes kleine Maaß von dürrer Erde,
Die dem Gebein zur Rind' und Decke dient.
Ums Himmelswillen, laßt uns niedersitzen.
Zu Trauermähren von der Kön'ge Tod: —
Wie die entsetzt sind, die im Krieg erschlagen,
Die von entthronten Geistern heimgesucht,
Im Schlaf erwürgt, von ihren Frau'n vergiftet,
Ermordet alle; denn im hohlen Zirkel,
Der eines Königs sterblich Haupt umgießt,
Hält seinen Hof der Tod: da sitzt der Schalksnarr,
Höhnt seinen Staat und grinst zu seinem Pomp;
Läßt ihn ein Weilchen, einen kleinen Auftritt
Den Herrscher spielen, drohn, mit Blicken tödten;
Flößt einen eiteln Selbstbetrug ihm ein,
Als wär' dies Fleisch, das unser Leben einschanzt,
Unüberwindlich Erz; und, so gelaunt,
Kommt er zuletzt; und bohrt mit kleiner Nadel
Die Burgmau'r an, und — König, gute Nacht!
Bedeckt die Häupter, höhnt nicht Fleisch und Blut
Mit Ehrbezeugung; werft die Achtung ab,

Richard II.

Gebräuche, Sitt' und äußerlichen Dienst.
Ihr irret euch die ganze Zeit in mir:
Wie ihr, leb' ich von Brot, ich fühle Mangel,
Ich schmecke Kummer und bedarf der Freunde.
So unterworfen nun,
Wie könnt ihr sagen, daß ich König bin? [Act 3, Sc. 3.]

Wer jammert im Unglück?

Carlisle. Herr, Weise jammern nie vorhandnes Weh,
Sie schneiden gleich des Jammers Wege ab.
Den Feind zu scheun, da Furcht die Stärke hemmt,
Das gießt dem Feinde Stärk' in eurer Schwäche,
Und so ficht eure Thorheit wider euch.
Furcht bringt uns um, Nichts schlimmres droht beim Fechten.
Tod wider Tod, ist sterben im Gefecht,
Doch fürchtend sterben, ist des Todes Knecht. [Act 3, Sc. 3.]

Das Wort des Sterbenden.

O sagt man doch, daß Zungen Sterbender
Wie tiefe Harmonie Gehör erzwingen;
Wo Worte selten, haben sie Gewicht:
Denn Wahrheit athmet, wer schwer athmend spricht,
Nicht der, aus welchem Lust und Jugend schwätzt.
Der wird gehört, der bald nun schweigen muß;
Beachtet wird das Leben mehr zuletzt:
Der Sonne Scheiden, und Musik am Schluß,
Bleibt, wie der letzte Schmack von Süßigkeiten,
Mehr im Gedächtniß, als die frühern Zeiten. [Act 2, Sc. 2.]

Hilft erträumtes Glück gegen wirkliches Leid?

O wer kann Feu'r dadurch in Händen halten,
Daß er den frost'gen Kaukasus sich denkt?
Und wer des Hungers gier'gen Stachel dämpfen
Durch bloße Einbildung von einem Mahl?

Richard II.

Wer nackend im Decemberschnee sich wälzen,
Weil er phantast'sche Sommergluth sich denkt?
O nein! Die Vorstellung des Guten giebt,
Nur desto stärkeres Gefühl des Schlimmern;
Nie zeugt des Leides grimmer Zahn mehr Gift,
Als wenn er nagt, doch durch und durch nicht trifft.
[Act 1, Sc. 3.]

Wie Staatsklugheit für erwünschten, verbrecherischen Dienst sich bedankt.
(Exton tritt auf mit Dienern, die den von ihm ermordeten Richard II. in einem Sarge tragen.)

Exton.   In diesem Sarg bring' ich dir, großer König,
         Begraben deine Furcht: hier liegt entseelt
         Der Feinde mächtigster, die du gezählt,
         Richard von Bordeaux, her durch mich gebracht.
Bolingbroke. Exton, ich dank' dir nicht; du hast vollbracht
         Ein Werk der Schande, mit verruchter Hand,
         Auf unser Haupt und dies berühmte Land.
Exton.   Aus eurem Mund, Herr, that ich diese That.
Bolingbroke. Der liebt das Gift nicht, der es nöthig hat.
         So ich dich: ob sein Tod erwünscht mir schien,
         Den Mörder hass' ich, lieb' ermordet ihn.
         Nimm für die Mühe des Gewissens Schuld,
         Doch weder mein gut Wort noch hohe Huld.
         Wie Kain wandre nun in nächt'gem Graun,
         Und laß dein Haupt bei Tage nimmer schaun.
         Lords, ich betheur' es, meiner Seel' ist weh,
         Daß ich mein Glück bespritzt mit Blute seh.
         Kommt und betrauert mit, was ich beklage;
         Daß düster Schwarz sofort ein Jeder trage!
         Ich will die Fahrt thun in das heil'ge Land,
         Dies Blut zu waschen von der schuld'gen Hand.
         Zieht ernst mir nach, und keine Thränen spare,
         Wer meine Trauer ehrt, an dieser frühen Bahre.

[Act 5, Sc. 5.]

König Heinrich IV.

Erster Theil.

Wie phantastische Selbstliebe vor nüchternem Kraftbewußtsein besteht.

Glendower. Sitzt, Vetter Percy, — sitzt, lieber Vetter Heißsporn;
  Denn jedesmal, daß Lancaster euch nennt
  Bei diesem Namen, wird er bleich, und mit
  Verhaltnem Seufzer wünscht er euch im Himmel.
Percy. Und in der Hölle euch, so oft er hört
  Von Owen Glendower sprechen.
Glendower. Ich tadl' ihn nicht: als ich zur Welt kam, war
  Des Himmels Stirn voll feuriger Gestalten
  Und Fackelbrand; zur Stunde der Geburt
  Erzitterte der Erde Bau und Gründung
  Wie eine Memme.

Heinrich IV.

Percy. Ei, sie hätt's auch gethan
Zur selben Zeit, hätt' eurer Mutter Katze nur
Gekitzt, wenn ihr auch nie geboren wär't.
Glendower. Die Erde, sag' ich, bebt', als ich zur Welt kam.
Percy. Und ich sag', die Erde dachte nicht wie ich,
Wofern ihr denkt, sie bebt' aus Furcht vor euch.
Glendower. Der Himmel stand in Feu'r, die Erde wankte.
Percy. O, dann hat sie gewankt, weil sie den Himmel
In Feuer sah, nicht bang vor der Geburt.
Die krankende Natur bricht oftmals aus
In fremde Gährungen; die schwang're Erde
Ist mit 'ner Art von Kolik oft geplagt,
Durch Einschließung des ungestümen Windes
In ihrem Schooß, der, nach Befreiung strebend,
Altmutter Erde ruckt, und niederwirft
Kirchthürm' und moos'ge Burgen. In der Zeit
Hat unsre Mutter Erde, davon leidend,
Krankhaft gebebt.
Glendower. Vetter, nicht viele dürften
So durch den Sinn mir fahren. Laßt mich euch
Noch einmal sagen: als ich zur Welt kam, war
Des Himmels Stirn voll feuriger Gestalten.
Die Geißen rannten vom Gebirg', die Heerden
Schrie'n seltsam ins erschrockne Feld hinein.
Dies that als außerordentlich mich kund;
Und meines Lebens ganzer Hergang zeigt,
Ich sei nicht von der Zahl gemeiner Menschen.
Wo lebt der Mensch wohl, von der See umfaßt,
Die zürnend tobt um England, Schottland, Wales,
Der mich belehrt und mich darf Schüler nennen?
Und bringt mir einen, den ein Weib gebar,
Der in der Kunst mühsamer Bahn mir folgt,

Heinrich IV.

    Und Schritt mir hält in tiefer Nachforschung.
Percy. Ich denke, Niemand spricht wohl besser Wälsch.
    Ich will zur Mahlzeit.
Mortimer. Still, Vetter Percy, denn ihr macht ihn toll.
Glendower. Ich rufe Geister aus der wüsten Tiefe.
Percy. Ei ja, das kann auch ich, das kann ein Jeder.
    Doch kommen sie, wenn ihr nach ihnen ruft?
Glendower. Ich kann euch lehren, Vetter, selbst den Teufel
    Zu meistern.
Percy. Und ich, Freund, kann euch lehren, sein zu spotten
    Durch Wahrheit; redet wahr und lacht des Teufels.
    Habt ihr ihn Macht zu rufen, bringt ihn her,
    Ich schwör', ich habe Macht ihn wegzuspotten.
    O, lebenslang sprecht wahr und lacht des Teufels!
              [Act 3, Sc. 1.]

Wie gesunder Menschenverstand über gezierte Poesie denkt.

Percy. Ich wär' ein Kätzlein lieber, und schrie Miau,
    Als einer von den Vers-Balladen-Krämern.
    Ich hör' 'nen ehrnen Leuchter lieber drehn,
    Oder ein trocknes Rad die Achse kratzen;
    Das würde mir die Zähne gar nicht stumpfen,
    So sehr nicht, als gezierte Poesie.
    'S ist wie der Paßgang eines steifen Gauls.
              [Act 3, Sc. 1.]

Das Bürgerrecht des Häßlichen im Reiche des Schönen.

Prinz Heinrich. Ich kenn' euch all', und unterstütz' ein Weilchen
    Das wilde Wesen eures Müßiggangs.
    Doch darin thu' ich es der Sonne nach,
    Die niederm, schädlichem Gewölk erlaubt
    Zu dämpfen ihre Schönheit vor der Welt,
    Damit, wenn's ihr beliebt, sie selbst zu sein,
    Weil sie vermißt ward, man sie mehr bewundre;

Wenn sie durch böse, garst'ge Nebel bricht
Von Dünsten, die sie zu ersticken schienen.
Wenn alle Tag' im Jahr gefeiert würden,
So würde Spiel so lästig sein, wie Arbeit:
Doch seltne Feiertage sind erwünscht,
Und Nichts erfreut wie unversehne Dinge.
So, wenn ich ab dies lose Wesen werfe,
Und Schulden zahle, die ich nie versprach,
Täusch' ich der Welt Erwartung nun so mehr,
Um wie viel besser als mein Wort ich bin;
Und wie ein hell Metall auf dunkelm Grund
Wird meine Beßrung, Fehler überglänzend,
Sich schöner zeigen, und mehr Augen anziehn,
Als was durch keine Folie wird erhöht.
Ich will mit Kunst die Ausschweifungen lenken,
Die Zeit einbringen, eh' die Leut' es denken.

[Act 3, Sc. 2.]

Prinz Heinrich und Falstaff in Eastcheap.

Falstaff. Nun, du wirst morgen entsetzlich ausgeschmält werden, wenn du zu deinem Vater kommst; wenn du mich lieb hast, sinne eine Antwort aus.

Prinz Heinrich. Stelle du meinen Vater vor, und befrage mich über meinen Lebenswandel.

Falstaff. Soll ich, topp! — Dieser Armstuhl soll mein Thron sein, dieser Dolch mein Scepter, und dies Kissen meine Krone.

Prinz Heinrich. Dein majestätischer Thron wird nur für einen Schemel geachtet, dein goldnes Scepter für einen bleiernen Dolch, und deine kostbare reiche Krone für eine armselige kahle Krone.

Falstaff. Gut, wenn das Feuer der Gnade nicht ganz in dir erloschen ist, so sollst du nun gerührt werden. — Gebt mir ein Glas Sect, damit meine Augen roth aussehen; man muß denken, daß ich geweint habe, denn ich muß es mit

bewegtem Gemüth sprechen und ich will es in des Königs
Kambyses Weise thun.

Prinz Heinrich. Gut, so mache ich meine Reverenz.

Falstaff. Und so halte ich meine Rede. — Tretet beiseit, ihr Großen.

Wirthinn. Das ist ein prächtiger Spaß, mein' Seel!

Falstaff. Weint, holde Fürstinn, nicht! Vergeblich träufeln Thränen.

Wirthinn. O Jemine, was er sich für ein Ansehen giebt!

Falstaff. O Gott, Herrn, bringt mein bang Gemahl hinaus,
Denn Thränen stopfen ihrer Augen Schleusen.

Wirthinn. O prächtig! Er macht es den Lumpen-Comödianten so natürlich nach, wie man was sehen kann.

Falstaff. Still, gute Bierkanne! still, Frau Schnaps! — Heinrich, ich wundre mich nicht blos darüber, wie du deine Zeit hinbringst, sondern auch, in welcher Gesellschaft du lebest; denn wiewohl die Kamille, je mehr sie getreten wird, um so schneller wächst, so wird doch die Jugend, je mehr man sie verschwendet, um so schneller abgenutzt. Daß du mein Sohn bist, dafür habe ich theils deiner Mutter Wort, theils meine eigene Meinung; hauptsächlich aber einen verwünschten Zug in deinem Auge und ein albernes Hängen deiner Unterlippe, das mir Gewähr dafür leistet. Wofern du denn mein Sohn bist — dahin zielt dies eigentlich — warum, da du mein Sohn bist, wirst du das Ziel des Gespöttes? Soll die glorreiche Sonne des Himmels ein Schulschwänzer werden und Brombeeeren naschen? Eine nicht aufzuwerfende Frage. Soll der Sohn Englands ein Dieb werden und Beutel schneiden? Eine wohl aufzuwerfende Frage. Es giebt ein Ding, Heinrich, wovon du oftmals gehört hast, und das vielen in unserm Lande unter dem Namen Pech bekannt ist; dieses Pech, wie alle Schriftsteller aussagen, pflegt zu besudeln, so auch die Gesellschaft, die du hältst. Denn, Heinrich, jetzt rede ich nicht im Trunke zu dir sondern in Thränen; nicht im Scherz, sondern von Herzen; nicht bloß in Worten, sondern auch in Sorgen. — Und doch giebt es einen tugendhaften Mann, den ich in deiner Gesellschaft bemerkt habe, aber ich weiß seinen Namen nicht.

Prinz Heinrich. Was für eine Art von Mann, wenn es Euer Majestät gefällig ist?

Falstaff. Ein wackrer, stattlicher Mann, in der That, und wohlbeleibt; er hat einen heitern Blick, einnehmende Augen und ein sehr edles Wesen, und ich denke, er ist so in den Fünfzigen, oder, wenn's hoch kommt, gegen sechszig; und jetzt fällt mir es ein: sein Name ist Falstaff. Sollte der Mann ausschweifend sein, so hintergeht er mich; denn, Heinrich, ich sehe Tugend in seinen Blicken. Wenn etwa der Baum an den Früchten erkannt wird, wie die Frucht an dem Baume, so muß — das behaupte ich zuversichtlich — Tugend in diesem Falstaff sein. Zu ihm halte dich, die andern verbanne. Und nun sage mir, du ungezogner Schlingel, sage, wo hast du diesen Monat gesteckt?

Prinz Heinrich. Sprichst du wie ein König? Nimm du meinen Platz ein, und ich will meinen Vater vorstellen.

Falstaff. Mich absetzen? Wenn du es halb so gravitätisch und majestätisch machst in Worten und Werken, so sollst du mich bei den Beinen aufhängen, wie ein Kaninchen oder einen Hasen beim Wildhändler.

Prinz Heinrich. Gut, hier sitz' ich.

Falstaff. Und hier steh' ich: nun urtheilt, meine Herren.

Prinz Heinrich. Nun, Heinrich? von woher kommt ihr?

Falstaff. Von Eastcheap, gnädiger Herr.

Prinz Heinrich. Es werden arge Beschwerden über dich geführt.

Falstaff. Alle Wetter, Herr, sie sind falsch! — Ja, ich will euch den jungen Prinzen schon einträuken, meiner Treu.

Prinz Heinrich. Fluchest du, ruchloser Knabe? Hinfort komm mir nicht mehr vor die Augen. Du wirst der Gnade gewaltsam abwendig gemacht; ein Teufel sucht dich heim in Gestalt eines alten fetten Mannes; eine Tonne von einem Mann ist deine Gesellschaft. Warum verkehrst du mit dem Kasten voll wüster Einfälle, dem Beuteltrog der Bestialität, dem aufgedunsenen Ballen Wassersucht, dem ungeheuren Fasse Sect, dem vollgestopften Kaldaunensack, dem gebratenen Krönungsochsen mit dem Pudding im Bauche, dem ehrwürdigen Laster, der grauen Ruchlosigkeit, dem Vater Kuppler, der Eitelkeit bei Jahren? Worin ist er gut, als im Sect trinken und kosten? Worin sauber und reinlich, als im Kapaunen zerlegen und essen? Worin geschickt, als in Schlauigkeit? Worin schlau, als in Spitzbüberei? Worin spitzbübisch, als in allen Dingen? Worin löblich, als in gar nichts?

Falstaff. Ich wollte, euer Gnaden machten sich verständlich. Wen meinen Euer Gnaden?

Prinz Heinrich. Den spitzbübischen, abscheulichen Verführer der Jugend, Falstaff, den alten weißbärtigen Satan.

Falstaff. Gnädiger Herr, den Mann kenne ich.

Prinz Heinrich. Ich weiß, daß du ihn kennst.

Falstaff. Aber wenn ich von ihm sagte, ich wüßte mehr Schlimmes von ihm, als von mir selbst, das hieße mehr sagen, als ich weiß. Daß er leider Gottes alt ist, das bezeugen seine weißen Haare; aber daß er, mit Respect zu vermelden, ein Hurenweibel ist, das leugne ich ganz und gar. Wenn Sect und Zucker ein Fehler ist, so helfe Gott den Lasterhaften! Wenn alt und lustig sein eine Sünde ist, so muß mancher alte Schenkwirth, den ich kenne, verdammt werden. Wenn es Haß verdient, daß man fett ist, so müssen Pharao's magre Kühe geliebt werden. Nein, theuerster Herr Vater, verbannt Peto, verbannt Bardolph, verbannt Poins; aber den lieben Hans Falstaff, den biedern Hans Falstaff, den tapfern Hans

Falstaff, um so tapfrer, da er der alte Hans Falstaff ist: den verbanne nicht aus deines Heinrichs Gesellschaft — den verbanne nicht aus deines Heinrichs Gesellschaft; den dicken Hans verbannen, heißt alle Welt verbannen.

Prinz Heinrich. Das thu' ich, das will ich. [Act 2, Sc. 4.]

Zwei Glaubensbekenntnisse über „Ehre".

Percy. Schickt nur Gefahr von Osten bis zum West,
Wenn Ehre sie von Nord nach Süden kreuzt,
Und laß sie ringen: o, das Blut wallt mehr
Beim Löwenhetzen als beim Hasenjagen!

. . . .

Bei Gott! mich dünkt, es wär' ein leichter Sprung,
Vom blassen Mond die lichte Ehre reißen,
Oder sich tauchen in der Tiefe Grund,
Wo nie das Senkblei bis zum Boden reichte,
Und die ertränkte Ehre bei den Locken
Heraufziehn, dürft' ihr Retter ihre Würden
Dann alle tragen, ohne Nebenbuhler! [Act 1, Sc. 3.]

(Vor der Schlacht von Tewksbury.)

Falstaff. Ich wollte, es wäre Schlafenszeit, Heinz, und Alles gut.

Prinz Heinrich. Ei, du bist Gott einen Tod schuldig. (ab.)

Falstaff. Er ist noch nicht verfallen, ich möchte ihn nicht gern vor seinem Termin bezahlen. Was brauche ich so bei der Hand zu sein, wenn er mich nicht ruft? Gut, es mag sein: Ehre beseelt mich, vorzudringen. Wenn aber Ehre mich beim Vordringen entseelt, wie dann? Kann Ehre ein Bein ansetzen? Nein. Oder einen Arm? Nein. Oder den Schmerz einer Wunde stillen? Nein. Ehre versteht sich also nicht auf die Chirurgie? Nein. Was ist Ehre? Ein Wort. Was steckt in dem Wort Ehre? Was ist diese Ehre? Luft. Eine feine Rechnung! — Wer hat sie? Er, der vergangene Mittwoch starb: fühlt er sie? Nein. Hört er sie? Nein. Ist sie also nicht fühlbar? Für die Todten nicht. Aber lebt sie nicht etwa mit den Lebenden? Nein. Warum nicht? Die Verläumdung giebt es nicht zu. Ich mag sie also nicht. — Ehre ist Nichts als ein gemalter Schild beim Leichenzuge, und so endigt mein Katechismus. [Act 5, Sc. 1.]

Zweiter Theil.

Wie die Wahrhaftigkeit heuchelt.

Poins. Wie schlecht paßt sich's, daß ihr so müßige Reden führt, nachdem ihr so schwer gearbeitet habt! Sagt mir, wie viel junge Prinzen würden Das wohl thun, deren Väter so krank wären, als eurer gegenwärtig ist?

Prinz Heinrich. Soll ich dir etwas sagen, Poins?

Poins. Ja, und daß es nur etwas Vortreffliches ist.

Prinz Heinrich. Es reicht hin für witzige Köpfe, die nicht vornehmer sind, als du.

Poins. Nur zu, ich bin schon auf das Etwas gerüstet, das ihr sagen wollt.

Prinz Heinrich. Gut, ich sage dir also, es schickt sich nicht für mich, traurig zu sein, da mein Vater krank ist; wiewohl ich dir sagen kann: — als Einem, den es mir in Ermangelung eines Bessern beliebt, Freund zu nennen, — ich könnte traurig sein, und recht im Ernst traurig.

Poins. Schwerlich bei einer solchen Veranlassung.

Prinz Heinrich. Bei dieser Rechten, du denkst, ich stünde eben so stark in des Teufels Buch, wie du und Falstaff, wegen Halsstarrigkeit und Verstocktheit. Das Ende wird's ausweisen. Ich sage dir aber, mein Herz blutet innerlich, daß mein Vater so krank ist; und daß ich so schlechten Umgang halte,

Heinrich IV.

wie du bist, hat mich mit gutem Grunde aller äußern Bezeugung des Kummers verlustig gemacht.
Poins. Aus welchem Grunde?
Prinz Heinrich. Was würdest du von mir denken, wenn ich weinte?
Poins. Ich würde denken: du seiest der fürstlichste Heuchler.
Prinz Heinrich. Das würde Jedermanns Gedanke sein, und du denkst, wie Jedermann denkt; keines Menschen Gedanken halten sich mehr auf der Heerstraße, als deine. Wirklich würde Jedermann denken, ich sei ein Heuchler. [Act 2, Sc. 2.]

Wie Hoheit und Macht nur zu oft ihr "Glück" bezahlen.
König Heinrich. Wie viele meiner ärmsten Unterthanen sind
Um diese Stund' im Schlaf! — O Schlaf! o holder Schlaf!
Du Pfleger der Natur, wie schreckt' ich dich,
Daß du nicht mehr zudrücken willst die Augen
Und meine Sinne tauchen in Vergessen.
Was liegst du lieber, Schlaf, in rauch'gen Hütten,
Auf unbequemer Streue hingestreckt,
Von summenden Nachtfliegen eingewiegt,
Als in der Großen duftenden Palästen,
Unter den Baldachinen reicher Pracht,
Und eingelullt von süßen Melodie'n?
O blöder Gott, was liegst du bei den Niedern
Auf eklem Bett, und läß'st des Königs Lager
Ein Schilderhaus und Sturmesglocke sein?
Versiegelst du auf schwindelnd hohem Mast
Des Schifferjungen Aug', und wiegst sein Hirn
In rauher, ungestümer Wellen Wiege,
Und in der Winde Andrang, die beim Gipfel
Die losen Wogen packen, kräuseln ihnen
Das ungeheure Haupt, und hängen sie
Mit tobendem Geschrei in's glatte Tauwerk,

Heinrich IV.

Daß vom Getümmel selbst der Tod erwacht?
Gießst du, o Schlaf, parteiisch deine Ruh
Dem Schifferjungen in so rauher Stunde,
Und weigerst in der ruhig stillsten Nacht
Bei jeder Forderung sie einem König?
So legt, ihr Niedern, nieder euch, Beglückt;
Schwer ruht das Haupt, das eine Krone drückt.

[Act 3, Sc. 1.]

Der sterbende Usurpator und sein Sohn.

Prinz Heinrich (von seinem sterbenden Vater angeklagt, weil er die Krone von dem Kissen des ohnmächtig daliegenden Kranken genommen und sie sich auf's Haupt gesetzt).

Der Himmel sei mein Zeuge, wie ich kam,
Und keinen Odem fand in Eurer Majestät,
Wie es mein Herz betroffen! Wenn ich heuchle,
O mög' ich in der jetz'gen Wildheit sterben,
Und der unglaub'gen Welt den edlen Tausch,
Den ich mir vorgesetzt, nie darthun können!
Zu euch hier kommend, denkend ihr seid todt,
Und todt beinah, zu denken, daß ihr's wart,
Sprach ich zur Kron', als hätte sie Gefühl,
Und schalt sie so: Die Sorge, so dir anhängt,
Hat meines Vaters Körper aufgezehrt;
Drum bist du, bestes Gold, von Gold das schlechtste.
Andres, das wen'ger fein, ist köstlicher,
Bewahrt in trinkbarer Arznei das Leben;
Doch du, das feinste, ruhm- und ehrenreichste,
Verzehrtest deinen Herrn. So, mein Gebieter,
Verklagt' ich sie und setzte sie auf's Haupt,
Mit ihr, als einem Feind, der meinen Vater
Vor meinem Angesicht ermordet hätte,
Den Streit des ächten Erben auszumachen.

Heinrich IV.

  Doch wenn sie mir das Blut mit Lust erhitzt,
  Geschwellt zu stolzer Hoffahrt die Gedanken,
  Wenn irgend ein rebell'scher eitler Geist
  In mir, mit des Willkommens kleinster Regung,
  Der Macht derselben gern entgegenkam:
  So halte Gott sie stets vom Haupt mir fern,
  Und mache mich zum niedrigsten Vasallen,
  Der voller Schreck und Ehrfurcht vor ihr kniet!
König Heinrich. O mein Sohn!
  Der Himmel gab dir ein, sie wegzunehmen,
  Daß du des Vaters Liebe mehr gewönnest,
  Da du so weise deine Sache führst.
  Komm her denn, Heinrich, setz' dich an mein Bett,
  Und hör' den letzten Rathschlag, wie ich glaube,
  Den ich je athmen mag. Gott weiß, mein Sohn,
  Durch welche Nebenschlich' und krumme Wege
  Ich diese Kron' erlangt; ich selbst weiß wohl
  Wie lästig sie auf meinem Haupte saß.
  Dir fällt sie heim nunmehr mit beßrer Ruh,
  Mit beßrer Meinung, besserer Bestät'gung,
  Denn jeder Flecken der Erlangung geht
  Mit mir in's Grab.
  . . . .
  Und stehst du sich'rer schon, als ich es konnte,
  Du bist nicht fest genug, so lang die Klagen
  So frisch noch sind; und allen meinen Freunden,
  Die du zu deinen Freunden machen mußt,
  Sind Zähn' und Stachel kürzlich nur entnommen,
  Die durch gewaltsam Thun mich erst befördert,
  Und deren Macht wohl Furcht erregen konnte
  Vor neuer Absetzung: was zu vermeiden
  Ich sie verdarb, und nun des Sinnes war

Heinrich IV.

Zum heil'gen Lande Viele fortzuführen,
Daß Ruh' und Stilleliegen nicht zu nah
Mein Reich sie prüfen ließ. Darum, mein Heinrich,
Beschäft'ge stets die schwindlichten Gemüther
Mit fremdem Zwist, daß Wirken in der Fern'
Das Angedenken vor'ger Tage banne.
.... [Act 4, Sc. 4.]

Abschied des Mannes von den Thorheiten des Jünglings.
(Ein öffentlicher Platz vor der Westminsterabtei.)

Falstaff. Steht hier neben mir, Herr Robert Schaal, ich will machen, daß euch der König Gnade erzeigt. Ich will ihn anblinzeln, wie er vorbei geht, und merkt nur auf die Mienen, die er mir machen wird.

Pistol. Gott segne deine Lunge, guter Ritter!

Falstaff. Komm her, Pistol, stell' dich hinter mich! (Zu Schaal.) O hätte ich nur die Zeit gehabt, neue Livreien machen zu lassen, ich hätte die von euch geliehenen tausend Pfund daran gewandt. Aber es thut Nichts: dieser armselige Aufzug ist besser: es beweist den Eifer, den ich hatte, ihn zu sehn.

Schaal. Das thut's.
. . . .

Falstaff. So Tag und Nacht zu reiten, nicht zu überlegen, nicht zu denken, nicht die Geduld zu haben, mich anders anzuziehn.

Schaal. Das ist sehr gewiß.

Falstaff. Schmutzig von der Reise dazustehn, schwitzend und vor Begierde ihn zu sehen, an nichts Anderes gedacht, alles Andere der Vergessenheit übergeben, als ob gar nichts anders zu thun wäre als ihn zu sehen.
. . . .

(Der König, eben gekrönt, kommt mit seinem Zuge, darunter der Oberrichter.)

Falstaff. Heil, König Heinz! mein königlicher Heinz!

Pistol. Der Himmel hüte dich, erhabner Ruhmessproß!

Heinrich IV.

Falstaff. Gott schütz' dich, Herzensjunge!
König. Sprecht mit dem eitlen Mann, Herr Oberrichter.
Oberrichter. Seid ihr bei Sinnen, wißt ihr, was ihr sagt?
Falstaff. Mein Fürst! mein Zeus! dich red' ich an, mein Herz!
König. Ich kenn' dich, Alter, nicht; an dein Gebet!
Wie schlecht steht einem Schalksnarr'n weißes Haar!
Ich träumte lang' von einem solchen Mann,
So aufgeschwellt vom Schlemmen, alt und ruchlos:
Doch nun erwacht, veracht' ich solchen Traum.
Den Leib vermindre, mehre deine Gnade,
Laß ab vom Schwelgen: wisse, daß das Grab
Dir drei Mal weiter gähnt als andern Menschen;
Erwiedre nicht mit einem Narrenspaß,
Denk' nicht, ich sei das Ding noch, das ich war;
Der Himmel weiß, und merken soll's die Welt,
Daß ich mein vor'ges Selbst hinweggethan,
Wie nun auch die, so mir Gesellschaft hielten.
Vernimmst du, daß ich sei, wie ich gewesen,
Dann komm, und du sollst sein, was du mir warst,
Der Lehrer und der Pfleger meiner Lüste.
Bis dahin bann' ich dich bei Codesstrafe,
Und all die Andern auch, die mich mißleitet,
Zehn Meilen weit von unserer Person.
Was Unterhalt betrifft, den sollt ihr haben,
Daß Dürftigkeit euch nicht zum Bösen zwinge,
Und wie wir hören, daß ihr euch bekehrt,
So wollen wir nach eurer Kraft und Fähigkeit
Befördrung euch ertheilen. Sorgt, Mylord,
Daß unsers Wortes Inhalt werd' erfüllt.

[Act 5, Sc. 5.]

Heinrich V.

Vor der Schlacht.
a. Unter Junkern.
(Das französische Lager bei Agincourt.)

Connetable. Pah! ich habe die beste Rüstung von der Welt. Wollte, es wär' Tag!

Orleans. Ihr habt eine vortreffliche Rüstung, aber laßt auch meinem Pferde Gerechtigkeit widerfahren.

Connetable. Es ist das erste Pferd von Europa.

. . . .

Heinrich V.

Dauphin. Was das für eine lange Nacht ist! — Ich tausche mein Pferd gegen keins, das nur auf vier Pfoten geht. Ah ça! Er springt von der Erde, als ob er mit Haaren ausgestopft wäre, le cheval volant, der Pegasus, qui a les narines de feu. Wenn ich reite, so schwebe ich in Lüften, ich bin ein Falke, er trabt auf der Luft, die Erde singt, wenn er sie berührt; das schlechteste Horn seines Hufes ist musikalischer, als die Pfeife des Hermes.

Orleans. Er ist von der Farbe der Muskatennuß.

Dauphin. Und von der Hitze des Ingwers. Er ist ein Thier für den Perseus: Nichts von Feuer und Luft, und die trägen Elemente der Erde und des Wassers zeigen sich niemals in ihm, außer in seiner geduldigen Stille, während sein Reiter ihn besteigt. Er ist in der That ein Pferd, und alle andern Mähren kann man Vieh nennen.... Er ist der Fürst der Gäule; sein Wiehern ist wie das Gebot eines Monarchen, und sein Anstand nöthigt Huldigung ab.

Orleans. Nicht weiter, Vetter.

Dauphin. Ei, der Mensch hat keinen Witz, der nicht von Aufsteigen der Lerche bis zum Einpferchen des Lammes mit verdientem Lobe auf meinen Gaul abwechseln kann. Es ist ein Thema, überfließend wie die See, verwandelt den Sand in Beredte Zungen und mein Pferd giebt ihnen allen zu thun. Er ist würdig, daß ein Souverän darüber rede, und daß der Souverän eines Souveräns darauf reite; daß die Welt, sowohl die uns bekannte als die unbekannte, ihre besondern Geschäfte bei Seite lege und ihn bewundre..... Will es denn niemals Tag werden? Ich will morgen eine Meile traben, und mein Weg soll mit englischen Gesichtern gepflastert sein.

Connetable. Das will ich nicht sagen, aus Furcht, der Weg möchte mir Gesichter schneiden. Aber ich wollte, es wäre Morgen, denn ich möchte die Engländer gern bei den Ohren haben.

Heinrich V.

Rambures. Wer will sich mit mir an einen Wurf um zwanzig englischen Gefangene wagen?

Connetable. Ihr müßt euch selbst daran wagen, ehe ihr sie habt.

Dauphin. Es ist Mitternacht; ich will gehn und meine Waffen anlegen.

Orleans. Der Dauphin verlangt nach dem Morgen. (ab.)

Rambures. Er verlangt die Englischen aufzuessen.

Connetable. Ich denke, er wird alle aufessen, die er umbringt.

. . . .

Orleans. Was für ein armseliger und einfältiger Geselle ist dieser König von England, daß er mit seinen grützköpfigen Leuten so ganz durchhinkömmt!

Connetable. Wenn die Engländer nur die geringste Besinnung hätten, so würden sie davon laufen.

Orleans. Daran fehlt's ihnen: denn hätten ihre Köpfe irgend eine geistige Rüstung, so könnten sie nicht so schwere Sturmhauben tragen.

Rambures. Dies Inselland erzeugt sehr tapfere Kreaturen: ihre Bullenbeißer sind von unvergleichlichem Muthe.

Orleans. Einfältige Hunde! die blindlings einem russischen Bären in den Rachen laufen, und sich die Köpfe wie faule Aepfel zerquetschen lassen. Ihr könntet eben so gut sagen, es sei ein tapferer Floh, der sein Frühstück auf der Lippe eines Löwen verzehrt.

. . . .

Connetable. Jetzt ist es Zeit die Waffen anzulegen: kommt, sollen wir daran gehen?

Orleans. Jetzt ist es zwei; eh' noch zehn Uhr vergangen,
Hat jeder hundert Englische gefangen. [Act 3, Sc. 7.]

b. **Unter Kriegern, von einem Krieger geführt.**
(Das englische Lager.)

Gloster. Wo ist der König?

Heinrich V.

Bedford. Er ritt hinaus, die Schlachtordnung zu sehn.
Westmoreland. Sie haben volle sechzigtausend Streiter.
Exeter.   Fünf gegen einen, auch sind alle frisch.
Salisbury. Gott sei mit uns! Die Uebermacht ist schrecklich.
    Lebt, Prinzen, wohl! Ich will an meinen Posten.....
            (König Heinrich tritt auf.)
Westmoreland.   O hätten wir nun hier
    Nur ein Zehntausend von dem Volk in England,
    Das heut' ohn' Arbeit ist!
König Heinrich.   Wer wünschte so?
    Mein Vetter Westmoreland? — Nein, bester Vetter:
    Zum Tode ausersehn, sind wir genug
    Zu unsers Lands Verlust; und wenn wir leben,
    Je klein're Zahl, je größres Ehrentheil.
    Wie Gott will! Wünsche nur nicht Einen mehr.
    Beim Zeus, ich habe keine Gier nach Gold,
    Noch frag' ich, wer auf meine Kosten lebt.
    Mich kränkt's nicht, wenn sie meine Kleider tragen;
    Mein Sinn steht nicht auf solche äußre Dinge:
    Doch wenn es Sünde ist, nach Ehre geizen,
    Bin ich das schuldigste Gemüth, das lebt.
    Nein, Vetter, wünsche keinen Mann von England:
    Bei Gott! ich geb' um meine beste Hoffnung
    Nicht so viel Ehre weg, als Ein Mann mehr
    Mir würd' entziehn. O wünsch' nicht Einen mehr!
    Ruf lieber aus im Heere, Westmoreland,
    Daß jeder, der nicht Lust zu fechten hat,
    Nur hinziehn mag; man stell' ihm seinen Paß,
    Und stecke Reisegeld in seinen Beutel:
    Wir wollen nicht in deß Gesellschaft sterben,
    Der die Gemeinschaft scheut mit unserm Tod.
    Der heut'ge Tag heißt Crispianus-Fest:

Heinrich V.

Der, so ihn überlebt, und heim gelangt,
Wird auf dem Sprung stehn, nennt man diesen Tag,
Und sich beim Namen Crispianus rühren.
Wer heut' am Leben bleibt und kommt zu Jahren,
Der giebt ein Fest am heil'gen Abend jährlich,
Und sagt: Auf Morgen ist Sanct Crispian;
Streift dann die Aermel auf, zeigt seine Narben,
Und sagt: An Crispins Tag empfing ich die.
Die Alten sind vergeßlich; doch wenn Alles
Vergessen ist, wird er sich noch erinnern
Mit manchem Zusatz, was er an dem Tag
Für Stücke that: dann werden unsre Namen,
Geläufig seinem Mund wie Alltagsworte,
Heinrich der König, Bedford, Exeter,
Warwick und Talbot, Salisbury und Gloster,
Bei ihren vollen Schalen frisch bedacht.
Der wackre Mann lehrt seinen Sohn die Mähre,
Und nie von heute bis zum Schluß der Welt,
Wird Crispin Crispian vorübergehn,
Daß man nicht uns dabei erwähnen sollte,
Uns Wen'ge, uns beglücktes Häuflein Brüder:
Denn welcher heut sein Blut mit mir vergießt,
Der wird mein Bruder; sei er noch so niedrig,
Der heut'ge Tag wird adeln seinen Stand.
Und Edelleut' in England, jetzt im Bett,
Verfluchen einst, daß sie nicht hier gewesen,
Und werden kleinlaut, wenn nur Jemand spricht,
Der mit uns focht am Sanct Crispinus-Tag.

⸻⸻⸻⸻ [Act 4, Sc. 3.]

Ein König, über den Werth äußern Glanzes.
König Heinrich. Nur auf den König! Legen wir dem König
    Leib, Seele, Schulden, bange Weiber, Kinder

Heinrich V.

Und Sünden auf, — wir müssen Alles tragen.
O harter Stand! Der Größe Zwillingsbruder,
Dem Odem jedes Narren unterthan,
Deß Sinn Nichts weiter fühlt als eigne Pein!
Wie viel Behagen muß ein König missen,
Deß sich der Einzle freut?
Was hat ein König, das dem Einzlen fehlt,
Als allgemeine Cärimonie nur?
Und was bist du, o Götze Cärimonie?
Was bist du für ein Gott, der mehr erleidet
Von ird'scher Noth, als deine Diener thun?
Was ist dein Jahrsertrag? was deine Renten?
O Cärimonie, zeig' mir deinen Werth!
Was ist die Seele deiner Anbetung?
Bist du was sonst, als Stufe, Rang und Form,
Die Scheu und Furcht in andern Menschen schafft?
Wo du, gefürchtet, minder glücklich bist,
Als sie im Fürchten.
Was trinkst du oft statt süßer Huldigung
Als gift'ge Schmeichelei? O Größe, siehe,
Und heiß dich deine Cärimonie heilen!
Denkst du, das glüh'nde Fieber werde gehn
Vor Titeln, zugeweht von Schmeichelei?
Wird es vielleicht dem tiefen Bücken weichen?
Stehst mit des Bettlers Knie auch seine Stärke
Dir zu Gebote? Nein, du stolzer Traum,
Der listig spielt mit eines Königs Ruh!
Ich, der ich's bin, durchschau' dich! [Act 4, Sc. 1.]

....

Eine Liebeserklärung, wie sie im Complimentirbuche nicht vorkommt.
(König Heinrich und Prinzessinn Catharina von Frankreich.)

König Heinrich. ... Meiner Treu, Käthchen, meine Bewerbung ist

Heinrich V.

für dein Verstehen schon gemacht. Ich bin froh, daß du nicht besser Englisch sprechen kannst, denn wenn du es könntest, würdest du mich einen so schlichten König finden, daß du gewiß dächtest, ich hätte meinen Meierhof verkauft, um meine Krone zu kaufen. Ich verstehe mich nicht auf verblümte Winke bei der Liebe, sondern sage gerade heraus: Ich liebe euch; wenn ihr mich dann weiter drängt, als daß ihr fragt: Thut ihr das im Ernste? so ist mein Werben am Ende. Gebt mir eure Antwort; im Ernste, thut's: und somit eingeschlagen und ein gemachter Handel. Was sagt ihr, Fräulein?

Catharina. Sauf votre honneur, ich verstehen gut.

König Heinrich. Wahrhaftig, wenn ihr mich euretwegen zum Versemachen oder Tanzen bringen wolltet, Käthchen, so wäre ich verloren. Könnte ich eine Dame durch Luftsprünge gewinnen, oder durch einen Schwung in den Sattel mit voller Rüstung, so wollte ich, mit Entschuldigung für mein Prahlen sei es gesagt, mich geschwind in eine Heirath hineinspringen. Oder könnte ich für meine Geliebte einen Faustkampf halten, oder mein Pferd für ihre Gunst tummeln, so wollte ich dran gehen, wie ein Metzger, und fest sitzen wie ein Affe, und niemals herunter. Aber, bei Gott, ich kann nicht bleich aussehen, noch meine Beredsamkeit auskeuchen, und habe kein Geschick in Betheuerungen: bloße Schwüre ohne Umschweif, die ich nur gedrungen thue, und um kein Dringen der Welt breche. Kannst du einen Mann von dieser Gemüthsart lieben, Käthchen, dessen Gesicht nicht werth ist, von der Sonne verbrannt zu werden, der niemals in seinen Spiegel sieht aus Liebe zu irgend was, das er da entdeckt, so laß dein Auge ihn dir zubereiten. Ich spreche mit dir auf gut soldatisch: kannst du mich darum lieben, so nimm mich; wo nicht, und ich sage dir, daß ich sterben werde, so ist

Heinrich V.

es wahr; aber aus Liebe zu dir — Beim Himmel, nein! und doch liebe ich dich wirklich. All dein Leben lang, Käthchen, zieh einen Mann von schlichter und ungeschnitzter Beständigkeit vor, denn der muß dir nothwendig dein Recht widerfahren lassen, weil er nicht die Gabe hat, an andern Orten zu freien; denn diese Gesellen von endloser Zunge, die sich in die Gunst der Frauen hineinreimen können, wissen sich auch immer hinauszuvernünfteln. Ei was! ein Redner ist nur ein Schwätzer, ein Reim ist nur eine Singweise. Ein gutes Bein fällt ein, ein gerader Rücken wird krumm, ein schwarzer Bart wird weiß, ein krauser Kopf wird kahl, ein schönes Gesicht runzelt sich, ein volles Auge wird hohl: aber ein gutes Herz, Käthchen, ist die Sonne und der Mond, oder vielmehr die Sonne und nicht der Mond, denn es scheint hell und wechselt nie, sondern bleibt treulich in seiner Bahn. Willst du so eins, so nimm mich; nimm mich, nimm einen Soldaten, nimm einen König!

[Act 5, Sc. 2.]

Heinrich VI.

Ein Revolutionsprogramm.

Cade (spricht zu den von ihm geführten Rebellen). Seid also brav, denn euer Anführer ist brav und gelobt euch Abstellung der Mißbräuche. Sieben Sechserbrode sollen künftig in England für einen Groschen verkauft werden; die dreireifige Kanne soll zehn Reifen halten, und ich will es für ein Hauptverbrechen erklären, Dünnbier zu trinken. Das ganze Reich sollen Alle in gemein haben; in Cheapside geht auch mein Klepper

---

Anmerkung. Aus dem ersten Theil werden hier keine Auszüge mitgetheilt, weil der Herausgeber jenes Stück nicht für ein ächtes Werk Shakespeare's hält (cf. Kreyßig, Vorlesungen über Shakspeare Bd. I. p. 302 ff.) und weil der beschränkte Raum überdies besser verwendet werden konnte.

Heinrich VI.

	auf die Weide. Und wenn ich König bin, — wie ich es denn bald sein werde, —
Alle.	Gott erhalte Eure Majestät!
Cade.	Ich danke euch, lieben Leute! — so soll es kein Geld mehr geben, Alle sollen auf meine Rechnung essen und trinken, ich will Alle in Eine Livrei kleiden, damit sie sich als Brüder vertragen und mich als ihren Herrn ehren.
Märten.	Das erste, was wir thun müssen, ist, daß wir alle Rechtsgelehrte umbringen.
Cade.	Ja, das gedenk' ich auch zu thun. Ist es nicht ein erbarmungswürdig Ding, daß aus der Haut eines unschuldigen Lammes Pergament gemacht wird? daß Pergament, wenn es bekritzelt ist, einen Menschen zu Grunde richten kann? Man sagt, die Bienen stechen, aber ich sage: das Wachs der Bienen thut es, denn ich habe nur ein einziges Mal Etwas besiegelt, und seit der Zeit war ich nie wieder mein eigner Herr. Nun, was giebt's? Wen habt ihr da?

(Es kommen Leute, die den Schreiber von Chatham vorführen.)

Smith.	Den Schreiber von Chatham: er kann lesen, schreiben und Rechnungen aufsetzen.
Cade.	O abscheulich!
Smith.	Wir ertappten ihn dabei, daß er den Jungen ihre Exempel durchsah.
Cade.	Das ist mir ein Bösewicht!
Smith.	Er hat ein Buch in der Tasche, da sind rothe Buchstaben drin.
Cade.	Ja, dann ist er gewiß ein Beschwörer.
Märten.	Ja, er kann auch Verschreibungen machen und Kanzleischrift schreiben.
Cade.	Es thut mir leid: der Mann ist, bei meiner Ehre, ein hübscher Mann; wenn ich ihn nicht schuldig finde, so soll er nicht sterben. — Komm her, Bursch, ich muß dich verhören. Wie ist dein Name?

Heinrich VI.

Schreiber. Emanuel.
Märten. Das pflegen sie an die Spitze ihrer offenen Sendschreiben zu setzen. — Es wird euch schlimm ergehn.
Cade. Laßt mich allein machen. Pflegst du deinen Namen auszuschreiben, oder hast du ein Zeichen dafür wie ein ehrlicher, schlichter Mann.
Schreiber. Gott sei Dank, Herr, ich bin so gut erzogen, daß ich meinen Namen schreiben kann.
Alle. Er hat bekannt! Fort mit ihm! Er ist ein Schelm und ein Verräther.
Cade. Fort mit ihm, sage ich: hängt ihn mit seiner Feder und Dintenfaß um den Hals.

[Act 4, Sc. 2.]

Menschengunst.

Hastings. O flücht'ge Gnade sterblicher Geschöpfe,
Wonach wir trachten vor der Gnade Gottes!
Wer Hoffnung baut in Lüften eurer Blicke,
Lebt wie ein trunkner Schiffer auf dem Mast,

Bereit, bei jedem Ruck hinabzulaumeln
In der verderbenschwangern Tiefe Schooß. [Act 3. Sc. 4.]

Eine Staatsaction.
(Der Hof in Baynards=Schloß).
Gloster und Buckingham begegnen einander.

Gloster. Wie steht's? Wie steht's? Was sagt die Bürgerschaft?
Buckingham. Nun, bei der heil'gen Mutter unsers Herrn!
Die Bürgerschaft ist stockstill, sagt kein Wort.
Wie stumme Bilder, unbeseelte Steine,
So sah'n sie starr sich an, und todtenbleich.
Dies sehend schalt ich sie, und frug den Mayor,
Was dies verstockte Schweigen nur bedeute.
Seine Antwort war, das Volk sei nicht gewohnt,
Daß sonst wer, als der Sprecher zu ihm rede.
Gedrungen mußt' er nun mich wiederholen:
„So sagt der Herzog, giebt der Herzog an;"
Doch sagt' er Nichts, es zu bestät'gen, selbst
Als er geschlossen, schwenkten ein'ge Leute
Vor meinem Troß am andern End' des Saals,
Die Mützen um den Kopf, ein Dutzend Stimmen
Erhoben sich: „Gott schütze König Richard!"
Ich nahm den Vortheil dieser Wen'gen wahr;
„Dank, lieben Freund' und Bürger!" fiel ich ein,
„Der allgemeine frohe Beifallsruf
„Giebt Weisheit kund und Lieb' in euch zu Richard;"
Und damit brach ich ab und ging davon.
Gloster. Die stummen Blöcke! wollten sie nicht sprechen?
Kommt denn der Mayor mit seinen Brüdern nicht?
Buckingham. Der Mayor ist hier nah bei. Stellt euch besorgt,
Laßt euch nicht sprechen, als auf dringend Bitten,
Und nehmt mir ein Gebetbuch in die Hand,
Und habt, Mylord, zween Geistliche zur Seite,

Denn daraus zieh' ich heil'ge Nutzanwendung.
Laßt das Gesuch so leicht nicht Eingang finden,
Thut mädchenhaft, sagt immer Nein, und nehmt.
Gloster. Ich geh', und wenn du weißt für sie zu sprechen,
Wie ich dir Nein für mich zu sagen weiß,
So bringen wir's gewiß nach Wunsch zu Ende.
Buckingham. Nun geht auf den Altan; der Mayor klopft.
(Der Lord=Mayor, Aldermänner und Bürger treten auf.)
Buckingham. Willkommen, Mylord! Ich wart' umsonst hier auf:
Der Herzog, scheint's, will sich nicht sprechen lassen.
(Catesby kommt aus dem Schloß).
Nun, Catesby? Was sagt eu'r Herr auf mein Gesuch?
Catesby. Er bittet Euer Gnaden, edler Lord,
Kommt morgen wieder oder übermorgen.
Er ist mit zwei ehrwürd'gen Vätern drinnen,
Vertieft in geistliche Beschaulichkeit,
Kein weltliches Gesuch möcht' ihn bewegen,
Ihn von der heil'gen Uebung abzuziehn.
Buckingham. Geh, guter Catesby, noch zum gnäd'gen Herzog;
Sag' ihm, daß ich, der Mayor und Aldermänner,
In trist'ger Absicht, Sachen von Gewicht,
Betreffend Mindres nicht als Aller Wohl,
Hier sind, um ein Gespräch mit Seiner Gnaden.
Catesby. Ich geh' sogleich, ihm solches anzumelden. (ab.)
Buckingham. Ha, Mylord, dieser Prinz, das ist kein Eduard!
Den find't man nicht auf üpp'gem Ruhbett lehnend,
Nein, auf den Knieen liegend in Betrachtung;
Nicht scherzend mit 'nem Paar von Buhlerinnen,
Nein, mit zwei ernsten Geistlichen betrachtend;
Nicht schlafend, seinen trägen Leib zu mästen,
Nein, bebend, seinen wachen Sinn zu nähren.
Beglückt wär' England, wenn der fromme Prinz

Desselben Oberherrschaft auf sich nähme;
Allein ich fürcht', er ist nicht zu bewegen.

Mayor. Ei, Gott verhüte, daß uns Seine Gnaden
Nein sollte sagen!

Buckingham. Ich fürcht', er wird es. Da kommt Catesby wieder.
Nun, Catesby, was sagt Seine Gnaden?

Catesby. Ihn wundert, zu was End' ihr solche Haufen
Von Bürgern habt versammelt herzukommen,
Da seine Gnaden dessen nicht gewärtig.
Er sorgt, Mylord, ihr habt nichts Guts im Sinn.

Buckingham. Mich kränkt der Argwohn meines edeln Vetters,
Als hätt' ich wider ihn nichts Guts im Sinn.
Beim Himmel! Ganz wohlmeinend kommen wir;
Geh wieder hin, und sag' das Seiner Gnaden. (Catesby ab.)
Wenn fromm-andächt'ge Männer einmal sind
Beim Rosenkranz, so zieht man schwer sie ab:
So süß ist brünstige Beschaulichkeit.

(Gloster erscheint auf einem Altan zwischen zwei Bischöfen.)

Mayor. Seht, Seine Gnaden zwischen zwei Bischöfen!

Buckingham. Zwei Tugendpfeilern für ein christlich Haupt
Ihn vor dem Fall der Eitelkeit zu stützen.
Und, seht nur, ein Gebetbuch in der Hand,
Die wahre Zier, woran man Fromme kennt. —
Großer Plantagenet, erlauchter Prinz,
Leih' unserem Gesuch ein günstig Ohr,
Und woll' die Unterbrechung uns verzeihn,
Der Andacht und des christlich frommen Eifers.

Gloster. Mylord, es braucht nicht der Entschuldigung,
Vielmehr ersuch' ich euch, mir zu verzeihn,
Der ich, im Dienste meines Gottes eifrig,
Versäume meiner Freunde Heimsuchung.
Doch, das bei Seite, was beliebt Eu'r Gnaden?

Buckingham. Was, hoff' ich, Gott im Himmel auch beliebt,
           Und den rechtschaffnen Männern insgesammt,
           So dieses unregierte Eiland hegt.
Gloster.   Ich sorg', ich hab' in Etwas mich vergangen,
           Das widrig in der Bürger Aug' erscheint;
           Und daß ihr kommt, um mein Versehn zu schelten.
Buckingham. Das habt ihr, Mylord: wollt' En'r Gnaden doch
           Auf unsre Bitten, euren Fehl verbessern!
Gloster.   Weswegen lebt' ich sonst in Christenlanden?
Buckingham. Wißt denn, en'r Fehl ist, daß ihr überlaßt
           Den höchsten Sitz, den majestät'schen Thron,
           Dies eurer Ahnen scepterführend Amt.
           An die Verderbniß eines falschen Sprößlings;
           Weil bei so schläfriger Gedanken Milde
           Dies edle Eiland seiner Glieder mangelt
           Entstellt sein Antlitz von der Schande Narben,
           Sein Fürstenstamm geimpft mit schlechten Zweigen,
           Und fast verschlemmt im niederzieh'nden Sumpf
           Der tiefsten nächtlichen Vergessenheit.
           Dies abzustellen, gehn wir dringend an
           En'r gnädig Selbst, das höchste Regiment
           Von diesem eurem Land auf euch zu laden,
           Nicht als Protector, Anwalt, Stellvertreter,
           Noch dienender Verwalter fremden Guts;
           Nein, als der Folge nach, von Glied zu Glied,
           En'r Erbrecht, euer Reich, en'r Eigenthum.
Gloster.   Ich weiß nicht, ob stillschweigend wegzugehn,
           Ob bitterlich mit Reden euch zu schelten,
           Mehr meiner Stell' und eurer Fassung ziemt.
           Antwort' ich nicht, so dächtet ihr vielleicht,
           Verschwieg'ner Ehrgeiz will'ge stumm darein,
           Der Oberherrschaft goldnes Joch zu tragen,

Richard III.

Das ihr mir thöricht auferlegen wollt.
Doch schelt' ich euch für dieses eu'r Gesuch,
Durch eure treue Liebe so gewürzt,
Dann, andrerseits, versehr' ich meine Freunde.
Um jenes drum zu meiden, und zu reden,
Und nicht in dies beim Reden zu verfallen,
Antwort' ich euch entschiednermaaßen so.
Dankwerth ist eure Liebe; doch mein Werth
Verdienstlos, schent eu'r allzuhoch Begehren.
Erst, wäre jede Hind'rung weggeräumt,
Und wär' geebnet meine Bahn zum Thron,
Als heimgefall'nem Rechte der Geburt:
Dennoch, so groß ist meine Geistes-Armuth,
So mächtig und so vielfach meine Mängel,
Daß ich mich eh' verbürge vor der Hoheit,
Als Kahn, der keine mächt'ge See verträgt,
Eh' ich von meiner Hoheit mich verbergen,
Von meines Ruhmes Dampf ersticken ließe.
Doch, Gott sei Dank! es thut nicht noth um mich.
Der königliche Baum ließ Frucht uns nach,
Die, durch der Zeiten leisen Gang gereift,
Wohl zieren wird den Sitz der Majestät.
Auf ihn leg' ich, was ihr mir auferlegt,
Das Recht und Erbtheil seiner guten Sterne,
Was Gott verhüte, daß ich's ihm entrisse.

Buckingham. Mylord, dies zeigt Gewissen in Eu'r Gnaden,
Daß seine Gründe sind gering und richtig,
Wenn man jedweden Umstand wohl erwägt.
Ihr saget, Eduard ist eu'r Bruderssohn;
Wir sagen's auch, doch nicht von Eduard's Gattinn.
Denn erst war er verlobt mit Lady Lucy,
Noch lebt, des Eides Zeuginn, eure Mutter;

              Und dann war ihm durch Vollmacht Bona, Schwester
              Des Königs von Frankreich angetraut.
              Doch Beide wurden sie hintangesetzt
              Zu Gunsten einer armen Supplicantinn.
              Aus diesem unrechtmäß'gen Bett erzeugt
              Ward Eduard, Prinz aus Höflichkeit genannt.
              Drum, bester Herr, nehm' euer fürstlich Selbst
              Der Würde dargebot'nes Vorrecht an.

Mayor. Thut, bester Herr, was eure Bürger bitten.
Buckingham. Weist, hoher Herr, nicht ab den Liebesantrag.
Catesby. O macht sie froh, gewährt ihr bill'ges Flehn!
Gloster. Ach, warum diese Sorgen auf mich laden?
            Ich tauge nicht für Rang und Majestät.
            Ich bitt' euch, legt es mir nicht übel aus:
            Ich kann und will euch nicht willfährig sein.
Buckingham. Wenn ihr es weigert, Lieb und Eifers halb,
            Das Kind, den Brudersohn, nicht zu entsetzen,
            So wißt, ob ihr uns willfahrt oder nicht,
            Doch soll eu'r Brudersohn uns nie beherrschen;
            Wir pflanzen jemand anders auf den Thron
            Zum Schimpf und Umsturz eures ganzen Hauses.
            Und, so entschlossen, lassen wir euch hier. —
            Kommt, Bürger, länger wollen wir nicht bitten.
                      (Buckingham mit den Bürgern ab.)
Catesby. Ruft, lieber Prinz, sie wieder, und gewährt es!
            Wenn ihr sie abweist, wird das Land es büßen.
Gloster. Zwingt ihr mir eine Welt von Sorgen auf.
            Wohl, ruft sie wieder! (Catesby ab.)
                    Ich bin ja nicht von Stein,
            Durchdringlich eurem freundlichen Ersuchen,
            Zwar wider mein Gewissen und Gemüth.
                    (Buckingham und die Uebrigen kommen zurück.)

Vetter von Buckingham und weise Männer,
Weil ihr das Glück mir auf den Rücken schnallt,
Die Last zu tragen, willig oder nicht,
So muß ich mit Geduld sie auf mich nehmen.
Wenn aber schwarzer Leumund, frecher Tadel
Erscheinet im Gefolge eures Auftrags,
So spricht mich euer förmlich Nöth'gen los
Von jeder Makel, jedem Fleck derselben.
Denn das weiß, das seht ihr auch zum Theil,
Wie weit entfernt ich bin, dies zu begehren.

Mayor. Gott segn' Eu'r Gnaden! Wir sehn's und wollen's sagen.

[Act 3, Sc. 7.]

Ermordung der Söhne Eduards.

Geschehn ist die tyrannisch blut'ge That,
Der ärgste Grenel jämmerlichen Mords,
Den jemals noch dies Land verschuldet hat.
Dighton und Forrest, die ich angestellt —
Zu diesem Streich ruchloser Schlächterei,
Zwar eingefleischte Schurken, blut'ge Hunde,
Vor Zärtlichkeit und mildem Mitleid schmelzend,
Weinten wie Kinder bei der Trau'rgeschichte.
O so, sprach Dighton, lag das zarte Paar;
So, so, sprach Forrest, sich einander gürtend
Mit den unschuld'gen Alabaster-Armen:
Wie Rosen Eines Stengels ihre Lippen,
Die sich in ihrer Sommerschönheit küßten.
Und ein Gebetbuch lag auf ihrem Kissen,
Das wandte fast, sprach Forrest, meinen Sinn;
Doch o! der Teufel — dabei stockt der Bube,
Und Dighton fuhr so fort: Wir würgten hin
Das völligst süße Werk, so die Natur
Seit Anbeginn der Schöpfung je gebildet. —
Draus gingen beide voll Gewissensbisse,
Die sie nicht sagen konnten, und ich ließ sie,
Dem blut'gen König den Bericht zu bringen.

[Act 4, Sc. 3.]

Richard III.

Der Tyrann in seiner letzten Nacht.

(Des Königs Zelt. König Richard, von den Geistern seiner Schlachtopfer geängstigt, fährt aus seinen Träumen auf.)

Richard. Ein andres Pferd! Verbindet meine Wunden! —
Erbarmen, Jesus! — Still, ich träumte nur.
O feig Gewissen, wie du mich bedrängst! —
Das Licht brennt blau. Ist's nicht um Mitternacht?
Mein schauerndes Gebein deckt kalter Schweiß.
Was fürcht' ich denn? Mich selbst? Sonst ist hier Niemand.
Richard liebt Richard: das heißt, Ich bin Ich.
Ist hier ein Mörder? Nein. — Ja, ich bin hier.
So flieh. — Wie? vor dir selbst? Mit gutem Grund,
Ich möchte rächen. Wie? mich an mir selbst?
Ich liebe ja mich selbst. Wofür? Für Gutes,
Das je ich selbst hätt' an mir selbst gethan?
O leider, nein! Vielmehr hass' ich mich selbst,
Verhaßter Thaten halb, durch mich verübt.
Ich bin ein Schurke, — doch ich lüg', ich bin's nicht.
Thor, rede gut von dir! — Thor, schmeichle nicht!
Hat mein Gewissen doch viel tausend Zungen,
Und jede Zunge bringt verschiednes Zeugniß,
Und jedes Zeugniß straft euch einen Schurken.
Meineid, Meineid, im allerhöchsten Grad,
Mord, grauser Mord, im fürchterlichsten Grad,
Jedwede Sünd', in jedem Grad geübt,
Stürmt an die Schranken, rufend: Schuldig! schuldig!
Ich muß verzweifeln. — Kein Geschöpfe liebt mich,
Und sterb' ich, wird sich keine Seel' erbarmen.
Ja, warum sollten's andre? Find' ich selbst
In mir doch kein Erbarmen mit mir selbst.
Mir schien's, die Seelen all, die ich ermordet,
Kämen in's Zelt, und ihrer jede drohte
Mit Rache morgen auf das Haupt des Richard!

[Act 5, Sc. 3.]

Heinrich VIII.

Wie die Frauen von einander denken.

(Anna Bullen, König Heinrichs Geliebte, spricht mit einer Hofdame über die
Verstoßung der Königinn Katharina.)

Hofdame.   Arme Fürstinn!
    Zur Fremden ward sie wieder!

Anna.   Um so mehr
    Muß Mitleid auf sie thau'n. Wahrlich, ich schwöre,
    Viel besser ist's, niedrig geboren sein,
    Und mit geringem Volk zufrieden leben,
    Als aufgeputzt im Flitterstaat des Grams
    Und goldner Sorgen.

Heinrich VIII.

Hofdame. Ja, Zufriedenheit
Ist unser bestes Gut.
Anna. Auf Treu und Unschuld,
Ich möchte keine Königinn sein.
Hofdame. Mein Seel', ich wohl,
Und wagte dran die Unschuld; so auch ihr,
Trotz eurer süßgewürzten Heuchelei;
Ihr, die ihr alle Reize habt des Weib's,
Habt auch ein Weiberherz, das immer noch
Nach Hoheit geizte, Reichthum, Herrschermacht,
Und die, gesteht's, sind Seligkeit; die Gaben
(Wie ihr auch zimpert) fänden doch wohl Raum
In eurem saffian-zärtlichen Gewissen,
Wenn ihr's nur dehnen wolltet!
Anna. Nein, auf Treu!
Hofdame. Treu hin, Treu her! — Ihr wär't nicht gerne Fürstinn?
Anna. Nein, nicht um alle Güter unter'm Mond.
Hofdame. Kurios! Ei, mich bestäch' ein krummer Dreier,
Kön'ginn zu sein, so alt ich bin: doch, bitte,
Was meint ihr zu 'ner Herzoginn? Habt ihr
Zu solcher Bürde Kraft?
Anna. Nein, wahrlich nicht.
Hofdame. Dann seid ihr allzu schwach! Nun, noch eins tiefer:
Ich trät' euch nicht als junger Graf entgegen,
Um mehr als ein Erröthen; kann eu'r Rücken
Die Last nicht tragen, seid ihr auch zu schwächlich
Um Kinder zu erzeugen.
Anna. Wie ihr schwatzt!
Ich schwör' noch eins, ich wär' nicht Königinn
Um alle Welt.
Hofdame. Seht, um das kleine England
Würd' euch der Mund schon wässern; mir schon für

Carnarvonshire, wenn auch nichts Andres sonst
Zur Krone mehr gehörte. [Act 2, Sc. 3.]

Die Macht der Töne.

Orpheus Laute ließ die Wipfel,
Wüster Berge kalte Gipfel
Niedersteigen, wenn er sang.
Pflanz' und Blüth' und Frühlingssegen
Sproßt, als folgten Sonn' und Regen
Ewig nur dem Wunderklang.

Alle Wesen, so ihn hörten,
Wogen selbst, die sturmempörten,
Neigten still ihr Haupt herab.
Solche Macht ward süßen Tönen;
Herzensweh und tödtlich Sehnen
Wiegten sie in Schlaf und Grab. [Act 3, Sc. 1.]

Fürstengunst.

Wolsey.   Fahr wohl,
Ein langes Fahrewohl all' meiner Größe! —
So ist des Menschen Treiben: heute sprießen
Der Hoffnung zarte Knospen, morgen blüh'n sie,
Und kleiden ihn in dichten Blumenschmuck:
Und übermorgen, tödtlich, kommt ein Frost,
Und wenn er wähnt, der gute sichre Mann,
Die Größe reife, nagt ihm der die Wurzel,
Und fällt ihn so wie mich. Ich trieb dahin
Gleich wilden Knaben, die auf Blasen schwimmen,
So manchen Sommer auf der Ehrsucht Wogen,
Doch viel zu weit: mein hochgeschwellter Stolz
Brach endlich unter mir, und gießt mich jetzt,
Müd' und im Dienst ergraut, der Willkür hin

Heinrich VIII.

Des wüsten Stroms, der ewig nun mich birgt.
Ich hass' euch, eitler Pomp und Glanz der Welt,
Mein Herz erschließt sich neu. O traurig Loos
Des Armen, der an Königs Gunst gebunden!
Denn zwischen jenem Lächeln, so ersehnt,
Der Fürsten Huld und unserm Abgrund, liegt
Mehr Qual und Angst, als Krieg und Weiber haben;
Und wenn er fällt, fällt er wie Lucifer,
Der Hoffnung ewig baar. [Act 3, Sc. 2.]

Nachruhm.

Griffith. Der Menschen Tugend schreiben wir in Wasser,
Ihr Böses Treiben lebt in Erz.
[Act 4, Sc. 2.]

Weltsitte und Weltsinn.

Bastard Faulconbridge (der so eben als natürlicher Bruder des Königs anerkannt worden ist, aber sein Erbrecht und seines Vaters Namen dabei eingebüßt hat).

> Um einen Schritt zur Ehre besser nun,
> Doch schlimmer um viel tausend Schritte Lands.
> Ich kann ein Gretchen nun zur Dame machen; —
> „Habt guten Tag, Sir Richard!" „Dank, Gesell!"
> Und wenn er Jürge heißt, nenn' ich ihn Peter:
> Denn neugeschaff'ner Rang vergißt die Namen,
> Es ist zu aufmerksam und zu vertraulich

König Johann.

Für unsern Hofton. — Dann mein Reisender,
An meiner Gnaden Tisch die Zähne stochernd.
Und ist mein ritterlicher Magen voll,
So fang' ich an den Zähnen, und befrage
Den Schönbart aus der Fremde. — „Bester Herr," —
So auf den Arm mich stützend, fang' ich an,
„Ich möcht' euch bitten" — das ist die Frage nun,
Und dann kommt Antwort wie ein A B C-Buch.
„O Herr," sagt Antwort, „gänzlich zu Befehl,
„Wie's euch beliebt, zu euern Diensten, Herr," —
Sagt Frage: „Nein; ich, Bester Herr, zu euren;"
Und so, eh' Antwort weiß, was Frage will,
Bloß mit dem Hin- und Her-Complimentiren
Und Schwatzen von den Alpen, Apenninen,
Den Pyrenäen und dem Flusse Po,
Zieht es sich bis zur Abendmahlzeit hin.
Das ist hochadlige Gesellschaft nun,
Die strebenden Gemüthern ziemt, gleich mir.
Wer nicht nach Wahrnehmung der Sitte schmeckt,
Der ist ja nur ein Bastard seiner Zeit;
(Das bleib' ich zwar, mit oder ohne Beischmack:)
Und dies nicht bloß in Tracht und Lebensart,
In äußerlichem Wesen und Manier;
Nein auch aus innern Kräften zu erzeugen
Süß, süßes Gift für des Zeitalters Gaum.
Will ich dies schon nicht üben zum Betrug,
So will ich's doch, Betrug zu meiden, lernen:
Mir soll's die Stufen zur Erhöhung ebnen. [Act 1, Sc. 1.]

....

Eigennutz, der Herrscher der Welt.

Bastard. O Welt! o tolle Fürsten! tolles Bündniß!
Johann, um Arthurs Anspruch an das Ganze

König Johann.

Zu hemmen, hat ein Theil davon ertheilt;
Und Frankreich, den Gewissen selbst gepanzert,
Den Christenlieb' und Eifer trieb ins Feld
Als Gottes Streiter: da der schlaue Teufel,
Der Vorsatz-Aendrer, ihm ins Ohr geraunt;
Der Mäkler, der die Treu zur Makel macht;
Der Alltags-Meineid, der um Alle wirbt, —
Um Kön'ge, Bettler, Alte, Junge, Mägde, —
Die er, wenn sie Nichts zu verlieren haben,
Als das Wort Magd, um dies die Armen trügt, —
Der glatte Herr, der Schmeichler Eigennutz, —
In Eigennutz, der schiefe Hang der Welt,
Der Welt, die gleich gewogen ist an sich,
Am ebnen Boden grade hinzurollen;
Bis dieser Vortheil, dieser schnöde Hang,
Der Lenker der Bewegung, Eigennutz,
Sie abwärts neigt von allem Gleichgewicht,
Von aller Richtung, Vorsatz, Lauf und Ziel;
Und dieser Hang nun, dieser Eigennutz,
Dies allverwandelnde Vermittlerwort,
Für Frankreichs leichten Sinn ein Augenpflaster,
Zieht ihn von seiner selbstversich'nen Hülfe,
Von einem wackern, ehrenvollen Krieg,
In einen schnöden, schlechtgeschloßnen Frieden. —
Und warum schelt' ich auf den Eigennutz?
Doch nur, weil er bis jetzt nicht um mich warb.
Nicht, daß die Hand zu schwach wär', zuzugreifen,
Wenn seine schönen Engel sie begrüßten;
Nein, sondern weil die Hand noch unversucht,
Dem armen Bettler gleich, den Reichen schilt.
Gut, weil ich noch ein Bettler, will ich schelten,
Und sagen, Reichthum sei die einz'ge Sünde;

Und bin ich reich, spricht meine Tugend frei:
Kein Laster gab' es außer Bettelei.
Bricht Eigennutz in Königen die Treu,
So sei mein Gott, Gewinn, und steh' mir bei! [Act 2, Sc. 2.]

Eine feine Liebeserklärung nebst grober Kritik.

König Philipp. Was sagst du, Sohn? Schau in des Fräuleins Antlitz!
Dauphin Louis. Ich thu's, mein Fürst, und find' in ihrem Auge
Ein Wunder, das mich in Verwundrung setzt,
Den Schatten von mir selbst in ihrem Auge,
Der da, wiewohl nur Schatten eures Sohns,
Zur Sonne wird, und macht den Sohn zum Schatten.
Ich schwör' es euch, ich liebte niemals mich,
Bis ich mich selber eingefaßt hier sah,
In ihren Augen schmeichelnd abgespiegelt.
Bastard. In ihren Augen schmeichelnd abgespiegelt!
In finstern Runzeln ihrer Stirn gehängt!
Im Herzen ihr gefesselt, und verriegelt!
So rühmt er sich von Liebespein bedrängt.
Nur Schade, daß, wo Huld und Schönheit thront,
Gehängt, gefesselt, solch ein Tölpel wohnt. [Act 2, Sc. 2.]

Zur höhern Politik.

König Johann. Komm zu mir, Hubert. O mein bester Hubert!
Wir schulden viel dir; eine Seele wohnt
In diesem Fleisch, die dich als Schuldner achtet,
Und deine Liebe will mit Wucher zahlen.
Und dein freiwill'ger Eid, mein guter Freund,
Lebt sorgsamlich gepflegt in dieser Brust.
Gieb mir die Hand. Ich hätte was zu sagen,
Allein ich spar's auf eine beßre Zeit.
Beim Himmel, Hubert; fast muß ich mich schämen,
Zu sagen, wie du lieb und werth mir bist.

König Johann.

Hubert. Gar sehr verpflichtet Eurer Majestät.
König Johann. Noch, Freund, hast du nicht Ursach', das zu sagen,
Doch du bekömmst sie; wie die Zeit auch schleicht,
So kommt sie doch für mich, dir wohlzuthun.
Ich hatte was zu sagen, doch es sei:
Die Sonn' ist droben, und der stolze Tag
Umringt von den Ergötzungen der Welt
Ist allzu üppig und zu bunt geputzt
Um mir Gehör zu geben. — Wenn die Glocke
Der Mitternacht mit ehrner Zunge Ruf
Die Nacht an ihre träge Laufbahn mahnte;
Wenn dies ein Kirchhof wäre, wo wir stehn,
Und du von tausend Kränkungen bedrückt;
Und hätte Schwermuth, jener düstre Geist,
Dein Blut gedörrt, es schwer und dick gemacht,
Das sonst mit Kitzeln durch die Adern läuft,
Und treibt den Geck, Gelächter, in die Augen,
Daß eitle Lustigkeit die Backen bläht, —
Ein Trieb, der meinem Thun verhaßt ist; — oder
Wenn du mich könntest ohne Augen sehn,
Mich hören ohne Ohren, und erwiedern
Ohn' eine Zunge, mit Gedanken bloß,
Ohn' Auge, Ohr und läst'gen Schwall der Worte:
Dann wollt' ich, trotz dem lauernd wachen Tag,
In deinen Busen schütten, was ich denke.
Doch ach! ich will nicht. — Doch ich bin dir gut,
Und glaub' auch, meiner Treu! du bist mir gut.
Hubert. So sehr, daß, was ihr mich vollbringen heißt,
Wär' auch der Tod an meine That geknüpft,
Ich thu's beim Himmel doch.
König Johann.   Weiß ich das nicht?
Mein guter Hubert! Hubert! wirf den Blick

König Johann.

Auf jenen jungen Knaben*); hör, mein Freund,
Er ist 'ne rechte Schlang' in meinem Weg,
Und wo mein Fuß nur irgend niedertritt,
Da liegt er vor mir: du verstehst mich doch?
Du bist sein Hüter.

Hubert. Und will so ihn hüten,
Daß Eure Majestät Nichts fürchten darf.

König Johann. Tod.

Hubert. Mein Fürst?

König Johann. Ein Grab.

Hubert. Er soll nicht leben.

König Johann. Genug.
Nun könnt' ich lustig sein; Hubert, ich lieb' dich,
Ich will nicht sagen, was ich dir bestimme.
Gedenke dran! — Lebt wohl denn, gnäd'ge Frau,
Ich sende Eurer Majestät die Truppen.

Eleonore. Mein Segen sei mit dir.

König Johann. (Zu Arthur.) Komm, Vetter, mit nach England!
Hubert soll dein Gefährt sein, dich bedienen
Mit aller Treu und Pflicht. — Fort, nach Calais!

[Act 3, Sc. 3.]

Die Klage der Mutter.

König Philipp. (Zu Arthurs Mutter Constanze, welche in wildem Jammer über den Verlust ihres so eben gefangenen Sohnes ihr Haar zerrauft.)
Bind't diese Flechten auf. O welche Liebe
Seh' ich in dieses Haares schöner Fülle!
Wo etwa nur ein Silbertropfen fällt,
Da hängen tausend freundschaftliche Fäden
Sich an den Tropfen in gesell'gem Gram,
Wie treue, unzertrennliche Gemüther,
Die fest im Mißgeschick zusammenhalten.

---

*) Der König meint seines älteren Bruders Gottfried Sohn, den eben von ihm gefangenen rechtmäßigen Thronerben, Prinz Arthur.

König Johann.

Constanze. Nach England, wenn ihr wollt!
König Philipp.   Bind't euer Haar auf.
Constanze. Das will ich, ja; und warum will ich's thun?
           Ich riß sie aus den Banden, und rief laut:
           „O lösten diese Hände meinen Sohn,
           Wie sie in Freiheit dieses Haar gesetzt!"
           Doch nun beneid' ich ihre Freiheit ihnen,
           Und will sie wieder in die Banden schlagen:
           Mein armes Kind ist ein Gefangner ja. —
           Ich hört' euch sagen, Vater Cardinal,
           Wir sehn und kennen unsre Freund' im Himmel;
           Ist das, so seh ich meinen Knaben wieder;
           Denn seit des Erstgebornen Kain Zeit,
           Bis auf das Kind, das erst seit gestern athmet,
           Kam kein so liebliches Geschöpf zur Welt.
           Nun aber nagt der Sorgen Wurm mein Knöspchen,
           Und scheucht den frischen Reiz von seinen Wangen,
           Daß er so hohl wird aussehn, wie ein Geist,
           So bleich und mager, wie ein Fieberschau'r,
           Und wird so sterben; und so auferstanden,
           Wenn ich ihn treffe in des Himmels Saal,
           Erkenn' ich ihn nicht mehr: drum werd' ich nie,
           Nie meinen zarten Arthur wiedersehn.   [Act 3, Sc 4.]

Arthur und Hubert.

Arthur. Guten Morgen, Hubert?
Hubert. Guten Morgen, kleiner Prinz.
Arthur. So kleiner Prinz, mit solchem großen Anspruch,
         Mehr Prinz zu sein, als möglich. Ihr seid traurig.
Hubert. Fürwahr, ich war schon lust'ger.
Arthur.   Liebe Zeit!
         Mich dünkt, kein Mensch kann traurig sein, als ich:
         Doch weiß ich noch, als ich in Frankreich war,

König Johann.

Laß's junge Herrn, so traurig wie die Nacht,
Zum Spaße bloß. Bei meinem Christenthum!
Wär' ich nur frei und hütete die Schafe,
So lang der Tag ist, wollt' ich lustig sein.
Und das wollt' ich auch hier, besorgt' ich nicht,
Daß mir mein Oheim noch mehr Leid will thun.
Er fürchtet sich vor mir und ich vor ihm;
Ist, daß ich Gottfrieds Sohn war, meine Schuld?
Nein, wahrlich nicht: und, Hubert, wollte Gott
Ich wär' eu'r Sohn, wenn ihr mich ließen wolltet.

Hubert (beiseit).
Red' ich mit ihm, so wird sein schuldlos Plaudern
Mein Mitleid wecken, das erstorben liegt:
Drum will ich rasch sein und ein Ende machen.

Arthur. Seid ihr krank, Hubert? Ihr seht heute blaß:
Im Ernst, ich wollt' ihr wär't ein wenig krank,
Daß ich die Nacht aufbliebe, bei euch wachte.
Gewiß, ich lieb' euch mehr, als ihr mich liebt. —

Hubert. Sein Reden nimmt Besitz von meinem Busen.
Lies, junger Arthur! (Zeigt ihm ein Papier. Beiseit.)
     Nun, du thöricht Wasser?
Du treibst die unbarmherz'ge Marter aus?
Ich muß nur kurz sein, daß Entschließung nicht
Dem Aug' entfall' in weichen Weibesthränen. —
Könnt ihr's nicht lesen? Ist's nicht gut geschrieben?

Arthur. Zu gut zu solcher schlimmen Absicht, Hubert.
Müßt ihr mir ausglühn meine beiden Augen
Mit heißem Eisen?

Hubert.   Junger Knab', ich muß.

Arthur. Und wollt ihr?

Hubert.   Und ich will.

Arthur. Habt ihr das Herz? Als euch der Kopf nur schmerzte,

König Johann.

So band ich euch mein Schnupftuch um die Stirn,
Mein Bestes, eine Fürstin stickt' es mir,
Und niemals fordert' ich's euch wieder ab;
Hielt mit der Hand den Kopf euch Mitternachts,
Und wie der Stunde wachsame Minuten,
Ermuntert' ich die träge Zeit beständig,
Frug bald: Was fehlt euch? Und: wo sitzt der Schmerz?
Und bald: was kann ich euch für Liebes thun?
Manch' armen Manns Sohn hätte still gelegen,
Und nicht ein freundlich Wort zu euch gesagt;
Doch euer Krankenwärter war ein Prinz.
Ihr denkt vielleicht: das war nur schlaue Liebe,
Und nennt es List, Thut's; wenn ihr wollt; gefällt es
Dem Himmel, daß ihr mich mißhandeln müßt,
So müßt ihr. — Wollt ihr mir die Augen blenden?
Die Augen, die kein einzig Mal euch scheel
Ansahn, noch ansehn werden?

Hubert.   Ich hab's geschworen,
Und ausglühn muß ich sie mit heißem Eisen.

Arthur. Ach! Niemand thät' es, wär' die Zeit nicht eisern.
Das Eisen selbst; obwohl in rother Gluth,
Genaht den Augen, tränke meine Thränen,
Und löschte seine feurige Entrüstung,
In dem Erzeugniß meiner Unschuld selbst;
Ja, es verzehrte sich nachher in Rost,
Bloß weil sein Feuer mir das Aug' verletzt.
Seit ihr denn härter, als gehämmert Eisen?
Und hätte mich ein Engel auch besucht,
Und mir gesagt, mich werde Hubert blenden,
Ich hätt' ihm nicht geglaubt: Niemand als euch.

Hubert (stampft) Herbei!
    (Aufwärter kommen mit Eisen, Stricken :c.)

König Johann.

Thut, wie ich euch befahl.

Arthur. O helft mir, Hubert, helft mir? Meine Augen
Sind aus schon von der blut'gen Männer Blicken.

Hubert. Gebt mir das Eisen, sag' ich, bindet ihn.

Arthur. Was braucht ihr, ach! so stürmisch rauh zu sein?
Ich will nicht sträuben, ich will stockstill halten.
Ums Himmels willen, Hubert! Nur nicht binden!
Nein, hört mich, Hubert, jagt die Männer weg,
Und ich will ruhig sitzen, wie ein Lamm;
Will mich nicht rühren, nicht ein Wörtchen sagen,
Noch will ich zornig auf das Eisen sehn.
Treibt nur die Männer weg, und ich vergeb' euch,
Was ihr mir auch für Härten anthun mögt.

Hubert. Geht! tretet ab, laßt mich allein mit ihm!

Aufwärter. Ich bin am liebsten fern von solcher That. (ab).

Arthur. O weh: so schafft ich meinen Freund hinweg.
Sein Blick ist finster, doch sein Herz ist mild: —
Ruft ihn zurück, damit sein Mitleid eures
Beleben mag.

Hubert. Komm, Knabe, mach dich fertig.

Arthur. So hilft denn Nichts?

Hubert. Nichts, als dich blenden lassen.

Arthur. O Himmel! säß' euch was im Auge nur,
Ein Korn, ein Stäubchen, eine Mück', ein Haar,
Was irgend nur den edeln Sinn verletzt!
Dann, fühltet ihr, wie da das kleinste tobt,
Müßt euch die schnöde Absicht gräulich scheinen.

Hubert. Verspracht ihr das? Still! Haltet euren Mund!

Arthur. Hubert, die Rede zweier Jungen spräche
Noch nicht genugsam für ein Paar von Augen.
Laßt mich den Mund nicht halten, Hubert, nein!
Und wollt ihr, schneidet mir die Zunge aus,

König Johann.

            Wenn ich die Augen nur behalten darf.
            O schonet meine Augen! sollt' ich auch
            Sie nie gebrauchen, als euch anzuschaun.
            Seht, auf mein Wort! das Werkzeug ist schon kalt,
            Und würde mir kein Leid thun.

Hubert.   Ich kann's glühen, Knabe.

Arthur. Nein, wahrlich nicht: das Feuer starb vor Gram,
            Daß es, bestimmt zum Wohlthun, dienen soll
            Zu unverdienten Qualen. Seht nur selbst!
            Kein Arges ist in dieser glühnden Kohle,
            Des Himmels Odem blies den Geist ihr aus,
            Und streute Asche auf ihr reuig Haupt.

Hubert. Mein Odem kann sie neu beleben, Knabe.

Arthur. Wenn ihr das thut, macht ihr sie nur erröthen,
            Und über eu'r Verfahren glühn vor Scham.
            Ja, sie würd' euch vielleicht ins Auge sprühn,
            Und wie ein Hund, den man zum Kampfe zwingt,
            Nach seinem Meister schnappen, der ihn hetzt.
            Was ihr gebrauchen wollt, mir weh zu thun,
            Versagt den Dienst; nur euch gebricht das Mitleid,
            Das wildes Feu'r und Eisen hegt, Geschöpfe
            Zu unbarmherz'gen Zwecken ausersehn.

Hubert. Gut, leb! Ich will dein Auge nicht berühren
            Für alle Schätze, die dein Oheim hat.
            Doch schwur ich drauf, und war entschlossen, Knabe,
            Mit diesem Eisen hier sie auszubrennen.

Arthur. Nun seht ihr aus wie Hubert! All die Zeit
            War't ihr verkleidet.

Hubert.   Still! Nichts mehr! Lebt wohl!
            Eu'r Oheim darf nicht wissen, daß ihr lebt;
            Ich will die Spürer mit Gerüchten speisen,
            Und, holdes Kind, schlaf sorgenlos und sicher,

König Johann.

    Daß Hubert für den Reichthum aller Welt
    Kein Leid dir thun will.
Arthur.   O Himmel! Dank euch Hubert!
Hubert. Nichts weiter! Still hinein begleite mich!
    In viel Gefahr begeb' ich mich für dich. [Act 4, Sc. 1.]

Nicht zu viel Eifer.

Salisbury.   Sich umgeben mit zwiefachem Prunk,
    Den Rang verbrämen, der schon stattlich war,
    Vergülden seines Gold, die Lilie malen,
    Auf die Viole Wohlgerüche streun,
    Eis glätten, eine neue Farbe leihn
    Dem Regenbogen, und mit Kerzenlicht
    Des Himmels schönes Auge schmücken wollen,
    Ist lächerlich und unnütz Uebermaaß. [Act 4, Sc. 2.]

Könige und Sclaven.

König Johann. Es ist der Kön'ge Fluch, bedient von Sclaven
    Zu sein, die Vollmacht sehn in ihren Launen,
    Zu brechen in des Lebens blut'ges Haus,
    Und nach dem Wink des Ansehns ein Gesetz
    Zu deuten, zu errathen die Gesinnung
    Der drohnden Majestät, wenn sie vielleicht
    Aus Laune mehr als Ueberlegung zürnt. [Act 4, Sc. 2.]

Gilt nicht nur für England.

    Dies England lag noch nie, und wird auch nie
    Zu eines Siegers stolzen Füßen liegen,
    Als wenn es erst sich selbst verwunden half.
    Nun seine Großen heimgekommen sind,
    So rüste sich die Welt an allen Enden,
    Wir trotzen ihr: Nichts bringt uns Noth und Reu,
    Bleibt England nur sich selber immer treu.
             [Act 5, Sc. 7.]

Druck von C. Grumbach in Leipzig.

www.ingramcontent.com/pod-product-compliance
Lightning Source LLC
Chambersburg PA
CBHW030003240426
43672CB00007B/809